国家图书馆年鉴

NATIONAL LIBRARY OF CHINA YEARBOOK

2012

國家圖書館出版社

图书在版编目（CIP）数据

国家图书馆年鉴 . 2012 / 国家图书馆编 . —北京：国家图书馆出版社，2012.10

ISBN 978－7－5013－4831－2

Ⅰ . ①国… Ⅱ . ①国… Ⅲ . ①中国国家图书馆— 2012 —年鉴 Ⅳ . ① G259.251－54

中国版本图书馆 CIP 数据核字（2012）第 189291 号

责任编辑：金丽萍

图书设计：杨飞羊

ISBN 978-7-5013-4831-2

书名 国家图书馆年鉴 2012

著者 国家图书馆 编

出版 国家图书馆出版社（原北京图书馆出版社）

（邮编 100034 北京市西城区文津街 7 号）

发行 010-66114536 66126153 66151313 66175620

66121706（传真） 66126156（门市部）

E-Mail btsfxb@nlc.gov.cn（邮购）

Website www.nlcpress.com →投稿中心

经销 新华书店

印刷 北京亚通印刷有限责任公司

开本 889×1194（毫米）1/16

印张 23.75

版次 2012 年 10 月第 1 版 2012 年 10 月第 1 次印刷

字数 500 千字

书号 ISBN 978－7－5013－4831－2

定价 660.00 元

《国家图书馆年鉴》编纂工作委员会

《国家图书馆年鉴》编辑部

撰稿人（按姓氏笔画排序）

于　浩	于　琳	于良杰	马　涛	马　超	王　欢
王　杨	王　洋	王　磊	王青云	王卓华	王致翔
王雁行	王燕荣	毛雅君	方　怡	方志达	甘　蒂
石　慧	石　鑫	龙　伟	卢芳玉	田　颖	田晓春
史建桥	冯红娟	台钰莹	曲云鹏	朱青青	仲　岩
向　辉	刘　畅	刘　波	刘　俊	刘　贺	刘　瑛
刘　雅	刘　新	刘　霢	刘术华	刘金哲	刘晶晶
刘源泓	齐世峰	汤更生	许京生	孙　俊	孙静荣
李　丹	李　周	李　健	李　婧	李　楠	李荣艳
李晓鸣	李继红	李菲菲	杨印民	杨海帆	杨照坤
肖　禹	肖珂诗	吴　洋	邱奉捷	何　冰	冷　熠
汪　静	宋　姝	张　炜	张　彦	张　洁	张　彬
张　婷	张　鹏	张　毅	张收棉	张红霞	张明亮
张建平	张艳霞	张燕婴	陈　卓	陈月婷	陈慧娜
邵　燕	罗林池	季士妍	金　龙	金丽萍	孟　梦
赵　薇	赵大莹	赵志刚	赵海英	赵银芳	郝玉凯
荣　杰	胡　洁	胡昱晓	钟晶晶	饶卓颖	姜晓曦
姚　迎	贺　燕	徐　燕	徐慧子	高　红	郭　晶
郭建平	黄张活	萨　蕾	曹丽萍	常　进	崔明明
梁　淳	梁葆莉	梁蕙玮	梁钜霄	董馥荣	蒋　弘
韩　玲	韩　尉	韩　超	韩新月	程　鹏	程佳羽
曾文婷	温　泉	谢　强	谢万幸	谢冬荣	蓝　羽
槐　燕	雷　亮	雷　强	路龙惠	解晓毅	廖生训
廖永霞	廖甜添				

编辑说明

2011年是国家图书馆的“创新年”，全馆上下开展了“解放思想、开拓创新”讨论活动，并形成了22个推动事业发展的创新项目，项目的确立和实施成为推动全馆各项事业稳步发展的巨大动力。2011年，国家图书馆坚持以科学发展观为统领，学习贯彻党的十七届六中全会精神，按照“加强管理，完善机制，强化基础，创新服务”的总要求，稳步推进全馆事业发展，圆满完成全年各项工作任务，为全面实现国家图书馆“十二五”规划目标奠定坚实基础。

《国家图书馆年鉴2011》出版后，受到了业界的关注和好评，对馆内各项工作产生了积极影响，为科学决策和业务实践提供了全面系统的论述和数据。《国家图书馆年鉴2012》全面系统地反映了国家图书馆2011年各方面工作的概况和成就。在总结首卷编辑出版工作经验的基础上，为适应实际工作变化的需要，本卷年鉴对编纂大纲进行了调整和充实，将“数字图书馆推广工程”纳入“重点文化工程”部分，并增加了2011年筹划推动的“民国时期文献保护计划”的内容，“学术与科研”部分增加了“政策研究”的内容。此外，还编制了主题索引，方便了读者的使用。

目 录

2011 年工作综述

2011 年工作综述

2011 年是国家图书馆的“创新年”。在党和政府的亲切关怀下，在文化部的正确领导下，国家图书馆坚持以科学发展观为统领，学习贯彻党的十七届六中全会精神，根据“十二五”规划的部署，按照“加强管理，完善机制，强化基础，创新服务”的总要求，稳步推进全馆事业发展。

全馆上下开展了“解放思想、开拓创新”讨论活动，进一步理清工作思路，形成了 22 个推动事业发展的创新项目，项目的确立和实施成为推动全馆各项事业稳步发展的有力保障。一年来，国家文献资源建设得到加强；立法决策服务不断创新，免费服务进一步拓展，特殊群体服务得到加强，社会教育和馆藏文献挖掘工作成效显著；重点文化工程稳步推进，国家数字图书馆工程扎实推进，数字图书馆推广工程全面实施，中华古籍保护计划深入开展，民国时期文献保护计划取得重要进展；国内外图书馆界交流与合作深入开展，国家图书馆行业引领和协调指导作用更加凸显；内部机制改革不断深化，发展活力不断增强；事业发展保障能力进一步增强，总馆南区维修改造全面开工；党工团工作立体推进。国家图书馆圆满完成全年各项工作任务，为全面实现国家图书馆“十二五”规划目标奠定坚实基础。

全年主要完成以下几方面工作：

一、加强国家文献资源建设，文献信息保障能力得到增强

从全国文献资源保障体系的战略高度构建国家图书馆文献资源体系，加强传统文献和数字资源建设，做好文献信息整合与揭示，国家图书馆文献信息保障能力不断增强。

传统文献建设进一步加强。全面加强应缴出版物的管理工作，搭建“出版物样本缴送统计管理平台”，出版物样本缴送率大幅度提高；扩大文献收藏范围，加强小语种及少儿图书采选工作；通过补采、交换、缩微复制、数字化文献印刷等多种方式开展文献补藏取得良好成效；策划“中国记忆”项目，着手收集相关资料和实物；完成全年新入藏文献编目和本年度书目数据回溯工作；积极推动传统型与数字型资源整合编目工作，为实现统一检索奠定基础。2011 年新入藏实体文献 98.7 万册（件），馆藏文献总量达 2994 万册（件）。

数字资源建设全面开展。全面梳理馆藏数字资源建设现状，根据用户需求变化，研究制定数字资源建设策略；开展包含中文图书、中文古籍、博士论文等在内的 28 项文献数字化专项建设验收；完成春运、两会、汶川地震三周年等 5 个专题的 222 个网站的网络信息采集与保存；继续推动实施数字资源征集项目。2011 年新增数字资源 76.3TB，数字资源总量达 561.3TB。

二、强化立法决策服务，为国家立法决策服务能力和水平进一步提升

建设多层级立法决策服务工作网络，国情咨询团队的管理和运行机制进一步完善，各项服务工作取得重要成绩。

针对国家重点、热点问题，开展专题文献的预研性研究，全年完成中央国家机关委托专题咨询 1540 件；为全国“两会”服务取得新突破，编纂“两会”服务信息专报，进一步强化国图信息产品品牌效应，电子触屏首次进驻“两会”新闻中心，实现对“两会”代表及新闻媒体的全面服务；与中央办公厅档案图书馆达成开展战略合作的 5 项共识，并得到中办领导的高度肯定；签署《国家图书馆水利部分馆合作协议》，成立国家图书馆全国政协机关分馆，国家图书馆部委分馆总数达 13 家；建设开通国家图书馆民政部分馆内网平台，此为首家中央国务院部委内网平台；全年承办部级领导干部历史文化讲座 16 场，十年来共计举办 174 场。

三、继续完善和发展公益性服务，读者服务形式不断拓展

拓展和完善免费开放服务，全面完成服务格局调整工作，并进一步加强服务管理，实行一线服务岗位信息公示制度，积极拓展新媒体服务、为特殊群体服务和教科研及企业组织服务等服务形式，全面提升读者服务水平。

免费服务不断深化。全面贯彻落实文化部、财政部《关于推进全国美术馆公共图书馆文化馆免费开放工作的意见》，进一步减免服务收费，取消上网费、善本古籍复制品底本费，降低彩色复印费、打印费等非基本服务收费标准，拓展了公益性服务范围，在业界起到引领示范作用。在南区闭馆维修情况下，全年接待到馆读者仍高达 448 万人次，流通书刊 2577 册次，解答各类咨询 54.89 万件，办理读者证卡 19.11 万个，国图网站读者访问量达 7.5 亿次。

新媒体服务稳步推进。进一步完善“掌上国图”手机服务和“国图空间”数字电视服务；与吉林省图书馆合作建设的“掌上吉图”手机门户网站正式上线，与贵州省图书馆合作建设的电视图书馆栏目初步开通，与海南省图书馆合作开展电视图书馆服务正在测试中；继续推进与中国网络电视台 IPTV 的合作，发布文津讲坛、馆藏故事等精品数字内容。

特殊群体服务不断拓展。联合中国残疾人联合会成立“全国残疾人阅读指导委员会”促进残疾人阅读，建设开通“中国残疾人数字图书馆”，成为残疾人获取公共文化服务的重要阵地；加强少年儿童馆的阵地服务，策划并举办丰富多彩的少儿阅读推广活动；启动“全国少儿图书馆数字阅读推广先导项目”。

为重点教育、科研单位和企业组织服务取得新成绩。整合社科类、科技类查证业务，在 2011 年院士选拔及国家杰出青年基金评选时期集中提供查证服务；召开第三届全国馆际互借与文献传递研讨会；向全国 600 余所省级以上本科院校推介国家图书馆馆际互借业务，拓展服务范围；加强竞争情报服务创新，形成初级简报、中度舆情、深度行业咨询的立体式产品格局。

四、围绕社会热点和读者需求举办展览讲座，社会教育职能进一步发挥

紧密结合党和国家年度重大事件和纪念活动，深入挖掘馆藏，策划举办一系列珍贵历史文献展，进一步发挥公共文化教育职能，引起社会热烈反响。

成功举办“新疆历史文献暨古籍保护成果展”、“纪念建党90周年国家图书馆馆藏珍贵文献展”、“纪念辛亥革命100周年馆藏珍贵历史文献展”、“纪念九一八事件80周年馆藏东北抗日联军珍贵文献暨冯仲云手稿展”、“中华典籍与非物质文化遗产特展”等展览，多位中央领导同志和数十万读者参观展览，好评如潮。一年来共举办各类展览59场，到馆参观读者达42万人次。在继续做好“国图讲坛”、“文津讲坛”、“中国典籍与文化”等讲座品牌基础上，积极策划、不断推出新的讲座系列，全年举办各类讲座111场，得到读者广泛好评。

五、发挥国家馆中心带动作用，行业引领与指导作用更加凸显

继续开展以“引领业务、开放资源、主动服务、合作共赢”为特色的图书馆业界服务，引领和协调全国公共图书馆事业发展。

充分发挥中国图书馆学会平台作用，创新学会年会，共同促进学术研究与图书馆事业发展政策研讨；召开第十三届全国省、自治区、直辖市、较大城市图书馆馆长联席会，研讨图书馆创新工作思路，加强业界协作；发挥中国文献影像技术协会、全国图书馆标准化技术委员会作用，进一步加强标准规范建设；继续推进《公共图书馆法》《古籍保护条例》立法进程；面向业界实现全国联合编目中心书目数据免费下载，新增成员馆170家，总数突破900家，成员馆下载数据量同比增长85.3%；完成全国省级公共图书馆立法决策服务平台调研工作，为建立面向地方政府的立法决策服务平台奠定基础；推进“全国公共图书馆讲座联盟”建设，成员馆由成立之初的66家增加到182家。

六、全力推进国家数字图书馆工程建设，全面实施数字图书馆推广工程，覆盖全国的数字图书馆服务网络建设成效初显

按照调整后的国家数字图书馆工程建设方案推进工程建设，软硬件基础设施进一步改善，标准规范体系基本建成；数字图书馆推广工程全面启动，影响力日益扩大，十七届六中全会决议中，将“完善国家数字图书馆建设”确立为新时期文化建设的重要项目。

国家数字图书馆工程扎实推进。按照建设需求，基本完成硬件、软件及标准规范等三方面工程建设。国家数字图书馆工程项目中19个技术支撑环境建设主导项目基本完成，12个资源建设主导项目中完成10个项目的主体软件功能开发，16个服务体系建设主导项目中14个项目基本完

成；在硬件设施平台建设基本完成的基础上，对硬件配置进行优化和调整；文献数字化系统、数字资源组织系统、数字资源发布与服务系统、数字资源保存系统、文津搜索系统等核心软件系统主体功能开发工作基本完成；国家数字图书馆工程标准规范项目基本完成研制；完成国家数字图书馆体验区设计工作。

数字图书馆推广工程顺利实施。细化完成数字图书馆推广工程的建设方案，制定软硬件推广标准、资源配置标准和推广工程运行机制；积极推动两部委联合下发《文化部、财政部关于实施数字图书馆推广工程的通知》；2011 年为地方申请中央转移支付资金 4980 万元，成为国家图书馆首次利用中央财政转移支付资金的项目；承办召开数字图书馆推广工程工作会议，贯彻落实中央领导批示精神，全面部署实施工作；推广工程取得实施性进展，与 11 家省市公共图书馆连通数字图书馆网络，与沈阳军区的数字图书馆合作项目顺利实施。数字图书馆推广工程最终将搭建以国家数字图书馆为核心，以省、市、县级数字图书馆为主要节点，覆盖全国公共图书馆的数字图书馆虚拟网，建设分级分布式数字资源库群，实现各个系统、各个地区分散异构资源的统一检索、分布保存和集成服务，借助手机、数字电视、移动电视等新兴媒体，促进图书馆服务新业态的形成。

七、加快实施中华古籍保护计划，积极推进民国时期文献保护计划立项，我国传统文化典籍保护工作开创新局面

稳步推进古籍普查工作，全面启动海外古籍调查，积极开展各项古籍保护专项工作，启动“民国时期文献保护计划”项目，进一步保护和弘扬中华优秀传统文化。

中华古籍保护计划深入开展。完成第四批“国家珍贵古籍名录”的评审工作；建立“国家珍贵古籍名录”及“全国古籍重点保护单位”申报评审常态化机制；加速推进全国古籍普查登记工作，完善《全国古籍普查登记目录》、《中华古籍总目》（分省卷）编纂机制；继续开展新疆古籍保护专项工作，稳步推进西藏古籍保护专项，组织开展满文文献存藏情况调研；制订“海外中华古籍调查与回归专项方案”，对英、法、德、波、俄、日、韩等国的中华古籍存藏及文献保护和修复情况进行调查。

民国时期文献保护计划筹备实施。开展民国时期文献及革命历史文献在国内外收藏、整理、利用情况调研；组织召开民国时期文献保护工作座谈会，向业界广泛征求意见建议；建立革命历史文献联合目录系统平台；成立了“民国时期文献保护工作办公室”并建立工作机制，制订保护工作方案，为开展文献普查登记，建立全国民国文献联合目录，有序开展专题文献征集、整理打下坚实基础。

八、稳步开展国际及台港澳交流与合作，话语权和影响力进一步增强

有针对性地开展与国际及台港澳图书馆界的务实交流，配合海外古籍调查保护、数字图书馆建设等重点领域交流，广泛开展有实质性内容的国际合作项目。

积极参与海外文化中心建设；结合海外古籍调查，馆领导率团赴英国、波兰和法国考察，深入了解海外古籍中文存藏情况和古籍保护、修复技术；积极参与国际图书馆联合会工作，发挥中文语言中心作用，周和平馆长当选国际图联国家图书馆专业组常委；继续推进世界数字图书馆、中日韩数字图书馆、美国哈佛大学燕京图书馆古籍数字化等各项国际合作项目；正式开通中华寻根网，获得社会广泛关注；进一步加强与台港澳地区的交流合作，参加 2011 年海峡两岸公共图书馆服务研讨会，先后与澳门、香港合作举办“纪念辛亥革命一百周年珍贵照片展”、“国家图书馆善本特藏展”；顺利完成本年度“中国之窗”赠书工作。

九、加强干部和人才队伍建设，人才工作迈上新台阶

着眼于建设一支结构合理、素质优良、富于创新的人才队伍，研究制定人才发展规划，加强人才培养和人才引进工作，人才工作成效显著。

编制完成《国家图书馆人才发展规划（2011—2015 年）》；完成新一届处级干部和科组长聘任工作，管理干部队伍进一步知识化、年轻化，不断完善管理干部监督考核机制，开展提任干部试用期考核和部处领导班子工作满意度测评；继续做好高校应届毕业生接收工作，共接收 67 名应届大学生；公开选拔 38 名派遣员工进入国家图书馆事业编制，极大调动了派遣员工的工作积极性；完成本年度职称评审工作，按照业务研究和工作实际并重的原则，通过晋升正高级职称 7 人、副高级职称 77 人、中级及以下职称 64 人；开展“双基”培训，不断提高员工业务素养和业务技能；与武汉大学、北京大学联合开办培养图书情报硕士专业学位的研究生班，拓展了员工继续深造的途径。

十、制定科研工作发展规划，科研工作取得新进步

策划启动多个带动图书馆行业科研工作的重大项目，加强文献研究整理，本年度科研工作取得良好成绩。

完成《国家图书馆科研工作发展规划（2011—2015）》编制；组织完成本年度国家社科基金项目、国家文化创新工程项目等课题的申报工作，获准立项 5 项；国家图书馆牵头承担的国家科技支撑计划项目“文化资源数字化关键技术及其应用示范”成功立项；本年度在站博士后共获得 3 项科研课题，其中国家社科基金项目 1 项；牵头编纂《数字图书馆理论与实务》《公共图书馆概

论》《国内外图书馆学研究与实践进展（2009—2010 年）》，带动业界科研工作深入开展；加强文献研究整理，策划启动"中华珍贵文献史话"项目，联合图书馆业界共同实施；推进《中华再造善本续编》整理出版工作；正式启动《中华医藏》出版项目；编纂《国家图书馆年鉴》2011 年卷，首次正式出版。

十一、继续深化改革，内部机制进一步完善

根据中央、文化部关于文化体制改革的相关要求和国家图书馆事业发展需要，继续深化内部机制改革，增强发展活力。

调整国家图书馆机构及职责并修订处级内设机构职责，进一步明确部门职责，理顺业务流程，提高了工作效率；国家图书馆出版社完成转企改制工作，并成为文化部第一家完成转企工作的出版社；强化立法决策服务，按照服务对象调整内部机构设置，成立教科文卫、社会经济、内务司法、外交与国防等科组，创新立法决策服务的工作机制；本着充分调动员工工作积极性的原则，不断调整完善收入分配制度，对中文采编部、外文采编部试行工资总额承包制，按量计酬；按照按需设岗、择优聘用、以岗定酬、分级考核及评聘分开的原则完成全馆员工聘任工作。

十二、加强保障能力建设，各项保障工作齐头并进

继续提高综合保障能力，国家文献战略储备库立项工作稳步推进，文献搬迁顺利完成，总馆南区维修改造工程全面开工，经费保障水平不断提高，安全保卫、行政管理、后勤服务、新闻宣传、档案管理等各项保障工作进一步加强。

国家文献战略储备库立项工作稳步推进。开展选址调研，组织召开专家论证会，向文化部正式上报项目建议书；赴英国、法国考察国家图书馆文献储备库情况，立项工作稳步推进。

文献搬迁顺利完成。为配合南区维修改造工程和服务格局调整，在全馆多个部门的大力配合下，经过艰苦努力，顺利并提前完成南区 720 余万册件文献外迁和 800 万册件文献馆内迁移工作，并完成相应的数据批处理和系统调整，成立天竺周转库管理中心负责外迁文献日常管理。

维修改造工程有序开展。完成总馆南区施工图设计及审查、招标、办理行政审批手续等工作，2011 年 10 月，总馆南区维修改造工程正式开工，该项目财政批复预算总额达 59728 万元；行政办公楼改造工程完工并交付使用，热力交换站主体工程完工，招待所改造工程全面开工。

财务和国有资产管理成效显著。加强预算执行管理，预算执行率达 99.8%，很好地完成预算执行要求；较好完成 2012 年财政资金争取工作，2012 年国家图书馆本级项目财政拨款同比增长 15%。国有资产管理进一步加强，全年政府采购金额逾 6 亿元，完成一期维修改造工程等重点项目招标，完成各类采购事项 400 项。

安全保卫工作深入开展。开展“排查安全隐患、完善规章制度、加强安全管理”专项治理工作；编制印发《国家图书馆突发应急预案》，举行馆区部分区域的地震和消防疏散应急演练，提升突发事件应急处置能力；召开国家图书馆二期新馆运行情况分析会，对二期新馆运行中存在的安全隐患问题进行整改；认真组织、严密部署，顺利完成文献搬迁期间的安全保卫工作；加强信息安全检查和培训，确保业务系统和馆区网络的安全稳定运行。

行政管理、后勤服务工作得到强化。经多方努力，海淀区住房保障服务中心给予国家图书馆公共租赁住房指标，为缓解员工住房困难找到新途径；完成馆属宿舍西黄城根34号院的拆迁工作；顺利完成馆区系统设备设施管理运行等后勤服务工作，确保国家图书馆各项工作的正常进行。

宣传、档案工作取得新进展。围绕全馆中心工作开展宣传，较好完成大型展览、数字图书馆推广工程等重点宣传任务，深入报道不断增多；建立舆情日报制度，积极应对负面舆情；国家图书馆上报文化部文化信息采用率在部直属单位中排名第一；修订下发《国家图书馆档案管理办法》，完成音像档案和二期工程（土建）档案数字化工作。

十三、加强党群组织建设，党工团工作立体推进

围绕国家图书馆中心工作，全面加强党的建设，深入开展创先争优活动，全面加强党建工作，反腐倡廉建设有序推进，群团工作丰富开展，离退休老同志生活补贴政策全面落实，党工团工作取得重大成绩。

党的建设全面加强。精心组织各层面开展胡锦涛总书记“七一”重要讲话、党的十七届六中全会等精神的学习活动；成功召开国家图书馆第二次党代会，确定未来五年党建工作目标任务；围绕纪念建党90周年，组织召开“庆‘七一’表彰大会”、“两优一先”先进事迹报告会等系列活动，表彰国家图书馆先进党支部、优秀共产党员和优秀党务工作者；以创先争优为主线，开展向杨善洲同志学习、党员公开承诺、“为民服务、创先争优”等活动，认真组织召开馆领导班子民主生活会；继续开展党员学习教育活动，共举办培训54场，5453人次参加了培训。

党风廉政建设与反腐败工作有序开展。制定下发《关于加强廉洁自律与厉行节约工作的通知》，确保馆内良好风气；有序开展工程建设招投标与政府采购监督；深入开展“清理和规范庆典、研讨会、论坛活动”，《廉政准则》落实情况自查，小金库、公务用车等专项治理；加强行业作风建设，开展反腐倡廉教育活动，做好纪检监察信访举报调查核实工作。

群团工作有力推进。召开国家图书馆第三次工会会员代表大会暨第二届职工代表大会、国家图书馆第八次团员代表大会；结合纪念建党90周年和国家图书馆第九届艺术节活动，举办以“红旗颂”为主题的高水平文艺展演；组织团员青年参加馆外交流和学术论坛等活动，进一步激发广大青年员工的工作热情。

离退休工作扎实开展。进一步加强离退休党组织建设，建立以党小组长为核心的工作网络，建立健全各项规章制度，开展内容丰富的党员活动和群众文娱活动；认真落实离退休老同志生

活补贴政策，提高老同志待遇；加强节日慰问和日常走访，让老同志更直接地感受到全馆员工的温暖。

在取得较大成绩的同时，国家图书馆工作也还存在着一些不足，基础业务建设和专业队伍建设还需进一步加强。2012 年，国家图书馆定为“基础年”，将根据《国家图书馆“十二五”规划纲要》整体部署，着力加强基础业务建设，扎实推进各项工作深入开展，为促进我国公共文化服务体系建设作出更大的贡献。

特别记载

- 领导关怀
- “解放思想、开拓创新”讨论活动
- 民国时期文献保护工作会议
- 数字图书馆推广工程工作会议
- 启动总馆南区维修工程，实施馆藏文献搬迁和服务调整
- 2011 年重大展览
- 新入藏珍贵文献

特别记载

一、领导关怀

全国人大常委会副委员长严隽琪到国家图书馆参观考察

2 月 17 日上午，全国人大常委会副委员长、民进中央主席严隽琪到国家图书馆参观考察。全国人大常委会办公厅秘书局、民进中央办公厅、北京社会科学院等有关负责人一同参观考察。国家图书馆馆长周和平接待并陪同参观。

在总馆南区绿厅，严隽琪听取了周和平作的国家图书馆基本情况汇报。为深入直观地了解国家图书馆立法决策服务情况，严隽琪一行观看了“国家图书馆立法决策服务成就展”。该展览通过翔实的案例、文字、图片和实物，反映了国家图书馆立法决策服务的发展和取得的成就。严隽琪对国图立法决策服务取得的成绩给予充分肯定。

随后，严隽琪参观了“西域遗珍——新疆历史文献暨古籍保护成果展”。此展览是新中国成立以来第一次在首都北京对新疆珍贵历史文献的全面展示，也是对新疆古籍保护工作成果的一次检阅。

严隽琪一行还参观了国家图书馆二期新馆暨国家数字图书馆，并饶有兴致地鉴赏了《四库全书》等国图珍贵馆藏。

中共中央政治局常委、全国政协主席贾庆林参观“西域遗珍——新疆历史文献暨古籍保护成果展”

2 月 18 日下午，中共中央政治局常委、全国政协主席贾庆林来到国家图书馆，参观正在这里举办的“西域遗珍——新疆历史文献暨古籍保护成果展”。全国政协副主席、中央统战部部长杜青林，全国政协副主席阿不来提•阿不都热西提，文化部党组书记、部长蔡武，新疆维吾尔自治区党委副书记、主席努尔•白克力等领导一同参观。国家图书馆馆长周和平参与了接待。

在国家图书馆，贾庆林听取了新疆古籍保护成果的介绍，观看了不同历史时期有代表性的新疆历史文献。贾庆林在每个单元前都驻足观看，在记载先秦时期西域与中原交往的《山海经》和《穆天子传》、新疆出土的最早剧本《弥勒会见记》、昔日吐鲁番孩童习字课本《论语》、反映唐代犹太人资料的《希伯来字波斯语书信》、复原展出的《神策军碑》等展品前，详细听取了专家的讲解，不时与讲解人员亲切交谈，了解文献的内容、文字、装帧以及保护情况等。

贾庆林还兴致勃勃地观看了配合展览开展的桑皮纸制作、玛纳斯表演等新疆非物质文化遗产展演，观看了国家图书馆馆员进行的碑帖传拓、古籍装裱、古籍修复技艺展演。本次展览全面展示了新中国成立后，特别是 2007 年“中华古籍保护计划”实施以来新疆古籍保护工作成绩，展现了党和政府重视新疆古籍保护工作所取得的成果。

“西域遗珍——新疆历史文献暨古籍保护成果展”由文化部、教育部、科技部、国家民族事务委员会、财政部、国家新闻出版总署、国家宗教事务局、国家文物局、国家中医药管理局等全国古籍保护工作部际联席会议成员单位和新疆维吾尔自治区人民政府共同主办，国家图书馆（国家古籍保护中心）和新疆维吾尔自治区文化厅共同承办。

全国人大常委会副委员长司马义·铁力瓦尔地参观“西域遗珍——新疆历史文献暨古籍保护成果展”

2月18日晚，全国人大常委会副委员长司马义·铁力瓦尔地，以及来自中央国家机关等单位的60余位部级领导干部参观了正在国家图书馆举办的“西域遗珍——新疆历史文献暨古籍保护成果展”。文化部党组成员、副部长杨志今，国家图书馆馆长周和平出席了活动。

本次专场参观活动是“部级领导干部历史文化讲座”举办的一场特殊“讲座”。部长们首先观看了国家图书馆制作的专题片《西域回响——新疆历史文献与古籍保护》。随后，部长们来到展厅，饶有兴致地观看了展览。大家对展出的众多珍贵文献表现出浓厚兴趣，不时驻足观赏，与现场专业讲解人员亲切交流，深入了解新疆古籍保护情况和展览、展品相关情况。

参观结束后，部长们对展览表示赞赏，对新疆古籍保护成果表示充分肯定。

国务委员、公安部部长孟建柱一行到国家图书馆参观考察

3月25日上午，国务委员、公安部部长孟建柱来国家图书馆视察工作。国家图书馆馆长周和平接待并陪同视察。

在总馆南区，孟建柱一行首先听取了周和平作的国家图书馆工作汇报，观看了“国家图书馆立法决策服务成就展”。展览从上万件咨询档案中撷取具有代表性的咨询案例展出，反映了国家图书馆立法决策服务的发展历程。

随后，孟建柱一行又兴致勃勃地参观了“西域遗珍——新疆历史文献暨古籍保护成果展”。展览展出了全国23家收藏单位320余件珍贵历史文献，系统反映了新疆多民族、多语言、多文化、多宗教、历史悠久的鲜明特点和新疆古籍保护工作成就。

孟建柱充分肯定了国家图书馆在立法决策服务和古籍保护工作方面取得的成绩。

中共中央政治局常委、中央政法委书记周永康参观新疆历史文献暨古籍保护成果展

3月31日下午，中共中央政治局常委、中央政法委书记周永康来到国家图书馆，参观“西域遗珍——新疆历史文献暨古籍保护成果展”。中共中央政治局委员、中央政法委副书记王乐泉，中央宣传部常务副部长雒树刚，国家民委主任杨晶，中央政法委副秘书长鲍绍坤，文化部党组成员、

副部长赵少华，新疆维吾尔自治区党委常委、宣传部部长胡伟等一同参观展览。国家图书馆馆长周和平参加了接待。

周永康和王乐泉等领导同志走进国家图书馆展厅。一张张木简、一幅幅拓片、一份份文书、一本本古籍，有的反映了自西汉以来中央政权对新疆实施的有效管理，有的反映了自先秦以来中原与西域的密切交往，有的反映了新疆地区多民族聚居和民族交往交融的历史，有的反映了内地与新疆佛教文化的交流，有的反映了新疆的文化艺术成就，有的记载了内地和新疆人民共同打击民族分裂活动、维护祖国统一的场景，等等。周永康不时停下脚步认真观看，还与讲解人员和随行负责同志亲切交谈，了解文献古籍的发掘整理、保护利用情况。

周和平介绍说，展览2010年在新疆举办期间，引起强烈反响，这次在京展出规模更大，质量更高，获得了广泛好评，打算应观众要求再适当延长展期。周永康听了十分高兴，他说，这个展览办得好、有意义，看了很受教育。这些丰富多彩、弥足珍贵的历史文献充分说明，新疆自古就是中国的领土，是多种文化的融会地。2000多年来，历代中央政权都在治理和建设新疆，新疆在融入伟大祖国的历史长河中一直与内地保持着政治、经济、文化等多方面的交流往来，形成了密不可分的血肉联系。

周永康强调，当前，新疆各族干部群众正在全面贯彻中央新疆工作座谈会精神，深入开展“热爱伟大祖国、建设美好家园”主题教育活动，加快建设繁荣富裕和谐稳定的社会主义新疆。要高度重视做好新疆文化遗产资源的抢救、保护和利用工作，充分发挥文化引导社会、教育人民、推动发展、促进和谐的功能，进一步增强新疆各族人民对伟大祖国的认同、对中华民族的认同、对中华文化的认同、对中国特色社会主义道路的认同，巩固和发展平等团结互助和谐的社会主义民族关系，为实现新疆跨越式发展和长治久安打下坚实的思想基础。周永康充分肯定了国家图书馆开展文化援疆系列行动取得的成绩，希望各地各部门各单位都行动起来，充分发挥各自优势，积极参与支援新疆工作，造福新疆各族人民，共同建设全面小康社会。

全国人大常委会副委员长周铁农出席“艰难与辉煌——纪念中国共产党成立九十周年馆藏珍贵历史文献展”开幕式

6月1日上午，为庆祝中国共产党成立九十周年，开展革命传统教育，加强革命文献保护，国家图书馆主办的大型历史文献展览“艰难与辉煌——纪念中国共产党成立九十周年馆藏珍贵历史文献展（1921—1949）”在国家图书馆展览厅隆重开幕。全国人大常委会副委员长周铁农，文化部党组成员、中纪委驻文化部纪检组组长、部直属机关党委书记李洪峰，国家广播电影电视总局副局长李伟，国家图书馆馆长周和平等领导出席了开幕式。

展览以红色革命文献为主体，辅以国民党统治地区文献和外国人对中国革命的记录。展出国家图书馆收藏的珍贵革命历史文献、马恩和中国近现代名人手稿、斯特朗档案等原件500余种，超过一半展品为首次展出。

“艰难与辉煌——纪念中国共产党成立九十周年馆藏珍贵历史文献展”由国家图书馆主办，军事科学院、军事博物馆、国家博物馆协办。展览通过展示各个历史时期的珍贵文献，重温中国共产党艰难而辉煌的革命历程，铭记党领导中国人民翻身解放的丰功伟绩，激励当代中华儿女继承革命传统，为建设社会主义现代化国家而奋斗。

中共中央政治局委员、国务委员刘延东参观“艰难与辉煌——纪念中国共产党成立九十周年馆藏珍贵历史文献展”

6月24日晚，国家图书馆“艰难与辉煌——纪念中国共产党成立九十周年馆藏珍贵历史文献展”举行领导专场。中共中央政治局委员、国务委员刘延东，全国人大常委会副委员长华建敏、司马义·铁力瓦尔地，文化部党组书记、部长蔡武，国务院副秘书长江小涓，最高人民法院副院长江必新，文化部党组成员、副部长赵少华以及来自中央国家机关等单位的数十位部级领导干部参观了展览。国家图书馆馆长周和平接待并陪同参观。

刘延东饶有兴致地观看了《共产党宣言》第一个中文全译本、中国共产党创办的第一份日报《热血日报》创刊号、《毛泽东选集》的最早版本等众多珍贵革命历史文献，这些文献充分展现了中国共产党从建党到新中国成立所走过的28年艰难而辉煌的历程。在参观过程中，领导同志与国家图书馆讲解人员亲切交谈，了解珍贵文献的收集入藏、发掘整理、保护利用等情况。

刘延东在观展后指出，用历史文献展示中国共产党艰难与辉煌的九十年，形式很好，此次展览是国家图书馆开发馆藏、服务社会的一次创新，国家图书馆要为全国图书馆作出榜样，继续为发挥社会教育作用而不懈努力。

刘延东强调，我们要深切缅怀革命先辈们为人民解放、民族独立而奉献出的一切，发扬革命传统，继往开来，为中华民族的伟大复兴而奋斗！

原中共中央政治局常委、国家副主席曾庆红参观“艰难与辉煌——纪念中国共产党成立九十周年馆藏珍贵历史文献展”

6月29日下午，原中共中央政治局常委、国家副主席曾庆红来到国家图书馆参观了正在举行的“艰难与辉煌——纪念中国共产党成立九十周年馆藏珍贵历史文献展（1921—1949）”。国家图书馆馆长周和平接待并陪同参观。

曾庆红仔细观看了展览，并与陪同及讲解人员深入交流探讨。在红色阅览室，他还通过触摸屏等新媒体饶有兴趣地查看了各种革命历史文献电子资料。

参观结束后，曾庆红对展览给予高度肯定。他指出，展览中收集的资料不仅包括丰富的红色革命文献，还有国民党统治地区文献以及外国人对中国革命的记录，通过多种类型珍贵资料的展示，使观众更加直观而深刻地了解党的成长历程。他强调，国家图书馆不仅要收集文献资料，还要通过对文献资源的整合，为用户提供更加方便快捷的资源查询和获取方式，更好地发挥其传承文明、服务社会、教育大众的重要作用。

当天参观展览的还有中央党史研究室主任欧阳淞、原中国船舶工业集团公司总经理陈小津、中国保利集团公司党组书记、董事长陈洪生。

原中共中央政治局常委、国务院副总理李岚清篆刻书法艺术展在国家图书馆举行

7 月 5 日上午，由国家图书馆主办，中国美术馆和高等教育出版社协办的“大众篆刻——李岚清篆刻书法艺术展”在国家图书馆古籍馆隆重开幕。李岚清作了题为“篆刻书法艺术”的专题讲座，并亲自为来宾讲解展览。教育部党组成员、副部长杜占元，科技部党组成员、中央纪委驻科技部纪检组组长郭向远，文化部党组成员、副部长王文章，国家图书馆馆长周和平出席仪式。

本次展览分为“情系神州”、“以印铭史”、“游心印海”、“印迹人生”、“文化拾贝”、“走出国门”等 6 个部分。展览展出李岚清 150 余件篆刻和 26 件书法、素描作品，以印、诗、书、画、图片、文字结合的丰富形式，展示了李岚清在篆刻、书法艺术上的深厚造诣和丰厚成果，使观众在欣赏和阅读中，走进李岚清的篆刻与书法艺术世界。

李岚清在讲座中向听众介绍了自己从事篆刻艺术创作的历程和心得。讲座结束后，李岚清将自己亲自篆刻的印章“好学为乐”和书法作品《不读书无所为》赠送国家图书馆。周和平代表国家图书馆接受捐赠。李岚清还向北京市东城区教师研究中心、西城区少年宫、海淀区教师进修学校赠送了其著作《大众篆刻》。最后，李岚清带领听众一同参观了展览，并作了精彩的讲解。

二、开展“解放思想、开拓创新”讨论活动

2011 年是“十二五”开局之年，也是国家图书馆的“创新年”。为抓住和用好事业发展的重要机遇期，稳步推进创新发展，从 3 月开始，国家图书馆开展了“解放思想、开拓创新”讨论活动。全馆上下经过近 3 个月的分层讨论、专题研讨，从工作实际出发逐步发现问题、研究解决方案、提出创新思路，并专门面向副省级以上公共图书馆及广大读者征求建议，最终形成了 22 个推动事业发展的创新项目，项目的确立和实施成为推动国家图书馆各项事业稳步发展的有力保障。

（一）讨论活动第一阶段

3 月 3 日，国家图书馆正式下发《国家图书馆关于在全馆开展“解放思想、开拓创新”讨论活动的通知》，27 个部处按照通知中的具体安排，根据本部门的实际情况，制订方案，围绕思想观念、政策制度、业务环节、工作流程等 4 个方面，组织员工认真研讨，梳理不适应事业发展的问题。周和平馆长分别参加了参考咨询部、立法决策服务部、典藏阅览部的部门讨论；馆领导詹福瑞、常丕军、陈力、张志清、魏大威、王军、孙一钢、汪东波也分别来到各自主管部门，听取意见建议。3 月 20 日，27 个部处分别提交了分析检查报告。

4 月 2 日，“解放思想、开拓创新”讨论活动第一次经验交流会召开。周和平馆长发表了讲

“解放思想、开拓创新”讨论活动第二次经验交流会

话，党委书记、常务副馆长詹福瑞主持会议。国家图书馆馆领导班子成员，全体中层干部及处长（主任）助理出席了会议。会上，业务管理处处长高红、外文采编部主任顾犇、参考咨询部主任方自今、信息网络部副主任邢军、后勤服务部主任曹伟，分别就第一阶段的讨论活动进行了总结和经验交流。周和平馆长对于此次活动的开展给予肯定，提出要提高认识，明确态度；要认真梳理、抓住重点、深入研究重大问题，提出有助于我馆事业发展的创新思路；要开放思维、面向公众和全行业征求意见，在更大的范围内开展讨论。

（二）讨论活动第二阶段

围绕第一次经验交流会的会议精神，各部门开拓思路、有重点地进行深入研讨。周和平馆长参加了研究院、社会教育部的专题讨论。4 月 12 日下午，“解放思想、开拓创新”讨论活动第二次经验交流会召开。周和平馆长作了重要讲话，党委书记、常务副馆长詹福瑞主持会议。国家图书馆馆领导班子成员，全体中层干部及处长（主任）助理出席了会议。会上发放了《各部门重点问题材料汇编》。27 个部门的负责人围绕思想观念、政策制度、主要业务、人才队伍建设等方面，就这段时间讨论出的重点问题、梳理出的应对思路，依次进行了汇报发言。会议明确了下一阶段的讨论重点是要站在全馆角度，抓住大的方面研究有用的、切合实际的问题。从思想认识、体制机制建设、基础业务、数图建设与服务、读者服务及拓展服务、科研工作、人才队伍建设、全国性工程建设与行业指导、市场服务拓展等九大类进行讨论研究并归纳总结。

（三）讨论活动总结阶段

第二次经验交流会之后，国家图书馆馆内项目研讨、业务交流频繁，各部处群策群力，最终

各部处创新讨论汇报会

由办公室整理形成《各部处“解放思想、开拓创新”讨论活动主要问题梳理及对策汇编》。在此基础上，国家图书馆领导班子组织人事处、财务处、业务管理处、研究院等部门负责人，共同对汇编内容进行反复筛选讨论，从国家图书馆事业发展的角度初步拟定了近 40 个专题研究项目，同时，成立专题研究小组、明确小组组长、牵头单位、参与单位及人员组成。5 月 9 日、13 日，各专题小组分批次，由牵头单位负责人及相关人员，就每个专题研究项目进行汇报，通过进一步反复论证，最终确立以下 22 个重大项目，分别是：

1. 民国时期文献保护项目
2. 革命历史文献保护项目
3. 基于图书馆 OPAC 的资源整合项目
4. 国家文献战略储备库建设项目
5. 出版物样本缴送政策研究及平台建设项目
6. 数字图书馆推广工程
7. 数字资源管理制度与标准规范体系建设项目
8. 数字资源专题知识库建设项目
9. 数字图书馆体验区建设项目
10. 典籍博物馆（含名人专藏馆、馆史展厅）建设项目
11. 制定“十二五”科研规划
12. 策划重大科研专项
13. 国家图书馆企业分馆建设项目

14. 人才队伍建设（含发挥老专家作用政策研究）项目
15. 立法决策服务管理机制和队伍建设项目
16. “国家图书馆发展基金”建设项目
17. “中国记忆”（含口述史、非遗藏品征集）项目
18. 建立或重组国家图书馆馆属企业
19.《中华珍贵文献史话丛书》编纂项目
20.《中华古籍总书目》（分省卷）编纂项目
21. 馆区艺术设计项目
22. 推动解决员工住宅困难

4月6日，办公室起草并向全国46家副省级以上公共图书馆发送了《国家图书馆“解放思想、开拓创新”讨论活动征求意见函》，截至5月27日，收到来自上海、重庆、河北、山东、陕西、山西、湖南、湖北、青海、广西、安徽、浙江、成都、沈阳、青岛、福建、辽宁、厦门、河南等19家公共图书馆发来的回函。各省市公共图书馆提出，希望国家图书馆在政策措施制定上发挥积极带头作用；继续加强资源共享与项目合作，特别是围绕特色资源共享、人才交流培训开展合作；同时，希望国家图书馆能进一步加大对地方公共图书馆的业务指导和统筹协调，在数字图书馆建设、古籍保护、专业人才培养、重大科研等方面起到行业引领作用。同时，业务管理处通过纸版和电子版方式，将《“解放思想、开拓创新”——国家图书馆“创新年”活动读者建议征集函》发放给广大读者，并委托国家图书馆内各服务点发放纸质问卷400份，回收203份，回收率为51%。通过网络的读者反馈46份。其中，读者针对文献资源建设、用户服务、数字资源获取方面提出了改善的建议。

周和平馆长主持“解放思想、开拓创新”讨论活动汇报会

5月27日，“解放思想、开拓创新”讨论活动召开总结大会。周和平馆长发表了重要讲话，党委书记、常务副馆长詹福瑞作了活动总结报告，会议由副馆长、党委副书记常丕军主持。国家图书馆馆领导班子成员，全馆正科级以上干部出席了会议。周和平指出，此次讨论活动具有以下几个特点：一是领导高度重视，活动组织有序；二是全馆员工积极参与、活动讨论热烈；三是全面倾听外界的声音，关注公众与行业内的意见与需求；四是形成了促进事业发展的重大项目，成为了创新讨论活动的重要成果。他结合项目的落实提出，要对项目进一步深入研究、细化思路；要抓好项目的落实；要与日常工作有机结合；要加强队伍建设；要坚持民主决策。活动期间，办公室收到来自24个部处的活动报道60余篇次，编发专题简报40期。

（四）讨论活动精神成果学习落实阶段

总结大会后，国家图书馆各部处继续结合实际业务，通过不同形式的讨论和活动，认真学习会议精神。

5月31日，国家图书馆下发《关于落实“解放思想、开拓创新”讨论活动重大项目的通知》（图办发【2011】32号），面向全馆公布22个重大项目。

6月21日，国家图书馆下发《关于印发周和平同志、詹福瑞同志在国家图书馆“解放思想、开拓创新”讨论活动总结大会上讲话的通知》（图办发【2011】37号），号召各部处员工认真学习、贯彻落实。

9月22至23日，周和平馆长主持召开“馆长办公会”，专题研究讨论创新项目进展情况，推动项目落实。会上，22个项目的负责人汇报了各项目进展情况，并就如何推动下一阶段项目的开展进行了逐项分析和讨论。

2011年，“解放思想、开拓创新”讨论活动作为国家图书馆的一项重要工作，同时也成为中层干部考核的一项重要内容。通过开展此次活动，全馆上下以多种形式建言献策，在学习研讨的同时，在思路上得到拓展、在认识上逐步提高，并能从自己本职工作中提炼升华，形成站位高、影响远的重大项目，在“十二五”开局之年，为国家图书馆各项事业的稳步发展提供了重要保障。

三、民国时期文献保护工作会议召开

5月16至17日，在中国共产党建党90周年和辛亥革命100周年之际，由国家图书馆主办、陕西省图书馆协办的“民国时期文献保护工作座谈会”在陕西西安召开。会议旨在研究加强民国时期文献保护工作，并重点研究了如何进一步加强革命历史文献的保护和利用。国家图书馆馆长周和平，文化部社会文化司巡视员刘小琴，文化部财务司副司长马秦临出席了会议并讲话。来自全国部分省、自治区、直辖市和副省级城市公共图书馆负责人及文献保护专家参加了会议。

会上，代表们围绕国家图书馆在前期广泛调研基础上提出的《关于加强民国时期文献保护工作的意见（讨论稿）》、《关于加强革命历史文献保护和利用工作的意见（讨论稿）》等文件进行了

民国时期文献保护工作座谈会在西安召开

深入研讨。代表们集思广益、建言献策，会议取得了丰硕成果。

民国时期文献，指记录1911年至1949年这一特定历史时期各种知识和信息的一切载体，包括图书、期刊、报纸、手稿、书札、解放区文献、革命战争中的珍贵历史档案，还包括海报、老照片、电影、唱片以及非正式出版的日记、传单乃至商业契约和票据等。民国时期文献全面记载了马克思主义在中国的传播，记载了中国共产党领导全国各族人民争取民族独立和人民解放的伟大历史，记载了中国近代社会的巨大变化。这些文献数量众多、内容丰富，具有较高的历史价值、学术价值和重要的现实意义。抢救与保护好民国时期珍贵文献，对促进文化传承、联结民族情感、弘扬民族精神、维护国家统一及社会稳定具有重要意义。同时，加强民国时期文献保护工作，也是建设社会主义先进文化，贯彻落实科学发展观和构建和谐社会的客观要求。

新中国成立以后，特别是改革开放以来，我国民国时期文献保护工作在文献普查、整理出版、缩微及数字化保护方面，取得了一定的成果。但是，由于诸多原因，当前我国民国时期文献保护存在不少突出问题，如现存民国时期文献底数不清；保存条件堪忧，文献酸化、老化加剧，破损严重；原生性保护尚未引起普遍重视；再生性保护进展缓慢；保护和修复人才匮乏；部分珍贵文献流失海外等。特别是由于民国文献产生时期已经进入近代机械造纸和印刷阶段，其纸张材料保存寿命是各类纸制文献中最短的，许多文献已经完全失去机械强度，一触即破，濒于毁灭，抢救保护民国时期文献迫在眉睫。

会议提出了加强民国时期文献保护工作的指导思想、基本方针和总体目标。

指导思想：坚持以邓小平理论和“三个代表”重要思想为指导，全面贯彻和落实科学发展观，加强民国时期文献保护工作力度，建立科学有效的文献保护制度，提高全社会的文献保护意识，

会议主席台

充分发挥典籍文献在传承中华文化、提高人民群众思想道德素质和科学文化素质、增强民族凝聚力、促进社会主义先进文化建设中的重要作用。

基本方针：贯彻“保护为主、抢救第一、合理利用、加强管理”的方针。坚持依法保护和科学保护的原则，正确处理民国时期文献保护与利用的关系，统筹规划，分类指导，突出重点，分步实施。

主要任务和基本目标：“十二五”期间，大力实施“民国时期文献保护计划”。对全国公共图书馆等系统的民国时期文献收藏和保护状况进行全面普查，建立《民国时期文献总目》；实现特色文献的专项保护，建立若干专题目录，如《国家珍贵革命历史文献名录》等；完成一批民国时期文献书库的标准化建设；加快民国时期文献的缩微复制和数字化进程，建设一批高质量的民国时期文献全文资源库；研究应用民国时期文献的整本脱酸处理技术，加强文献修复工作，培养一批具有较高水平的民国时期文献保护专业人员。通过努力，逐步形成完善的民国时期文献保护工作体系，使我国民国时期文献得到全面保护。

代表们建议，在“十二五”期间，立项实施“民国时期文献保护计划”。第一，在全国范围内组织开展民国时期文献普查工作。全面了解和掌握各级图书馆、档案馆及民间收藏情况，建立《民国时期文献联合目录》；编制出版《民国时期文献总目》；编制《民国时期文献专题目录》。第二，建立民国时期文献标准库房。建立健全民国时期文献书库的建设标准和技术标准，选择部分馆藏丰富的图书馆建设民国时期文献标准库房，围绕库房的温湿度、有害气体、虫霉、光线、灰尘等方面改善保存条件。第三，建立若干民国时期文献脱酸修复中心。选择具备条件的图书馆，建立若干民国时期文献脱酸修复中心（区域中心），研究应用民国时期文献的整本脱酸处理技术，大力开展文献修复工作，推进原生性保护工作开展。第四，加大民国时期文献再生性保护的力度。继续实施缩微复制抢救性拍摄，发挥缩微技术在民国时期文献保护工作中的重要作用；加快民国时期文献数字缩微技术的普及和推广，形成一批高质量的民国时期文献全文资源库，实现网络化无障碍阅读。第五，加快民国时期文献的整理、出版和研究利用。根据所选用底本的文物价值、学术价值和版本特点，对不同的民国时期文献可采取不同的整理利用方式，在保持文献原貌的同时最大限度地传播和利用文献。第六，加强民国时期文献保护科研力量和人才队伍建设。建议有关部门制订规划，多渠道、分层次培养文献保护人才。将人才培养与实际业务工作、科学研究紧密结合，通过对民国时期文献的系统研究、整理工作，培养出一批熟悉民国时期文献内容的学科馆员、文献学专家和能够解决文献保护工作实际问题的科研人员和修复人员。第七、加快海外民国时期文献调查及合作。积极开展国际合作，调查民国时期文献在世界各地的存藏状况，促进海外民国时期文献以数字化形式回归；学习借鉴世界各国开展民国时期文献保护工作的先进经验，着力提高民国时期文献修复和保护技术的水平。

代表们提出，要加快建立民国时期文献保护工作协调机制。希望建立由文化部牵头，相关部委参加的专门协调机构，领导协调各方开展工作，由国家图书馆承担日常组织协调工作，按照统一部署，积极实施“民国时期文献保护计划”，全面、科学、规范地开展保护工作，逐步形成完善的保护工作体系，使我国民国时期文献得到全面保护。

代表们认为，革命历史文献保护和利用意义重大。本世纪20年代初以来，中国共产党领导全国各族人民，为捍卫民族独立、争取民族解放，进行了艰苦卓绝、英勇顽强的斗争，产生了大量的革命历史文献。这些文献历久弥珍，凝聚着中华民族和中国共产党人热爱祖国、维护统一、追求真理、自强不息、无私奉献、艰苦奋斗、勤劳勇敢、奋发向上的民族精神，在社会主义物质文明和精神文明建设中有着无可替代的特殊地位和作用。代表们建议，可在“民国时期文献保护计划”框架下，以专题子项目形式，加强革命历史文献保护与利用工作。文献收藏单位要充分发挥革命历史文献的社会教育作用，提升革命历史文献的展示服务水平，通过组织精品展览、开展讲座等多种方式，促进革命历史文献利用和文化传播。

代表们一致表示，中华文明源远流长、博大精深，拥有卷帙浩繁的文献典籍，这些典籍是中华民族的宝贵精神财富。做好民国时期文献、特别是其中的革命历史文献的保护与利用工作，避免文献历史出现“断层”，是当代人不可推卸的历史责任。相信随着全社会的共同努力，民国时期文献保护工作必将迎来一个新的春天。

四、数字图书馆推广工程工作会议

5月26日，文化部、财政部联合发文《关于实施“数字图书馆推广工程”的通知》，决定于“十二五”期间在全国实施数字图书馆推广工程。数字图书馆推广工程将构建以国家数字图书馆为中心、以各级数字图书馆为节点、覆盖全国的数字图书馆虚拟网，建设分级分布式数字图书馆资源库群，在全国范围内形成有效的数字资源保障体系，以互联网、移动通信网、广电网为通道，借助各级公共图书馆和手机、数字电视、移动电视等新兴媒体，向公众提供多层次、多样化、专业化的数字图书馆服务，打造基于新媒体的图书馆服务新业态。为推动数字图书馆推广工程的实施，2011 年文化部组织召开两次工作会议，部署数字图书馆推广工程实施工作。

（一）数字图书馆推广工程工作会议（青岛）

5 月 31 日，文化部在青岛召开数字图书馆推广工程工作会议，部署工程建设工作。国家图书馆馆长周和平，山东省人民政府副省长黄胜，文化部社会文化司司长于群、文化部财务司司长赵雯，财政部教科文司文化处处长宋文玉出席会议。全国文化信息资源建设管理中心负责人、各省（区、市）和新疆生产建设兵团文化厅（局）长、社文处处长以及省级图书馆馆长参加了会议。会议由文化部社会文化司巡视员刘小琴主持。会议印发了文化部、财政部《关于实施“数字图书馆推广工程”的通知》文件，宣布正式启动实施数字图书馆推广工程，并就数字图书馆推广工程的意义、建设内容、实施规划进行了部署。

文化部社会文化司于群司长阐述了数字图书馆推广工程的重要意义和建设目标，对数字图书馆推广工程的实施工作进行了部署。他在讲话中提到，实施数字图书馆推广工程，将进一步加强资源共享，扩大资源总量，形成规模效益；将全面提升各级公共图书馆的文献保障水平和信息服务能力，拓展服务渠道，丰富服务手段，打造基于新媒体的图书馆服务新业态；将全面加强公共数字文化制度体系、网络体系、资源体系、管理体系和服务体系建设，提高公共数字文化供给能力，创新公共数字文化服务机制。他要求各级文化行政部门要突出重点，加大力度，全面推进数字图书馆推广工程的实施。要加强组织领导，科学规划；要落实经费投入，完善保障机制；要加强共建共享，坚持开放共赢；要注重人才培养，加强队伍建设；要加大宣传力度，开展惠民服务；要加强管理和督导检查。

国家图书馆馆长周和平在讲话中强调实施数字图书馆推广工程势在必行。他指出近年来，我国各级公共图书馆均广泛开展了数字图书馆建设，在资源、技术、标准等方面都取得了一定成果，已经初步形成了数字图书馆建设与服务体系。但各地数字图书馆建设发展不平衡，资源还没有共知、共建、共享，基于新媒体的图书馆服务新业态还没有形成。“十二五”时期在全国范围内实施数字图书馆推广工程，推广数字图书馆建设成果，非常及时，非常重要。数字图书馆推广工程的核心是建设互联互通的数字图书馆系统平台和分布式资源库群，借助全媒体提供数字文化服务。他就实施数字图书馆推广工程提出了四点希望，一是要认真做好规划，结合当地实际，设计好县级特别是地市级以上数字图书馆的推广工作；二是要注重培训先行，通过分级培训的方式培养一支既具备数字图书馆专业知识，又具备实际技能的人才队伍；三是要用好经费，按照《通知》要求确保经费到位，用转移支付经费调动地方经费投入，要加强经费管理，真正使财政资金发挥效益；四是要建立共享机制，发挥文化共享工程、公益性电子阅览室计划等数字文化工程的整体合力，形成资源共建、服务共享的机制。

会上，国家图书馆副馆长魏大威从虚拟网建设、数字资源库群建设、数字图书馆服务建设以

数字图书馆推广工程工作会议（青岛）

及人员培训等4个方面介绍了数字图书馆推广工程的建设内容和实施规划。

文化部副部长杨志今在5月31日下午出席全国文化信息资源共享工程工作会议暨公共电子阅览室建设试点工作现场经验交流会时，就数字图书馆推广工程的实施，特别强调，中央领导和蔡武部长对于用先进文化占领新媒体阵地，大力推进新形势下图书馆服务创新工作高度重视，提出了一系列明确要求，对当前和今后一个时期我国数字图书馆的建设具有重要的指导意义。实施数字图书馆推广工程，对于加快公共文化服务体系建设，提高公共文化服务能力，推动覆盖城乡的公共文化服务体系建设，满足人民群众不断增长的精神文化需求；对于维护文化安全，积极抢占网络文化阵地，把握信息技术环境下文化发展主导权的需要；对于繁荣发展社会主义先进文化、提高全民族文明素质，构建社会主义核心价值体系，都具有重要意义。他指出，数字图书馆推广工程与全国文化信息资源共享工程、公共电子阅览室推广计划共同构成三大数字文化惠民工程，三者既有内在联系又各有侧重，互为支撑，互相促进，形成合力，共同在公共数字文化建设中发挥重要作用。他要求各级文化行政主管部门充分认识数字图书馆推广工程的重要意义，高度重视工程建设，按照会议要求，认真抓好贯彻落实。

2011至2012年为数字图书馆推广工程的基础构建阶段，将完成硬件平台搭建工作。2011年在全国15个省级馆和52个市级馆实施，2012年将完成其余省级馆（含新疆生产建设兵团）和131个市级馆的实施工作，并与国家数字图书馆进行网络连接与资源整合，初步建成覆盖全国的数字图书馆服务网络。2013至2015年为全面推广阶段，汇聚整合全国各级数字图书馆文献资源，创新提高数字图书馆服务能力，向全国公众和业界提供统一服务。

（二）数字图书馆推广工程工作会议（北京）

9 月 8 日，文化部在京召开数字图书馆推广工程工作会议。文化部副部长杨志今、国家图书馆馆长周和平出席会议并讲话，文化部社会文化司司长于群主持会议。文化部财务司、国家图书馆、文化部全国文化信息资源建设管理中心有关负责同志，全国各省（区、市）文化厅（局）、新疆生产建设兵团文化局分管厅（局）长、社文处处长，省级图书馆和副省级城市图书馆馆长参加会议。会上印发了《文化部办公厅关于印发“数字图书馆推广工程”省级、市级数字图书馆硬件配置标准的通知》。

杨志今在传达中央领导同志和蔡武部长关于数字图书馆推广工程的重要批示精神后指出，数字图书馆推广工程是继文化共享工程、公共电子阅览室建设计划之后，文化部、财政部在“十二五”时期启动实施的又一项重大文化惠民工程。实施数字图书馆推广工程，是整体提升我国公共图书馆事业发展水平的客观要求，是加快推进公共文化服务体系建设的重要举措，是不断增强我国文化软实力的迫切需要。各级文化行政主管部门和公共图书馆要认真学习贯彻中央领导和蔡武部长的重要批示精神，加快推进工程建设。各地要按照文化部和财政部的有关文件精神，提高认识，把握方向，突出重点，加强领导，扎实推进工程建设。一是要整体规划，分步实施；二是要与文化共享工程紧密结合，形成合力；三是要坚持边建设边服务，提升社会效益；四是要加大培训力度，建设一支高素质的人才队伍。杨志今强调，2011 年是“十二五”的开启之年，也是实

数字图书馆推广工程工作会议（北京）

施数字图书馆推广工程的开启之年，各地要进一步深入学习领会中央领导同志的指示精神，高度重视，加强组织领导，加大经费投入和宣传，确保工程的顺利实施。

周和平指出，数字图书馆是基于网络环境的一种新的信息资源组织与服务方式，利用现代信息技术，对各类型信息资源进行整合，形成多个分布式、超大规模、可互操作的多媒体资源库群，通过海量资源的无缝跨库链接、知识挖掘等技术，借助网络面向社会公众提供全方位的信息与知识服务。周和平概括总结了国内外各行业和各领域数字图书馆建设的总体情况，指出实施推广工程，整合国家图书馆及全国公共图书馆的优秀数字资源，构建覆盖全国、互联互通、共建共享的超大型数字图书馆势在必行。他对组织实施推广工程提出了明确要求，即把握内涵，理清思路；制定规划，分步实施；建立机制，共建共享；注重服务效果；形成标准规范；加强队伍建设；加强管理。

文化部社会文化司巡视员刘小琴、国家图书馆副馆长魏大威同志分别发言，对数字图书馆推广工程的建设目标、建设思路、工作规划和实施保障做了细化说明，浙江、吉林、贵州三省的省图书馆馆长分别结合本馆现状介绍了推广工程的具体实施方案。

与会代表就数字图书馆推广工程实施中机制问题、地方配套经费问题、资源整合、人员培训等普遍关心的问题进行了分组探讨。

五、启动总馆南区维修工程，实施馆藏文献搬迁和服务调整

国家图书馆总馆南区自1987年落成开馆，已运行24年，设施陈旧、设备老化、功能存在严重缺陷，已影响到文献安全和读者服务。2011年3月，国家图书馆启动为期3年的总馆南区维修改造工程。

1. 规划统筹

3月25日上午，周和平馆长主持召开2011年第21次馆长办公会暨一期维修改造工程领导小组第一次会议，会议听取了业务管理处等相关部门经过前期调研和论证制订的南区维修改造工程搬迁工作方案及搬迁工作时间安排的情况汇报，原则通过该方案，确定了将总馆南区的主要读者服务项目调整至总馆北区和古籍馆，尽最大努力为到馆读者提供多种服务的总原则。典藏阅览部、古籍馆等相关部门根据总体方案，结合自身情况制订各部门服务调整方案和文献搬迁方案；业务管理处负责文献及业务服务格局调整，在综合考虑各相关部门意见的基础上，协调、汇总《南区改造期间服务工作调整实施方案》，并制订《南区改造服务工作调整进度控制表》，监督南区维修期间读者服务调整工作的有序进行；各业务部门自行负责文献调整内迁规划和实施工作；行政管理处统一负责搬迁期间涉及业务办公、业务加工、文献暂存等所需场地问题；国有资产管理处负责图书装具、劳保用品等调整搬迁用品的采买；北图文化发展中心统筹聘请搬迁劳务人员；保卫处负责整个搬迁期间的安全保卫工作。

调整原则：履行国家图书馆重要职能，降低对读者服务的影响；降低对基础业务工作的影响；保证服务面积缩小后读者服务工作的安全性。

调整方案：加强数字资源服务的利用引导；尽可能保证所有保存本文献提供使用；尽可能保证利用率较高的基藏本文献提供使用；尽可能保证部分中、外文新入藏文献的开架阅览服务；暂停全部文献外借服务（馆际互借服务除外）；暂停部分专藏文献服务；对北区现有的业务格局作必要的调整；暂停古籍善本各类型原件服务，在分馆提供缩微复制品、普通古籍等阅览服务；整合对外咨询服务接待点，继续开展参考咨询、文献提供和馆际互借服务。

文献范围：调整搬迁工作涉及总馆南区保存本库、基藏本库文献资料、各专藏阅览室文献资料和北区各阅览室文献资料，约 700 万册文献外迁暂存，1000 余万册文献随施工进度在迁移。

时间规划：3 月 1 日，开展服务调整与文献搬迁摸底；4 月 1 日，各相关部门制订实施方案；4 月 10 日，面向读者发布服务调整通知，含南区服务停止、北区服务调整及北区服务恢复时间等内容；4 月 15 日，封闭北区拟调整楼层相关区域，暂停基藏文献外借服务，开始催还工作；5 月 10 日，南区馆区闭馆调整，包括文献除尘、下架上架、文献搬迁和服务调整等；6 月 30 日，北区按照新业务格局开始提供开架阅览服务，各参考咨询服务点、复制点布置到位；7 月 31 日，北区按照新业务格局开始提供闭架阅览服务，服务调整工作全部结束；9 月 11 日，启动文献的外迁工作；11 月 1 日外迁工作完成；11 月 15 日文献内外迁工作全部结束。10 月 15 日，施工单位进场施工；2014 年 1 月 1 日恢复南区馆区各项读者服务工作。

为做好宣传引导，国家图书馆通过新闻媒体、国家图书馆网站、馆区宣传栏等多种途径发布调整信息，告知服务调整情况。国家图书馆主页 24 小时滚动电子公告栏即时更新公布改造期间的具体服务情况，以方便读者了解服务调整工作进度。制作通告及指引标示，张贴在馆区内读者主要活动区域，便于到馆读者及时掌握服务调整信息，找到所需服务点方位。参考咨询部特别加强了对闭馆维修改造政策及服务点调整情况的学习和培训，及时了解掌握闭馆搬迁调整的变化情况，绘制了北区服务点及文献布局图，保证了改造期间信息更新的及时与指引的准确性。从安全角度出发，保卫处在涉及搬迁调整的阅览室内设置警戒线，由专人做引导工作，避免出现安全隐患。

维修改造期间，国家图书馆加强数字图书馆服务，引导读者使用数字资源。加大局域网访问、本地光盘访问资源、互联网公开访问资源、通过读者卡号远程登录访问、网上注册远程登录访问、代理服务器远程访问、全国授权数据库等数字资源的开放力度，实现 57 个数据库的读者卡号远程登录访问利用，49 个数据库网络实名注册读者远程访问利用；实现 27 个中文数据库、5 个外文数据库的馆外远程访问以及 5 个少儿数据库的互联网公开访问。

服务调整和文献搬迁启动后，广大读者和社会各界，对国家图书馆为最大限度降低南区维修改造对服务工作影响而做出的努力表示理解和支持，希望南区维修改造工程早日完工，营造一个更加安全、舒适、现代的阅读环境。

2. 服务调整

国家图书馆以“格局调整有序化、业务内容创新化、文献保有量最大化、读者服务影响最小化”为宗旨，周和平馆长、詹福瑞常务副馆长、陈力副馆长、王军副馆长、汪东波馆长助理等领导多次召开专题会议研究部署相关工作；全馆有关部门认真筹划、精心组织、密切配合、协同作战；承担具体调整工作的典藏阅览部、古籍馆等各部处员工克服时间紧、头绪多、强度大等困难，发扬吃苦耐劳、默默奉献的精神，在坚持服务，最大限度满足立法决策服务、参考咨询服务、重大展览等内部文献需求、馆际互借、普通大众读者需求的同时，采用分时段分区域轮换作业的方式，克服困难，加班加点，赶工期抢进度，压缩服务格局调整时间，将对读者服务的影响降到最低，提前完成各项调整工作并在调整进程中不断完善服务流程，制定工作规范，确保业务格局调整到位后各项服务工作有序开展。

5月10日，总馆南区暂停服务，国家图书馆开始对服务格局进行调整，开始将原总馆南区主要读者服务项目迁移至总馆北区和西城区文津街古籍馆。

6月13日，全馆开架阅览服务项目在总馆北区恢复。调整具体情况如下：总馆北区中文图书阅览区、外文文献阅览区、中文报刊阅览区、工具书阅览区等开架阅览服务区经过格局调整，比规划提前半个月对读者重新开放。恢复的服务项目除北区原有服务之外，还包含原总馆南区外文文献阅览服务、法律专题阅览服务、海外中国学文献阅览服务、工具书阅览服务等服务项目。

中文图书阅览区集中在总馆北区一、二层外围空间，提供普通中文图书阅览文献42万册。北区三层原经典图书区文献和艺术类文献调整到一层，三层原工业设计类文献调整到二层。原总馆南区法律参考阅览室和海外中国学文献研究中心的中文文献阅览服务融入到了北区中文图书阅览区。

外文文献阅览区集中在总馆北区三层，可为读者提供最近一年的最新外文文献。原总馆南区法律参考阅览室和海外中国学文献研究中心的外文文献阅览服务融入到北区外文文献阅览区。外文文献阅览调整至总馆北区提供服务后，开放时间也将由原来的周一至周五每天早9点到晚5点延长到晚9点。

中文报刊阅览区位于总馆北区四层，由原面积3683平方米减少到1496平方米，但提供服务的期刊和报纸的种类没有减少，即期刊近11000种，包括开架期刊近6000种，闭架期刊5000余种；报纸281种，近2个月报纸提供开架阅览服务，三个月前至2年的报纸提供闭架阅览服务。在阅览区内还将增设电子触屏阅读设备，为读者提供更为及时便捷的阅读体验。

工具书阅览区位于总馆北区一、二层中厅，提供2.95万册中外文工具书开架服务，3.3万册外文工具书闭架服务。

7月1日，善本阅览室古籍缩微制品、地方志、家谱阅览服务在古籍馆文津楼恢复服务。

7月18日，原总馆南区闭架文献服务迁移至总馆北区重新开放，比原计划提早半个月。具体情况如下：

基藏图书阅览包括基藏中文图书阅览与基藏外文图书阅览。基藏中文图书阅览集中在总馆北区四层北侧，提供基藏库收藏的2003年（含2003年）以后的中文图书阅览服务。基藏外文图书阅览在总馆北区三层西南侧，提供1974年（含1974年）以后入藏的西文图书、最近一年日文图书，2007年以后外文期刊，2000年以后外文报纸的阅览服务。

保存本阅览室位于总馆北区四层东南侧，在没有其他复本（含缩微、数字化版本）的前提下，提供中文保存本图书、三年前保存本期刊、三年前台港澳社科类期刊阅览服务。

缩微文献阅览室位于总馆北区四层东南侧，提供国外博士论文、中文报刊、民国图书、1931—1934 年间江西苏维埃政权出版物、日本政府出版物、英美政府解密资料和早期来华传教士文集，以及 1895 年前西方出版的有关中国的书籍、世界各国语种词典和各国人物传记等胶卷或平片。

中国年鉴阅览室位于总馆北区四层西侧，提供中文年鉴（纸本、光盘、全文数据库）的阅览服务，以及互联网上免费获取年鉴资源的导航服务。室藏年鉴数量约 2 万册（件）。

学位论文阅览室位于总馆北区四层北侧，提供本馆收藏的博士学位论文 20 余万种。

台港澳文献阅览室位于总馆北区四层北侧，提供台港澳地区及海外华文图书、报纸和近三年期刊的阅览服务。

为方便读者阅览，发挥总馆北区的空间优势，基藏中文图书、保存本、缩微文献、中国年鉴、学位论文、台港澳文献的阅览服务调整至总馆北区后，开放阅览时间也将由原来的周一至周五 9 时至 17 时，周日 9 时至 17 时（预约取书时间 9 时至 16 时），延长到周一至周五 9 时至 21 时，周日 9 时至 17 时（预约取书时间 9 时至 16 时）。周一至周五读者在阅览室内阅读时间延长了 4 个小时。

服务调整后的保存本阅览室

为做好调整后读者服务工作，国家图书馆对北区文献进行四次清查，对近30万条数据进行了更改。

8月底，除了普通文献的外借服务和部分利用率较低文献的阅览服务外，其余暂停的服务都已陆续调整到位并逐步恢复，国家图书馆总馆南区维修改造期间服务格局调整全部完成。主要馆藏基本恢复服务，配合提供的海量电子资源，满足了绝大部分读者的文献查询需求。

3. 文献搬迁

文献搬迁涉及总馆南区善本库、保存本库、基藏本库、各专藏阅览室等，共750万余册文献资料外迁暂存，1000余万册文献资料随服务调整与搬迁进度在总馆与分馆内迁移。

（1）文献外迁

经过前期调研和论证，国家图书馆最终选定北京市顺义区天竺地区盛世通物流空港库区作为临时周转库房，以此解决维修改造期间文献的存放问题，同时制订了详细的文献调整搬迁方案，确保文献搬迁工作的顺利进行。

8月19日，天竺周转库管理中心成立，统一负责天竺周转库的规划、管理、安全保卫和后勤保障工作；9月8日起，逐步接管天竺周转库库区；9月11日，相关部门依照设计路线、搬迁流程提前进行了小规模的文献搬迁“路演”；9月13日按照既定计划全馆正式启动文献搬迁工作。按照《国家图书馆文献外迁工作总体方案》，文献搬迁期间，天竺周转库管理中心每天入库文献8车，每车装400余箱，全天入库3500箱左右。

外迁文献数量大、暂存周转空间小、工期紧，为确保工作安全顺利进行，保证馆藏文献搬迁的万无一失，国家图书馆制定了《国家图书馆馆藏文献搬迁安全管理规定》并向各部处印发。此外，天竺周转库管理中心坚持实行双值班制度，即安全保卫值班和总值班。安全保卫和总值班人员24小时值守，确保库区的安全。在库房钥匙管理方面，库区每间库房的四道锁分别由安全保卫人员和总值班人员共同掌管。在遇到紧急情况时，须得到中心主任的同意并登记备案后方可开启。以上规章制度的设立，确保了安全管理的无缝衔接，增强了库房文献的安全性。

国家图书馆各级领导高度重视文献搬迁工作。搬迁启动前夕，周和平馆长专门来到基藏本书库、保存本书库视察文献装箱打包工作，并就确保文献搬迁安全提出了要求。党委书记、常务副馆长詹福瑞多次提出搬迁过程中要确保文献安全，同时他要求相关部门要尽快改善天竺周转库区人员的工作生活条件。10月1日，周和平等馆领导班子成员以及相关部门负责人一行，视察了库区并慰问节日期间坚守岗位的员工。周和平馆长详细了解了各项工作的进展情况，并认真查看了每间库房的基本条件以及管理中心的办公、生活设施情况。他指出，各文献搬迁部处要再接再厉、全力配合，严格按照搬迁程序工作，确保每道搬迁工序都有专人负责，按时完成任务。

10月21日，经过全馆上下40天的艰苦努力，全部文献外迁工作圆满结束，比原计划时间提前11天完成。整个搬迁过程中，先后装车共计376辆，库区累计接纳各类文献资料132696箱（件）、9457.16立方米。

天竺库房全景

（2）文献内迁

文献内迁相对文献外迁而言尽管搬迁的路程较短，但搬迁文献总量大、处于从属地位、暂存空间有限、倒架次数多、具体情况多样等原因，难度也相当大。文献内迁从形式和时间上可分为两个阶段，第一阶段是 5 月 10 日—6 月 13 日的开架文献的内迁时期，此阶段的内迁主要以配合恢复开架文献服务为指针；第二阶段是 7 月 1 日—11 月 15 库房文献内迁时期，此阶段的内迁工作以配合恢复闭架文献服务、文献外迁为指针。

典藏阅览部、数字资源部、缩微文献部、古籍馆等业务部门会同业务管理处多次召开准备会议，共同商讨应对方案以及实施细则。在认真调研，充分论证的基础上，制定了馆内搬迁工作管理办法，对搬迁计划、搬迁流程、应急情况都进行了详细考虑。

以典藏阅览部为例，典藏阅览部按照总体搬迁工作方案，制定了《基藏本文献外迁工作方案》、《保存本文献内迁工作方案》、《北区服务格局和功能调整方案》、《搬迁期间文献应急流通方案》等一系列计划规划。方案制定后，典藏阅览部缜密安排，科学管理，合理分工，严把进度，共内迁文献 674 万册，同时还接收各部门文献退库或文献暂存 30 多万册，完成文献除尘 600 万册。全部内外迁文献都手续齐全、顺序精确无误，所有环节可溯可逆，整个搬迁调整工作井然有序，有条不紊。

周和平馆长等到天竺库房考察慰问

在整个内迁调整过程中，层层落实责任制，确保文献安全与人员安全。各业务部门均和馆方签署了工作安全责任承诺书，将安全责任分解到科组，具体到岗位。加强文献安全管理，做到文献内迁处处有监管、文献流通册册有登记；加强人员管理，为外包劳务人员办理入库证，加强了出入库的安全检查，杜绝了个人携带违禁物品入库的情况；加强日常安全管理方面，加大了常规巡视力度和频次，加强电梯安全检修，在库区张贴安全警示单，时刻提醒工作人员注意安全。

六、2011 年重大展览

（一）“西域遗珍——新疆历史文献暨古籍保护成果展”

1 月 26 日至 4 月 10 日，“西域遗珍——新疆历史文献暨古籍保护成果展”在国家图书馆展览厅举行。此次展览由文化部、教育部、科技部、国家民族事务委员会、财政部、国家新闻出版总署、国家宗教事务局、国家文物局、国家中医药管理局、新疆维吾尔自治区人民政府等主办，国家图书馆（国家古籍保护中心）、新疆维吾尔自治区文化厅承办，另有 21 家图书馆、博物馆、档案馆、研究所等单位以及个人参与展览承办工作。

1. 展览背景

新疆维吾尔自治区地处我国西北边陲，占全国国土面积的六分之一。新疆古称西域，公元前 60 年，西域正式纳入祖国版图，成为统一的多民族国家不可分割的组成部分。新疆地区自古以来就是多民族聚居区域，多种文明交流融合，创造了丰富多彩的民族文化，为中华文明发展做出了不可磨灭的贡献。历代各文种典籍文书是新疆地区各民族共同创造的珍贵文化遗产，承载着丰富多元的新疆古代文化。

新中国成立以来，党和政府高度重视新疆文化建设，做出了一系列重大决策和部署。2007 年，“中华古籍保护计划”全面实施，新疆维吾尔自治区积极开展古籍普查、《国家珍贵古籍名录》和“全国古籍重点保护单位”的申报工作，先后有 11 家单位的 64 部古籍入选《国家珍贵古籍名录》；新疆维吾尔自治区图书馆被命名为“全国古籍重点保护单位”。

周和平馆长在“西域遗珍——新疆历史文献暨古籍保护成果展”开幕式上致辞

2010年，中央新疆工作座谈会召开后，文化部将新疆古籍保护工作列为文化援疆的重点项目，并于8月20日至10月19日，在新疆维吾尔自治区博物馆，与新疆维吾尔自治区人民政府共同主办“新疆历史文献暨古籍保护成果展”。展览展出了13家单位及个人收藏的24种文字的125件新疆珍贵历史文献、文物，时间跨度从先秦至明清，吸引了十万余人次参观展览，引起了强烈的社会反响。

为让更多的观众认识新疆历史文化，增强对伟大祖国的认同，展览在国家图书馆以更大的规模展出。

2. 展览概况

展览共分两大部分。

第一部分主要以展板形式全面展示党和国家领导人关心新疆文化发展建设和古籍保护工作，以及“中华古籍保护计划”实施以来新疆在保护古籍、传承文明等方面所作的努力和成果。此外，展出了100余种新疆历史文献整理著作，集中体现了建国以来古籍整理工作者在保护新疆地区各民族文化遗产方面的不懈努力和丰富成果。

“西域遗珍——新疆历史文献暨古籍保护成果展”展区

第二部分展出20余种文字的200余件珍贵历史文献。按历史发展脉络，共分四大单元。

第一单元先秦两汉魏晋南北朝。两汉时期，生活在西域的主要有塞人、月氏人、乌孙人、羌人、匈奴人和汉人。自张骞通西域后，汉廷积极经略西域，神爵二年（前60）设立西域都护府，西域正式纳入中国版图。魏晋南北朝时期，鲜卑、柔然、高车、吐谷浑等民族相继进入西域并建立政权，多奉中原王朝正朔。汉文典籍中留存了最早的关于西域地区的记载，成书于先秦时期的《山海经》，比较详细地描述了西域的地理信息与交通要道。河南安阳殷墟妇好墓出土了756件和田玉制成的随葬玉器，证明中原和西域早在商代就存在着玉石贸易。众所周知的玉门关、阳关，就是玉石之路在汉语词汇中最美好的历史留存。考古发现，汉魏南北朝时期的公私文书、典籍主要书写在简牍、皮革、绢帛、纸张等材质上，主要有汉文、梵文、佉卢字、焉耆-龟兹文等文字，内容包括儒家典籍、佛教典籍、历史著作、诗赋文章、碑版文字、学校教材、学童习作，以及占卜、历日等实用文献，反映了西域与中原地区的联系、佛教在西域的传播，也是研究公元二至四世纪西域地区社会历史的珍贵史料。本单元重要展品有宋蔡琪家塾刻本《汉书》、和田出土汉晋时期佉卢字函牍、吐鲁番安乐故城南佛塔遗址出土的北凉庚午年（430）写本《金光明经》卷二等。

“西域遗珍——新疆历史文献暨古籍保护成果展”展区

第二单元隋唐五代时期。隋唐时期，中原政权加强对西域的治理，唐设安西、北庭都护府，建立郡县，驻军屯田，广设羁縻府州，实施府兵制、均田制、租庸调制等制度，汉文化的影响更为广泛而深远。这一时期，突厥人、吐蕃人、回鹘人相继进入西域，与当地民族交流融合，留下了多民族语言文字书写的文献。繁荣的丝路也留下了粟特人、犹太人的足迹，本次展出的粟特文、希伯来字波斯语书信，彰显了这一时期西域作为东西方商道要冲的重要历史地位。佛教得到更广泛的传播，在各地统治阶层的支持下进入鼎盛时期，寺院遍布各地，僧尼为数众多，经典翻译成就巨大。原始宗教、道教、祆教、摩尼教、景教等与佛教并存，形成以佛教为主、多种宗教并存的多元信仰格局。本单元的重要展品有：和田丹丹乌里克出土七世纪末写本于阗文《高僧买奴契约》、新疆焉耆县七个星佛寺遗址出土七世纪到八世纪写本焉耆文《弥勒会见记》、十世纪写本回鹘文《大唐大慈恩寺三藏法师传十卷》等。

第三单元宋辽夏金元时期。这是西域各民族大迁移大融合的时代。九世纪中叶回鹘西迁，先后建立高昌回鹘、甘州回鹘和喀喇汗王朝等政权。1124 年，耶律大石率领部分契丹部众西迁，建立西辽。十三世纪初，窝阔台汗国、察合台汗国分别统辖西域，大批女真人、契丹人、汉人、西夏人被征发到西域，成为当地居民的一部分。九世纪末、十世纪初，伊斯兰教传入西域，喀喇汗王朝是西域历史上第一个信奉伊斯兰教的政权。至西辽统治时期，西域形成了以佛教和伊斯兰教为主，其他宗教并存的格局。十四世纪中叶，东察合台汗国秃黑鲁帖木儿汗大力推行伊斯兰教，西域进入以伊斯兰教为主、多种宗教并存的新时期。这一时期的西域文化，继续保持多元共存的格局。流传于世的文献中，不乏佛教、景教文献。回鹘文《弥勒会见记》显示，戏剧文学与舞台艺术于十一世纪已经进入了维吾尔人民的生活。此一时期出现的长诗《福乐智慧》，是维吾尔文学史上的典范作品。堪称百科全书的《突厥语大词典》，展现了古代维吾尔文化的巨大成就。本单元的重点展品有：清嘉庆十三年至十六年（1808—1811）刻《墨海金壶》丛书本元鲁明善撰《农桑衣食撮要》二卷、元刻清拓叙利亚文《景教僧墓碣》拓本等。

第四单元明清时期。明代，西域先后主要由东察合台汗国与叶尔羌汗国统治，各民族进一步融合。维吾尔族人口增长迅速，分布地域逐步扩展。哈萨克、满、回、达斡尔、锡伯、乌孜别克、塔塔尔、俄罗斯等民族也在清代迁入新疆，以维吾尔为主的多民族聚居格局最终形成。十六世纪，佛教退出哈密地区，伊斯兰教在西域得到进一步巩固和发展，成为占主导地位的宗教。清政府在新疆实行政教分离政策，佛教、道教、基督教等宗教依然为众多新疆居民所信仰。这一时期留下了大量的察合台文文献，其内容涵盖文学、历史、宗教、医药、工艺等诸多领域。波斯文、阿拉伯文、哈萨克文、托忒蒙古文、满文文献，则反映了新疆多民族、多语种、多元文化的地域文化特色。清代积极经略西域，光绪十年（1884）设立新疆省，这一时期出现了大量有关新疆政治、军事、经济、文化、风物等方面的汉文典籍。本单元重要展品有：明抄本汉文、回鹘文、回鹘式蒙古文《高昌馆课》、十八世纪末抄本察合台文《纳瓦依诗集》、清徐松稿本《西域水道记》、清嘉庆（1796—1820）彩绘本《西域舆图》、清抄本满文《劝善经》等。

“西域遗珍——新疆历史文献暨古籍保护成果展”展区

概括而言，这些展品类型包括汉文和20余种民族文字的木简、文书、古籍、舆图、拓片，展品时间跨度从先秦至明清，全面展示新疆多民族、多语言、多文化、多宗教、历史悠久的鲜明特点。

此外，还集中展出100枚新疆各个历史时期使用过或流通过的古钱币，构成新疆钱币的完整系列。

3. 多元展陈

此次展览采用多种方式、多种手段进行展陈，达到了较好的展览效果。

展厅设计方面，整体展厅环境采用新疆地区常见的荒漠风格，突出西北特色，使展厅有着浓郁的新疆风情，烘托了展览的气氛，使人有身临其境之感。展厅大门设置大规模新疆地形地貌沙盘，标注各考古遗址、城邑、交通要道，使观众对新疆有直观的认识。多处采用场景再现的方式，展厅内复原克孜尔石窟洞窟一个，中厅复原高昌遗址、台藏塔等考古遗址，营造逼真的视觉效果，很好地配合了文献展览。

观众互动方面，充分运用多媒体手段，增强展览的效果和吸引力，成为展览的亮点之一。运用投影技术，制作互动平台，增强了观众的参与度；设计制作小游戏一种，模拟西天取经僧人、粟特商队的西域旅程，游戏中设置多重知识问答，使观众在参观的过程中得到休闲，在娱乐的过程中学到知识。

多媒体应用方面，展厅内运用投影设备，滚动打出巨幅西域历代地图，让观众对于历史上的新疆有直观的认识。设置四台大型平板电视和一台触摸屏，滚动播出《西域回响》专题片及相关影视资料。展览筹备组拍摄新疆历史文献专题片《西域回响》，通过实地探访、专家讲解等形式，深入浅出地阐释新疆重要历史文献的内容和价值。《西域回响》广泛用于馆区、电视媒体的宣传。

展览闭幕的同时，开通了5D网上展览，用数字化的方式再现了展览的风貌，包括展厅场景、

“西域遗珍——新疆历史文献暨古籍保护成果展”非物质文化遗产展示

所有展板、展签及展览文献。参观者进入 5D 数字展厅后，可以用鼠标控制参观方向，游走自如，有身临其境之感。5D 网上展览的每册古籍，还提供了翻页阅读的功能，使有兴趣的读者能深入了解文献的内涵。

展览筹备组编辑出版了《西域遗珍——新疆历史文献暨古籍保护成果展图录》，选择 70 多种重点展品的版本、内容、流传及价值和意义等加以详细、深入的介绍，配图 200 余幅，其中不少文献的高清晰大图为首次发表。

4. 影响广泛

此次展览是新中国成立以来第一次在首都北京对新疆珍贵历史文献的全面展示，也是对新疆古籍保护工作成果的一次检阅。

这次展览在各界产生了广泛的影响，媒体报道不断，各界好评如潮。《人民日报》、《光明日报》、中央电视台、人民网、光明网等媒体发布展览报道、专访多篇。中央电视台《国宝档案》栏目制作了五期展览专题片，邀请相关专家深入解读文献，节目在中央电视台 4 套黄金时间播出，深受观众喜爱。中央电视台 9 套还播出了展览筹备组拍摄的专题片《西域回响》，观众反响良好。

全国政协副主席阿不来提·阿不都热西提、文化部副部长王文章、新疆维吾尔自治区人民政府副主席铁力瓦尔迪·阿不都热西提等领导同志出席了开幕仪式，贾庆林、周永康、孟建柱等中央领导同志先后参观了展览，并给予高度评价。

此次展览及 5D 数字展览、《西域回响》专题片得到中宣部宣教局等相关部门的肯定与高度重视。有关部门将5D数字展览光盘版10000套作为民族团结教育的生动教材，发放到新疆各地各单位，并通过天山网等网络平台发布5D数字展览，使得新疆各族广大群众足不出户就能参观此次展览，从中受到教益，为促进新疆的民族团结、和谐稳定作出了贡献，取得了良好的社会效益。

（二）“艰难与辉煌——纪念中国共产党成立九十周年馆藏珍贵历史文献展”

“艰难与辉煌——纪念中国共产党成立九十周年馆藏珍贵历史文献展（1921—1949）”是国家图书馆为庆祝建党九十周年主办的大型历史文献展览，6月1日至7月31日在国家图书馆展览厅隆重举办，共展出馆藏珍贵历史文献实物500余件，提供文献总量4000余种，是国家图书馆有史以来规模最大的革命历史文献展。展览得到了中央领导、中央国家机关党工委和文化部领导的高度重视，数十位党和国家领导人及省部级领导相继亲临展览；展览不仅赢得了党史界专家的一致好评，而且引起了新闻媒体的热切关注，社会反响强烈，共计2.7万人参观了展览，社会影响力巨大，取得了良好的社会效益，获得了圆满成功。

1. 展览内容

“艰难与辉煌——纪念中国共产党成立九十周年馆藏珍贵历史文献展（1921—1949）”，以1911年至1949年中国社会的政治、经济、文化以及国际共产主义运动为大背景，以中国共产党发展历程的时间脉络为主线，分为“东方欲晓”、“开天辟地”、“风起云涌”、“星火燎原”、“中流

“艰难与辉煌——纪念中国共产党成立九十周年馆藏珍贵历史文献展”开幕式

工作人员为读者介绍展品

砥柱”和“天翻地覆”等 6 个篇章，选取各时期重大事件、重要人物作为节点，用红色文献、国民党统治地区文献和外文文献等各种类型珍贵资料解读史实。

展览共展出珍贵历史文献实物 500 余件，超过一半展品为首次展出。其中包括国家图书馆称为“新善本”的革命历史文献、解放区书报刊，以及珍贵档案和名家手稿等；首次披露的国统区文献 60 余种和多部外国人记录中国红色革命的书籍和书信档案。除文献展陈外，还利用触摸屏、电视和投影等方式全景展示了 500 幅老照片、400 余篇解放区报纸报道、8 种文字《共产党宣言》、14 种连环画、50 种革命家书，播放了包括百集《永远的丰碑》在内的视频资料 1100 分钟。同时，专门开设了 170 平方米的“红色文献阅览室”，开架提供 2800 多种革命回忆录、革命文献、文学作品、相关音视频和互联网资料，以及“革命历史文献联合目录”查询服务等，方便读者在参观之余，更加深入地了解中国共产党 28 年艰苦卓绝的奋斗历程。整个展览文献提供总量超过 4000 种。展览期间还成立了一支专业、独立的讲解队伍，为领导与普通观众提供讲解服务。

2. 举办纪念建党九十周年系列活动

为了满足不同年龄、不同层次公众的需求，发挥图书馆的社会教育职能，展览期间还举办了一系列文化活动，包括“国图讲坛”举办“中国共产党成立九十周年专题研究系列讲座”10 场，听众 2650 余人次；国图音乐厅展映《建党伟业》、《秋之白华》等红色电影；北京北图文化发展中心与中国唱片总公司和中国乐谷管委会联合举办“艰难与辉煌——庆祝建党 90 周年主题音乐会”，并与北京邮政联合发行展览纪念明信片；接办多个单位的“主题党日活动”等。这些文化活动不仅唤起了参与者的红色记忆，激发了爱党、爱国热情，而且为社会各单位和机构组织的“七一”

纪念活动提供了良好平台和主动服务。

正如北京新四军暨华中抗日根据地研究会、北京八路军山东抗日根据地研究会和紫竹园街道等单位“七一”活动的组织者们所说，国家图书馆将展览、讲座、座谈会、电影和艺术欣赏有机地融合在一起，不仅为他们提供了方便周到的服务，更重要的是丰富了“党日活动”内容和形式，大家获益匪浅，受到党员的欢迎和一致好评，取得了意想不到的好效果。

3. 开通“革命历史文献联合目录”系统

为了向全社会宣传保护和利用革命历史文献的重要性和紧迫性，国家图书馆联合吉林省图书馆、辽宁省图书馆、四川省图书馆、湖南省图书馆、重庆图书馆和广西壮族自治区图书馆等 20 余家公共图书馆，共同推出“革命历史文献联合目录”系统，旨在对全国范围内的革命历史文献书目数据和馆藏信息进行收集整合，实现文献信息资源的共建共享，为公众提供方便快捷的查询检索和资源获取途径，同时也为今后开展珍贵革命历史文献的整理工作奠定基础。这个平台尤其受到了党史研究界的专家学者、高校师生和红色文献收藏者的关注和欢迎。

4. 策划主题出版物、专题片和宣传品

在文献深度展示，发掘亮点、细化展签说明的基础上，编纂展览文献《图录》。以展览文献为线索，选取其中兼具文物价值及文化价值的部分，通过文献与历史的互证，揭示共产党人为实现“现代中国之梦”留下的令后人感动、回味、珍重的精神财富，创作一部有历史厚度，且兼具现实与未来的时代感的专题片，用影视的语言让 28 年的“艰难与辉煌”可亲、可敬，可传承、可发展。展览制作并发放了 10000 张 / 本宣传册页、6 种 1000 套书签，以及 5000 枚“建党 90”纪念章和“艰难与辉煌”展览纪念章等宣传品，延伸了展览传播范围，受到观众的欢迎。

5. 探索馆际联合巡展，扩大了展览影响力和受众面

在国家图书馆举办展览的同时，国家图书馆和武汉图书馆联合主办的“艰难与辉煌——纪念中国共产党成立九十周年馆藏珍贵历史文献展（1921—1949）”巡展，于 2011 年 6 月 28 日至 7 月 6 日在湖北武汉市举办。为期 9 天的展览，参观人数达到 7000 人。国家图书馆副馆长张志清、国家图书馆社会教育部副主任仲岩和武汉市文化局局长和晓曦、武汉市图书馆馆长李静霞等领导出席了巡展开幕式。

（三）“东方的觉醒——纪念辛亥革命一百周年馆藏珍贵历史文献展”

9 月 15 日至 10 月 31 日，为纪念辛亥革命一百周年，开展爱国主义思想教育，提升民众文献保护意识，“东方的觉醒——纪念辛亥革命一百周年馆藏珍贵历史文献展”在国家图书馆总馆北区隆重举行。这是建国后首次以珍贵历史文献为主体的大型辛亥革命纪念展，共展出 200 余种珍贵历史文献、100 余幅历史照片，展览分为“探索之路”、“革命风潮”、“武昌起义”、“创立民国”、“保卫共和”五大单元，全面揭示了自鸦片战争至辛亥革命期间各阶层中国人为民族独立、国家富

“东方的觉醒——纪念辛亥革命一百周年馆藏珍贵历史文献展”开幕式

强不断探索、不断抗争的历史画卷。8 月至 11 月，国家图书馆还分别与澳赣台青年交流协会、武汉图书馆、江西省图书馆、广东省立中山图书馆、青岛市图书馆合作举办了“东方的觉醒——纪念辛亥革命一百周年珍贵历史文献图片展”系列巡展活动。

1. 历时一年，精心筹备

国家图书馆古籍馆组织专门力量，历时一年，精心筹办此次展览。邀请相关领域专家学者对展览大纲、展品选目、展品说明等进行反复讨论、磋商和审核，严格把关展览质量。10 月 9 日，国家图书馆专门召开“纪念辛亥革命一百周年馆藏珍贵历史文献展专家座谈会”。学界专家章伯锋、闵杰、房德邻、郭双林、迟云飞、李志英、孙燕京、辛红光、马克锋等人出席了会议。他们一致肯定了展览的成绩，同时也指出了展览内容的不足。有些专家还提出了更高的期望：将展览内容以多媒体的形式保存下来，以便大中院校在近代史教学中用作参考资料。

2. 馆藏为主，借展为辅

2011 年海内外纪念辛亥革命百年的活动层出不穷，然多以图片资料为主。这次展览是以文献为中心梳理辛亥革命始末、展现革命洪流下生动细节的展览活动。展览以国家图书馆馆藏古籍、名家手稿、舆图、外文善本、期刊、报纸、老照片、年画等文献资料为主体，突出馆藏特色，揭示馆藏故事，一批独有的珍贵文献如《赵凤昌藏札》、《绍英日记》、詹天佑耶鲁大学毕业论文英文手稿《论大码头的起重机》及京张路工老照片、邹容《革命军》伪装本、章太炎手稿《邹容传》、梁启超手稿《为川汉铁路事敬告全蜀父老》、蔡锷亲笔书信等再现了丰富的历史瞬间。展览还辟出“新闻漫画中的辛亥革命”专栏，精选《神州日报》、《民立报》、《真相画报》等进步报刊上的新闻漫画，图说武昌起义至民国初创的历史，令人回味无穷。

“东方的觉醒——纪念辛亥革命一百周年馆藏珍贵历史文献展”展厅入口

为补充和丰富展览内容，国家图书馆还向英国国家图书馆、伦敦大学亚非学院图书馆、伦敦传道会/世界传道会档案馆、卫理公会、中华世纪坛世界艺术馆、中国美术馆、秦风老照片馆、严为学、左京华等机构和个人借展图片、文献和实物。值得一提的是，由伦敦传道会/世界传道会档案馆提供的一组直击武昌起义的老照片，记录了武昌起义爆发后，清军从北京坐火车南下镇压革命、革命党人被俘、革命军开炮、外国士兵守卫租界等场景，这些珍贵的镜头以往较少披露。秦风老照片馆提供的西洋画刊，也令包括专家学者在内的许多观众耳目一新。这些以图为主的新闻文献，无疑是今天中国人回顾历史的重要参照。

“东方的觉醒——纪念辛亥革命一百周年馆藏珍贵历史文献展”展厅

3. 三区结合，雕塑点睛

此次展览充分利用馆区空间，将三大展区融为一体：展览主体为稽古厅、右文厅，主要展陈珍贵历史文献；辅助展区之一为稽古厅外围走廊，以灯箱形式展出反映近代中国重大历史事件的西洋画刊、“辛亥人物忆辛亥”等内容；辅助展区之二为读者大厅，设立长达 39 米的老照片展示墙。三大展区通过地标箭头、导引灯箱有机连结为一体，实际展览面积超过 1000 平方米。

辛亥革命军士兵群雕

位于总馆北区东门广场的巨型辛亥士兵雕塑，是此次展陈的点睛之笔。这座雕塑以摄于 1911 年的英藏老照片《汉口革命军》为原型，照片中的士兵似乎刚从战场归来，有的还带着伤，他们表情姿态各异，或绽露笑容，或凝视远方，或怀抱包袱……这样丰富的表情和姿态在以往中国人的照片中是不多见的。很多读者在辛亥士兵雕塑前合影留念，而关于辛亥士兵雕塑的解读也成为各大媒体竞相报道的焦点。这座雕塑引发了很多观众关于辛亥革命领导者和推动力的深层思考。

4. 多种手段，扩大宣传

此次展览大大增加了对外宣传力度，除了传统的通过《人民日报·海外版》、《光明日报》、《中国文化报》等纸质传媒介绍展品外，还充分运用现代技术，制作展览专题网站，通过国图手机报发布展览信息，等等。展览期间，还抓住契机，配合凤凰卫视文化大观园栏目，制作了展览专题节目"追忆东方的觉醒"，在海内外产生了广泛影响。此外，首次为展览投放地铁广告，在地铁 4 号线沿线的国家图书馆、西单等重要站点设置展览广告。馆区内巨幅的展览宣传幕布及标语，不仅烘托了展览氛围，也起到了发布展览信息的作用。

5. 以人为本，服务创新

此次展览秉承了"服务立馆"的理念，根据读者需求，尽力为读者提供贴心、周到的服务。

（1）开放北区一层东大门，极大方便读者参观。以往即便一层馆区有展览，一层东大门也极少打开，读者都要从大台阶爬上二层，再下到一层参观，这种交通上的不便利，致使以往展览流失了很多潜在的观众。此次大开"方便"之门，也为展览争取了更多的观众。

（2）合理延长展览时间。开展前两天古籍馆工作人员观察到下午 5 点左右因部分阅览室关闭，读者人流量较大，据此将每日闭馆展览时间由17:00延长至18:00，基本满足了读者参观需求。

（3）为满足少年儿童及家长的热切需求，10月12日起，国图将少年儿童由原来仅限于周六、周日在专人引导下参观，修改为每日均可入馆参观展览。许多中小学校纷纷预约组织学生团体参观展览，北京市十五中学与古籍馆还共同发起了以“东方的觉醒”展览为主题的教学活动，组织中学生进行参观答题。问卷共两组，一组适用于初中生，一组适用于高中生，希望通过这样的形式强化同学们对课堂知识的理解，加强爱国主义教育的效果。自活动开展以来，共接待中学生600余人次，回收问卷280余份。

（4）展览提供团体预约服务及免费讲解服务，出色的专业讲解成为展览的亮点之一。展览筹备期间，便着手对讲解员进行培训，使讲解员有较充裕的时间去理解消化展览内容。本次讲解队伍由古籍馆和人民大学等高校志愿者组成，讲解员们情绪饱满，以丰富的近现代史知识为背景，或深入浅出向观众介绍历史、文献，或落落大方地与专业读者深入交流，精彩的解说常常被观众热烈的掌声打断。对于前来参观的少年儿童，讲解员还尽量使讲解生动有趣。

（5）展览现场配有触摸屏，发布了丰子恺《阿Q正传》、《辛亥革命》、《十次革命》等漫画作品和民国小人书的全书影像，丰富了展览形式，满足了读者浏览全书、深入了解辛亥革命的需要。

（6）古籍馆和典阅部合作开辟了辛亥革命文献阅读区，精心挑选了近年新出版的千余种辛亥革命读物，读者可以结合展览进行拓展阅读。

（7）古籍馆编撰了展览图录，以书影配书志这一图文并茂的方式使更多的公众得以藉此领略到展览的精华。较之以往展览图录，此图录增加了历史文献的目录索引，给读者带来很多方便。

（8）为了满足不同年龄、不同层次公众的需求，展览期间还举办了“辛亥革命一百周年专题研究系列讲座”等，与展览交相辉映、互为补充。

6. 各地巡展，促进交流

在澳门、武汉、广州、南昌、青岛五地进行的巡展，不仅将国家图书馆的精品展览推广到大江南北，惠及全国观众，而且也为展览工作人员提供了互相交流、互相学习的机会。希望以后进一步完善巡展机制，不断发展合作伙伴，促进不同地域、不同文化间的交流。

7. 圆满落幕，再接再厉

自9月15日至10月31日短短一个半月的时间里，“东方的觉醒——纪念辛亥革命一百周年馆藏珍贵历史文献展”共接待近18万人次参观，包括146个参观团体，创本馆举办展览参观人次新高。参观展览的观众来自全国各地，既有四川、广东、湖北、湖南、云南、河北、河南、山东、吉林、辽宁、黑龙江等省份，也有香港、澳门、台湾等地区。大学生、青少年是本次展览的观众主体之一，北京大学、北京师范大学、中国人民大学、中央民族大学、南开大学、北京中医学院、中国农业科学院、中国国社会科学院、首都体育大学、吉林大学、大连海事大学等十几所高等学府的莘莘学子组团前来观展。辛亥先驱张难先的外孙女、蔡锷将军的孙女、赵凤昌曾孙女赵锡范也参观了本次展览，面对祖辈的手稿和文献，他们难抑激动感慨之情。

此次展览对于社会公众了解历史，正确认识中国国情，继承辛亥革命志士精诚为国、前仆后继、不屈不挠的斗争精神起到了一定的宣传教育作用。展览虽然圆满落幕了，但这次展览的终点也是下一次展览的起点，我们当再接再厉，打造国图展览品牌，为社会公众提供更多更好的精品展览。

七、新入藏珍贵文献

（一）《明渤海孙氏积善堂题赞手卷》

在文化部原部长、著名作家王蒙先生的积极促成下，渤海积善堂手卷保管人、国家图书馆前辈学者孙楷第先生哲嗣孙泰来先生代表沧州南皮孙氏家族于 2011 年 5 月将族中世代相传的《明渤海孙氏积善堂题赞手卷》（题签《积善堂记》）壹轴捐赠国家图书馆。

此手卷为绢本，纵 31 厘米，横 1605 厘米。汇集了明代永乐、宣德、洪熙朝一批朝廷重臣、翰苑名流、书法名家如姚广孝、曾棨、胡俨、杨荣、杨溥、杨士奇、沈度等 43 人题赞的墨迹，系明代文史研究、中国古代家族文化研究的重要实物与文献，在补充馆藏、提供名家手迹标本与文史研究方面，皆有较重大的意义。卷尾是万历辛丑年（1601）九世孙孙国重跋。

孙氏世居怀来，明洪武初，孙成甫奉母内迁，占籍河间沧州，是为始迁祖。次子孙敬，字克恭，以太学生累官至兵部武库清吏司员外郎。孙敬筑堂奉亲，名曰积善堂，永乐十七年（1419）翰林侍讲曾棨撰文记之，一时名公巨卿题咏颇众，皆本诸《易经》“积善之家，必有余庆”、《尚书》“作善，降之百祥”之意，对孙氏三世善行予以褒扬，称颂其积善之余庆必沾溉于后人，以传之无穷。卷中题赞 43 人依次为：庐陵曾棨、南昌胡俨、建安杨荣、毛彪、钱唐王洪、临江金幼孜、莆田黄约仲、华亭沈粲、马伯、庐陵周述、清江张澈、会稽山人刘真、四明陈葵、吴门王进、邓时俊、壶山李基、浙人刘韶、莆易黄察、东吴朱孔易、临川王英、南郡杨溥、范阳邹缉、四明郑复言、庐陵陈循、三山陈仲完、云间沈度、尹凤歧、长乐李骐、泰和曾鹤龄、匡山余鼎、吉水钱习礼、舜江薛常、莆中黄寿、慈溪陈敬宗、庐陵周忱、庐陵萧时中、文江罗汝敬、四明周翰、清江廖端、萧宽、逃虚老人姚广孝、庐陵杨士奇、天台李至刚。卷后有现代著名学者邓之诚、沈兼士、黄侃的题识。

据孙泰来先生介绍：上世纪 60 年代初，郭沫若先生知道孙楷第先生所藏手卷中有姚广孝手迹，颇思一见。应郭老之请，孙夫人携手卷到大院胡同郭宅，请郭老赏鉴。郭老仔细看后，又请在座的《光明日报》记者将姚广孝题字拍摄下来。按孙氏族规，手卷由家族中有名望之人保管。上世纪 30 年代初，手卷交由孙楷第先生保管。手卷保存至今，已历六百年。解放后，孙楷第先生曾有将手卷捐献给国家的考虑，但几百年来祖宗传下来的手卷，是家族的传家宝。当时家族中不少人赞成延续旧法，故一时之间难以形成捐献的共识。“文革”中，手卷一度上交中国科学院哲学社会科学学部文学研究所军宣队。“文革”后期落实政策，手卷才又回到孙先生手中。目睹“文革”时期大量公私文物古籍被破坏，先生十分痛心。深感藏难毁易及私藏之局限。他多次对儿辈

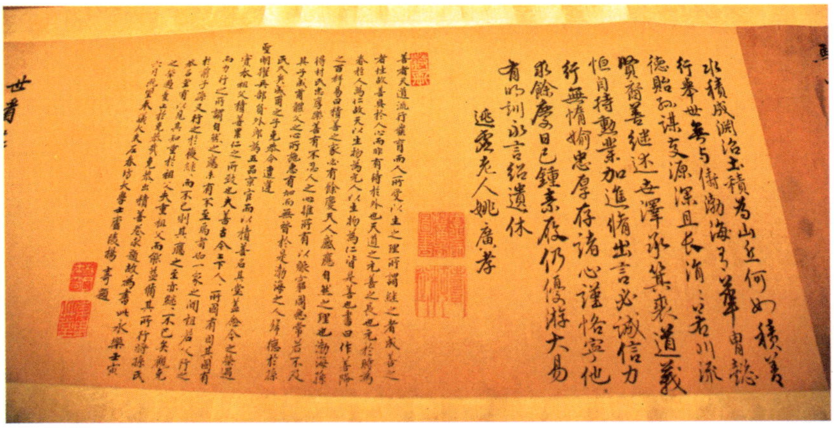
《明渤海孙氏积善堂题赞手卷》局部

说："万一有个闪失，悔之晚矣。"手卷归还时，先生已年逾80，虽捐献初衷未改，因年老体衰等原因，终未能实现。近年来，经孙泰来先生与族人反复商讨，决定将手卷捐献给国家。

国家图书馆为褒扬孙氏家族化私为公的义举，特别制作了手卷的高仿真复制品20件赠予孙氏家族，以为纪念，并于2011年12月29日举办隆重的捐赠仪式，王蒙先生、国家图书馆周和平馆长出席了捐赠仪式，作了重要讲话。捐赠方孙氏家族代表6人也与会并作简短发言。《光明日报》等媒体纷纷报道，引起了较大社会反响。

（二）《绍英日记》

绍英（1861—1925），满洲镶黄旗人，马佳氏，字越千。初入仕途，以荫生资格任职于工程处。义和团运动及八国联军侵华前后，任职于步军统领衙门，办理警政。光绪二十八年（1902）任京师大学堂提调，次年授商部左参议，不久升任右丞。光绪三十一年（1905）奉派与载泽、端方等大臣出洋考察宪政，临行遇刺，未能成行。随后署理商部左臣，擢任户部右侍郎、度支部左侍郎。宣统三年（1911）七月，署度支部大臣。清帝退位后，在溥仪小朝廷中任总管内务府大臣。绍英勤奋好学，处事谨小慎微，有清廉的政声，长期居于清廷权力中心。

《绍英日记》原稿曾经绍英子世良、孙延霱保存整理。据马延霱《先祖日记现存情况》载，日记原有40册，中缺7册，存33册。其中原第"廿"、"廿二"册后各被修裱为两册，日记现为35册。《绍英日记》起自光绪二十六年（1900）七月廿日，迄至民国十四年（1925）三月十八日，不仅记载了庚子事变、五大臣出洋、清帝退位、张勋复辟等众多历史事件，还详细载录了进奉赏项、祭祀礼仪、官场应酬、家产处置、寻医问药、商号往来、股票交易等事项，内容丰富，涵盖面广。2011年5月，《绍英日记》手稿1种35册由马延霱转让国家图书馆永久收藏。在国家图书馆举办的"东方的觉醒——纪念辛亥革命一百周年馆藏珍贵历史文献展"上，《绍英日记》作为新发掘的重要文献，成为展览的亮点之一，吸引了许多观众。展出的《出使日记》详载了1905年绍英奉派与载泽、端方等大臣出洋考察宪政的经过。专门翻开呈现给观众的为八月廿六日（9月24日）日记：

"廿六日。早赴前门东车站，会同泽公、徐大人登火车。甫登火车，忽闻炸炮一声，当时跌倒。随有家人扶出，身受伤七八处，惟左股较重。即至法国医院调治，同去者为服部先生。医士欧宜穆、沙荷德，调治甚效。暂在医院调理。"

此日，五大臣率随员抵达北京正阳门车站，登上火车准备启程。不料革命党人吴樾乔装成皂隶，怀揣炸弹登上专车，意图炸死五大臣。当机车与车厢挂钩时，车身发生震动，触发了爆炸。吴樾当场死难，载泽、绍英受伤，出洋计划也随之搁浅。日记还附有从绍英左股上取出的炮弹片，是忠实见证那段历史的物证。

清末民初是中华民族命运的大转折时期。通过《绍英日记》这类珍贵史料，人们可以看到处在历史紧要关头的人们的生活经历、所见所思以及切身感受，从而增进对历史的理解与体会。经整理后的绍英日记，以《绍英日记》为名，已由国家图书馆出版社于2009年影印出版。

（三）家谱文献

2011年国家图书馆入藏线装家谱617种10343册，包括清乾隆以前的家谱11种，乾隆以后的清代家谱152种，民国家谱341种和1949年以后编纂的线装新家谱113种。

在这批新入藏家谱中，较为珍贵的有明万历刻本、西昌人瑞康氏续修的《大成谱》、清乾隆五十一年刻本《肥城县赵氏族谱》、清乾隆三十八年木活字本《南阳叶氏宗谱》、清乾隆四十三年木活字本《义门陈氏家乘》、清乾隆四十七年木活字本《赤上张氏族谱》等。以上几种乾隆以前的家谱均未收入《中国家谱总目》，为首次发现，珍贵程度可见一斑。尤其是西昌人瑞康氏续修《大成谱》，明万历时期写刻本，开本硕大，字体舒朗，具有典型的明代风格。所存三卷为卷四祠仪纪、卷七恩纶纪和卷八艺文纪，保存了大量的家族资料。

《韶山毛氏族谱》

除了上述版本价值较高的家谱外，国家图书馆还入藏了一批名人家谱，包括民国三十年木活字本《韶山毛氏族谱》十五卷首一卷（毛泽东家谱，存四卷）、民国间木活字本《邵阳魏氏族谱》五十三卷（魏源家谱）、民国二十五年铅印本《麦田胡氏族谱》十八卷（胡林翼家谱）、民国二十二年石印本《岭南伍氏阖族总谱》十五卷（伍廷芳家谱）等。以《麦田胡氏族谱》为例，卷二有胡林翼像赞、行状，胡达源（胡林翼之父）像赞、墓志铭，卷二十吴支敬房文亮公下玉公世系表中有胡达源、胡林翼、胡之镛（胡林翼之子）的详细世系，资料翔实，文献价值很高。

此外，还新入藏了16种18世纪以后的朝鲜家谱。这批家谱反映了朝鲜谱牒学的发展变化，修谱行为的宗族组织化和朝鲜的族谱内容，具有很高的史料价值和文献价值。其中较为稀见的有《安东金氏派谱》五卷（安东金氏是朝鲜名门望族）、《庆州金氏族谱》十卷《文献录》二卷、《兴城张氏世谱》四卷等。

（四）金石拓片

2011年是金石拓片采访的丰收年，当年采访金石拓片总量为1246种1665张。其中购买10批，计1234种1586张；接受捐赠2批，计79种79张。其中较为重要的有以下几批：

1. 桂林摩崖石刻拓片

桂林山水甲天下，山水之间名人题记累累，从宋到清，不绝如缕。桂林石刻一向为历代学者所重，有人统计目前存世桂林石刻总目凡1379种。但因桂林地处偏远，交通不便，加上天气潮湿，每年只有不足两个月的时间可以传拓，而且桂林石刻多为摩崖，刻于悬崖绝壁，野外操作，传拓极其困难。诸多原因致使国家图书馆所藏桂林石刻拓片只有230种。

2010年金石组员工卢芳玉和冀亚平利用为国家古籍保护中心在桂林举办第三期全国碑帖鉴定培训班上课的机会，和桂海碑林博物馆建立了联系，经协商，博物馆同意把馆藏副本出让国家图书馆收藏，并提供了113种的副本目录，经查重，国家图书馆收购了其中96种。系统、全面地征集桂林摩崖石刻，在我馆历史上是第一次，补充了我馆馆藏。

这批摩崖石刻的刻立时间自宋至清，以宋、明两朝为主。分别刻于龙隐岩、龙隐洞、省春岩、七星岩、栖霞洞、普陀山、灵剑溪畔、会仙岩、水月洞、象鼻山、清秀山、穿山岩、府学文庙、叠彩山、虞山等地。内容以题名、题记和诗词为主，还有祠庙、画像、榜书等，其中桂林风洞所刻的清宣统三年《崇华医学会碑》记载了我国近代成立最早的中医学会之一——崇华医学会的办会宗旨、工作任务、会员等内容，是我国目前发现的唯一的记载中医学会的碑刻，是研究近代广西、桂林口医史、中医学会史及我国近代中医史、中医学会史的珍贵文物，也是宝贵的医学史料，具有很高的文献价值。

这批拓片是桂海碑林的专业拓工所拓，质量上乘，用料讲究。所用宣纸是上乘夹宣，传拓用墨都是西安碑林所制传拓专用墨汁，因此，这批拓片无论从纸墨质量还是从传拓技法上看，都是我馆所藏摩崖石刻拓片中最精美的。

2. 史晋川所捐汉画像砖拓片集

画像砖是中国古代民间美术中的一枝奇葩，自战国晚期至宋元时代，各个历史时期都有，西汉晚期到东汉末是画像砖艺术的繁荣期。西汉早期画像砖墓盛行于今河南地区，西汉中期影响到今晋南、冀南、鄂北、皖北和鲁西等周边地区。从西汉晚期起，画像砖摆脱了最初的空心砖模式，向多形化发展，同时，应用范围也从墓室发展到生活中的各个方面，并逐渐形成了以今河南和四川、重庆为代表的两大中心分布区，其中四川、重庆地区的画像砖持续繁荣到蜀汉时期。史晋川先生所捐赠四川汉代画像砖拓片集一册，共收四川雅安地区出土汉代画像砖拓片68种68张，我馆缺藏，是非常宝贵的图像资料。拓印精良，纸白墨润，绫裱封面，装帧精美，前有收藏者史晋川先生的题字，非常珍贵。

此外，新出唐代著名墓志。新采墓志拓片中多唐宋著名人物墓志，可补史传之不足。

基础业务工作

- 文献信息资源建设
- 文献信息资源组织
- 信息系统建设

基础业务工作

一、文献信息资源建设

（一）中文文献

国家图书馆坚持中文求全，国内出版物求全的采选原则，通过缴送、购买、赠送、交换等多种方式开展中文文献资源建设。

1. 中文图书：接收缴送 228566 种，665703 册，购买 137199 种，276646 册，接受赠送 4254 种，7157 册，其他部门转入 11550 册。补藏原缺中文图书 3346 种，较去年同期增长 254%。

2. 学位论文：采访共计 184052 种，比去年增长 11％。其中博士论文 48592 种，硕士论文 132810 种，博士后报告 2350 种，海外学位论文 300 种。

3. 台港澳图书：采访共计 19279 种，19352 册。其中赠书 322 种，328 册；交换图书 386 种，389 册，交换期刊 73 种，477 册；采访台港澳期刊 8833 册，报纸 24770 期次。

4. 中文期刊报纸：采购期刊 10819 种，采购中文报纸 945 份。

5. 音像制品和电子出版物：采购 10970 种，27414 册。

6. 中文资料：采访共计 6689 种，6858 册。

（二）外文文献

1. 西文图书：订到 46384 种，48503 册，UMI 缩微平片 3716 件，其他缩微胶卷 213 种 /3316 卷，同比增长 32%，补订中国学文献 1523 种。

2. 东文图书：订到日文图书 14886 种 /14894 册，同比增 1%；阿文图书 1254 种，1343 册，同比增 2.2%；越南文图书 75 种，76 册，同比增 96%；泰文图书发订 1204 种，1204 册，同比增 100%；老挝文图书发订 134 种，134 册，同比增 100%。

3. 俄文图书：订到 5485 种，5504 册。

4. 国际组织与外国政府出版物：采订图书 3440 种，3711 册，期刊 384 册，缩微平片 4272 种，10207 片，光盘 95 种，276 盘，累计 14578 册件，同比减少 7.4%。

5. 出版物交换：交换到书 4680 种，4741 册（同比增 1%）；期刊 1522 种，9014 册（同比增 0.5%）；平片 1738 种，5493 张（同比增 0.7%）；光盘 396 种，889 张（同比增 2.4%）；舆图 4 种，4 册，合计 20141 件（同比增 0.55%）。

6. 报刊：订到外文期刊 59060 册，同比增长 13.2%；外文报纸 24506 份；新编目外文期刊 731 种，同比增长 146%；订购外文报纸 10 种。

7. 外文实体电子资源：订到西文音像制品 1282 种，1381 盘。

8. 外文数字资源建设：开通外文试用数据库 24 个，提交文献资源建设委员会 16 个增订数据库采购方案，截至 2011 年 12 月底，外文数据库总量较 2010 年增长 13.7%，达 116 个；完成本年度 PQDT 学位论文采选工作，选取网络版博士论文 3466 篇，成功订购 1800 篇。

（三）古籍文献

通过购买、拍卖、捐赠、移交等多种途径，共采访古籍文献 6884 种，76935 册。其中包括：旧善 2 种，13 册件，新善 61 种，110 册件，精装精印 14 种，46 册件，外文提善 37316 册，手稿 9 种，97 册件，中文地图 1270 种，2939 件，外文地图 404 种，817 件，年画 1 种，4 件，照片 3 种，49 件，敦煌资料 263 种，297 册，石刻拓片等 1276 种，1829 册件，民文新书 12064 册，普通古籍 82 种，6998 册，新方志 2357 种，2826 册，文史资料 284 种，295 册，新家谱 241 种，892 册，线装家谱 617 种，10343 册。无论是从种数和册数，相比 2010 年有了较大幅度的增加。2011 年捐赠成为采访的亮点，先后有帅氏宗亲联谊会、薄小莹、王兴夫妇、何振梁夫妇等捐赠各类珍贵文献。金石拓片往年采访多在 500 件左右，2011 年采得近 2000 件，数量成倍增长；线装家谱的采访数量往年多为一二百种，2011 年的数量为 617 种，增长三倍多。

此外，敦煌 IDP 项目完成 222 卷 10261 拍图像的制作工作；"文津流觞"完成第 33—36 期的编辑与馆网发布；"华夏文明"频道建设各类数据 252 条；"文津讲坛"完成全年 50 讲的讲座信息元数据及数字化成品的制作；"中华寻根网"项目完成 200 万叶家谱图像的扫描与验收，数字化工具书 36 册，完成《廖氏通书》数字化，整理正史中廖氏（崔氏）的传记，整理近现代廖氏（崔氏）名人、著述，整理历代（1911 年以前）与廖氏（崔氏）相关的文集目录，按照廖氏的迁徙路线，挑选每一个重要地点的旧志目录，制作与廖氏相关的廖氏书影，整理廖氏宗亲会及其相关材料；完成"数字方志"第五期 244 种 200029 筒子页的全文化数据检验与提交工作。

（四）缩微文献

截至 2011 年底，国家图书馆与全国图书馆文献缩微复制中心各成员馆共抢救各类文献 132970 种，其中古籍善本 32358 种，普通古籍 55 种，报纸 4381 种，期刊 15351 种，民国时期图书 80825 种。完成拍摄民国图书 1029623 拍，报纸 388201 拍，共计 1417824 拍。其中，国家图书馆完成拍摄民国图书 683595 拍，报纸 167461 拍，总计 851056 拍。同时完成母片拷底 23536 卷，拷贝 9476 卷。此外，还完成 23060 拍明清善本套印彩色缩微工作，民国图书 3954 种 4165 册、700162 单画幅影像数字化制作。

（五）数字资源

截至 2011 年底，国家图书馆数字资源总量已达 561.3TB，主要来源为电子报纸呈缴 4.3TB、外购数据库 71TB、馆藏特色资源数字化 458TB、征集数字资源 8.8TB、网络导航和网络资源采集 19.2TB5 个部分（不含接受缴送的光盘）。（参见本书"国家数字图书馆"部分）

（六）学术讲座等资源

国家图书馆自2009年起开展“学术讲座摄像编辑及资料数字化制作”专项任务，拍摄并编辑制作优秀学术讲座视频产品。2011年度解决了学术讲座组举办的各种讲座的馆域网发布版权100场，并完成了该100场的摄像编辑和数字化制作任务。2011年全国公共图书馆讲座联盟各项工作积极推进，讲座联盟秘书处继续建设完善联盟资源共建共享平台，全年新增数据2020条，数据总量19000条。开展“业务培训摄像编辑及资料数字化制作”的专项任务，2011年共完成了31场讲座的拍摄以及数字化制作，并建立了相应的元数据库。2011年国家图书馆展览素材保存专项数据：2011年国家图书馆自主设计举办的展览共3场，分别为“新春佳节展”、“白山黑水铸忠魂——纪念九一八事变八十周年馆藏东北抗日联军珍贵文献暨冯仲云手稿展”和“艰难与辉煌——纪念建党九十周年国家图书馆馆藏珍贵文献展”。文档保存共82个，图片共保存7724张，视频2个。

二、文献信息资源组织

（一）中文文献

1. 中文图书：制作书目数据181480条。新建名称规范数据85958条（估），完成规范书目与书目数据的同步挂接。完成中文图书加工736142册，其中新书390112101册，复本346030册。

2. 学位论文：完成编目加工143483种，其中博士论文39884种，硕士论文验收100936种，博士后报告2350种，海外学位论文348种。

3. 台港澳图书：完成编目加工18375种，18693册。新增期刊书目数据53种。新增报纸书目数据6种。

4. 中文期刊：新编期刊书目数据498种，报纸书目数据73种。完成中文期刊加工453039册，中文报纸加工34364684期。

5. 音像制品和电子出版物：完成编目加工10553种。

6. 中文资料：完成编目加工6531种。

7. 其他：2011年还进行七层基藏本中文图书（2000—2002年）核查、核查中的数据改错及数据补编工作，图书馆学资料室中文图书资料馆藏修改及加工，内部库民国图书数据补做及加工，中图号民国图书保存本与基藏本合流的数据核对修改，工具书馆藏修改专项任务，以及民国图书残本数据制作及加工。

（二）外文文献

1. 西文图书：编目加工35829种，38892册，复本续卷1487种，2156册，盘353张，UMI缩微平片3716种，其他缩微胶卷227种，3314卷。图书编目同比增长4.9%，常规缩微同比增长11.6%。

2. 东文图书：编目加工日文图书 13330 种，14232 册，同比减 1.9%；阿文图书 1254 种，1343 册，同比增 2.2%；马来文图书 136 种，136 册；波斯文图书 2 种，2 册，同比增 100%；韩文图书 546 种，546 册，同比增 100%；越南文图书 75 种，76 册，同比增 96%；补订日本中国学图书 2000 余种，编目 510 余种。

3. 俄文图书：编目加工 6000 种 /6054 册。

4. 国际组织与外国政府出版物：编目、加工图书 3383 种，3646 册，期刊 383 册，缩微平片 4272 种，10207 片，光盘 95 种，276 盘，累计 14512 册件，同比减少 9.0%。

5. 外文实体电子资源：编目光盘 500 种，502 册。

（三）古籍文献

2011 年完成善本编目数据 6 条、新善本 120 条、精装精印 14 条、中文舆图 1582 条、西文舆图 1687 条、俄文舆图 2 条、老照片 1003 条、民语文献新书数据库 1650 条、普通古籍 98 条、地方文献 2641 条，完成民语文献回溯数据 2036 条、敦煌吐鲁番文献阅览室书目数据整合 4799 条。

（四）缩微文献

2011 年制作缩微文献书目数据 11785 种。

三、信息系统建设

2011 年，国家图书馆自动化系统 Aleph500、资源发布与服务等上百个应用系统的日常管理和数据统计运转稳定，新办公自动化、联合编目、新邮件系统、短信平台、预约条屏通知系统等多个新系统正式上线；IT 基础设施的监控管理、故障预防和处理工作圆满完成，300 多台服务器和 300 多台网络设备稳定、高效运行，实现零重大事故率；完成 4.9 万种、696.9 余万页对象数据的发布和 209.04TB 自建资源的长期保存（比去年同比增长 100.2%）；发布读者服务、通知通告短信 10 万余条；为全国文化信息资源共享工程、古籍保护中心共计 30 多台服务器、存储设备提供 7*8 小时托管服务，全年运行平稳。开展多个专项任务，“少儿 OPAC 系统”、“WAP 网站专题建设”、“掌上国图资源建设”等工作的顺利进展，不断提升国家图书馆信息化水平。

（一）国家图书馆新版 OPAC 系统

OPAC 系统作为图书馆自动化集成系统的重要组成部分，是馆藏资源揭示和服务的关键平台。2011 年，国家图书馆新版 OPAC 系统正式上线。新版 OPAC 系统采用一站式的检索入口，增加智能化的检索提示，提供书封、外部网站的评论和链接功能，具备分类、分面浏览和导航功能，工作流程更加合理，页面设计更加人性化，能够更好地揭示馆藏资源，提供更加人性化的服务模式和服务内容，成为一个以读者为中心的、可共建共享的、智能化的检索平台，提供给读者以全新的视觉感受和使用体验。

（二）少年儿童版 OPAC 系统

少年儿童版 OPAC 系统是为了满足少年儿童读者的个性化需求而特别制作的，是国家图书馆在特殊群体服务模式上进一步的探索和尝试。2011 年，国家图书馆少年儿童图书馆 OPAC 系统开始正式对外提供服务。少儿版 OPAC 系统独立完整、操作方便，检索和流通范围自动限定为少儿文献库，导航简洁科学，布局合理美观，界面动感活泼，能够快速查找少儿文献和书目信息，为少年儿童营造一种积极健康的阅读导向。

（三）统一用户管理系统

统一用户管理系统是解决多应用系统下用户管理复杂和使用不便的有效途径。国家图书馆统一用户管理系统的目标在于建立一个覆盖全国的国家数字图书馆读者认证服务体系，构建中心—省—市（地）三层体系框架，全国各地读者可通过此系统获得海量数字资源，享受到更加便捷优质的国家数字图书馆服务。统一用户管理系统正式上线主要实现了四大功能：1. 用户的统一管理；2. 在线实名注册认证；3. 跨系统、跨域的单点登录和代理认证；4. 集成 VPN 打通资源访问链路。该系统上线之后读者数量增长迅速，极大地方便了读者对资源的访问和获取。

（四）短 / 彩信信息服务系统

“短信服务”是图书馆最早的一种移动服务模式，它的出现拓展了图书馆与读者的信息沟通渠道。国家图书馆短信平台自 2007 年底上线服务后，以其实时性和经济性等特点成为图书馆读者移动服务的重要组成部分。随着国家图书馆数字图书馆工程的建设，以及读者需求的不断增长，原短信平台已不能满足众多数图业务系统的短信业务需求，信息网络部为此开始进行短信平台升级为短（彩）信服务平台的项目建设。

2011 年，国家图书馆短 / 彩信信息服务系统成功开发完成，并顺利通过验收。该系统开通了移动、联通、电信三家运营商的短彩信上下行，实现与 OA 系统、发布与服务系统、统一认证系统和运行平台监控系统的成功对接，并已在 OA 系统中投入使用。年内，该系统已成功为少儿图书馆提供下发通知短信服务，为 10 月份举办的中国国家图书馆年会上的国家图书馆新媒体展区发送宣传短信，取得良好反响。

（五）新版邮件系统

国家图书馆馆内邮箱是馆内通知下达、工作布置和全馆员工交流沟通的重要通道。2011 年 3 月 21 日，国家图书馆新版邮件及邮件归档系统正式上线，开始为全馆员工进行馆内外、国际间的信息交流提供服务。

新版邮件系统用户界面时尚、用户体验良好，尤其是绑定了移动终端的现代化办公，实现了用户随时随地办公；短信提醒功能让用户随时掌握信件收取情况以便及时回复；新增的语音视频邮件功能改变了用户的通信方式，拉近了通信双方的距离；海量的网络存储功能轻松实现用户间资源共享；优化的注册流程使用户拥有邮箱变得更加容易。自上线之日起，新版邮件系统共开通邮件账户 1386 个，日均通讯量 7000 多封，拦截垃圾邮件 10 万多封。

（六）预约信息屏显系统

2011 年 11 月 7 日，国家图书馆完成了到书预约信息屏显程序和预约超时提醒程序的开发和部署工作，并在七个闭架阅览室正式运行。该系统能够通过电视屏幕为读者显示预约文献的到书信息，减少读者等待时间，减少员工的工作量，给馆员和读者带了极大的便利。

年度掠影

【设立国内出版物呈缴组和音像电子出版物组】

2011 年 2 月，为了将书刊报音像等各类中文文献催缴工作统一归口管理，国家图书馆将原隶属于数字资源部的中文音像电子出版物实体文献采编工作划归中文采编部，成立音像电子出版物组。另外，中文采编部还专门成立了国内出版物呈缴组，对外称“国内出版物呈缴办公室”，全面负责中文文献缴送工作。

【出版物样本缴送工作再上新台阶】

2011 年，国家图书馆通过走访、电话、信件、引荐等多种方式，与新闻出版总署和各地新闻出版管理局逐步建立联系，提交 2 份 2010 年出版物缴送情况报告给新闻出版总署以配合年度核验工作，全面加强了出版物样本缴送工作的力度。

1. 开发出版物缴送统计平台，逐步实现缴送工作的信息化、精细化管理。

在 2011 年年初对缴送到馆的所有出版物进行详细登记的基础上，国内出版物呈缴组于 5 月启动了国家图书馆缴送统计管理平台的开发工作。通过该平台，不仅可以实现缴送出版物从包裹到单册的全面登记、缴送出版物数量和清单明细的实时分类统计以及通过内网邮件推送和外网实时查询等向出版单位及时反馈缴送信息，而且可以借助 Z39.50 技术，实现缴送统计平台与国图 ALEPH 系统及全国联合编目系统的数据交互与共享。

2. 各类出版物的缴送率和缴全率都获得了显著提高。（1）中文图书。2010 年全国共出版图书 328387 种，国家图书馆全年实际收到缴送图书 217191 种（566061 册），缴送率为 66.14%，较 2009 年增长 7.13%。2011 年国家图书馆全年实际收到图书 252190 种（676455 册）。（2）中文期刊。2010 年全国共出版期刊 9884 种，国家图书馆应入馆藏期刊 9238 种，全年实际缴送到馆期刊 8745 种，缴送率为 94.70%，较 2009 年增长 2.08%。其中缴送完整的期刊 6536 种，缴全率为 70.8%，较 2009 年增长 13.37%。2011 年国家图书馆全年应入藏期刊 9158 种，缴送到馆期刊 8599 种，其中缴送完整的期刊 3272 种。（3）中文报纸。2010 年全国共出版报纸 1939 种，国家图书馆应入馆藏报纸 1227 种，全年实际缴送到馆报纸 987 种，缴送率为 80.40%，较 2009 年提高 21.52%；其中缴送完整的报纸 680 种，缴全率为 55.42%，较 2009 年提高 0.84%。2011 年国家图书馆全年应入藏报纸 1256 种，缴送到馆报纸 620 种，其中缴送完整的报纸 244 种。（4）音像制品与电子出版物。2010 年全国共出版音像制品 21552 种，国家图书馆全年缴送到馆音像制品 10452 种，缴送率为 48.5%，较 2009 年增长 7.49%；2010 年全国共出版电子出版物 11175 种，国家图书馆全年缴送到馆电子出版物 7369 种，缴送率为 65.94%，较 2009 年增长 8.9%。2011 年国家图书馆全年缴送到馆音像制品 11224 种，全年缴送到馆电子出版物 10292 种。

【扩大国家总书库中文文献入藏范围】

2011 年，在深入调研了国内外有关呈缴文献以及重印本文献入藏情况的基础上，结合我馆接受呈缴本的现状，国家图书馆提出了扩大国家总书库中文文献入藏方案，将重印书及部分少儿文献纳入我馆正式馆藏范围。根据相关入藏政策，启动了中文少儿缴送图书入藏文献遴选与“送书下乡”等各类中文重印书加工工作。

【大力开拓中文文献补藏渠道】

根据现有补藏书商供书状况，国家图书馆充分调研分析了旧书补藏现状不理想的原因，调整并形成了旧书按年代区别补藏定价的机制，提出了拓宽旧书补藏渠道，无法获得原件的文献进行缩微复制补藏的请示，还开展了基藏本期刊彩色复制的探索，形成了文献供书商 + 补书商 + 复制补藏的格局，以促进我馆中文文献收藏版本最大化和内容最大化。此外，多种方式进行文献补藏，与同方知网联系，补藏期刊 2303 册，与中央办公厅图书馆联系，补藏部分文献。

【积极拓展连续出版物补藏渠道】

2011 年，国家图书馆采用多种模式和渠道大力开展中文连续出版物的补藏工作，取得了良好的成绩。1. 日常催补。通过日常打电话、发传真、发信函等方式补回期刊 95 种 3172 册、报纸 4986 期。2. 加强外联与合作。通过与同方知网（北京）技术有限公司联系，利用该公司制作数据库后留存的原版期刊进行补藏，全年共补藏原版期刊 2303 期。3. 积极采用新技术。针对部分回溯期刊存在有保存本无基藏本的情况，在经过市场调研后，采取彩色复印本补充这批回溯刊。全年累计彩色复印补藏期刊 1734 册，有效的丰富了馆藏版本。4. 创新出差补藏模式。对传统的出差模式进行了改革创新，通过走访各地新闻出版局报刊处，与之建立良好的协作关系，利用开座谈会、合作发函等方式开展补藏工作，充分发挥了当地新闻出版局的作用。本年度共走访了 7 个城市的新闻出版局及百余家报刊编辑部，补回溯期刊、报纸约 4000 余份。 5. 利用大宗捐赠进行集中补藏。8 月，接收中共中央办公厅捐赠的文献。

【中央办公厅向国家图书馆捐赠文献】

2011 年，中共中央办公厅向国家图书馆捐赠了大批期刊、报纸，时间跨度从 1985 年至 2009 年，内容涵盖哲学社会科学、自然科学各领域。9 月，国家图书馆正式开展对捐赠的文献进行核查，用时 3 个月，共核查中文期刊 117349 册、中文报纸合订本 2911 册，其中补充国家图书馆缺藏期刊 6423 册、报纸合订本 300 册。

【着力完善非正式出版文献入藏体系】

2011 年，国家图书馆着重完善文献结构，提高非正式出版物的入藏质量，重视采选资料的学术价值和史料价值。积极开展非正式出版物征集工作，与政府机构、科研高校、民间团体组织等文献来源单位进行了积极沟通；创新文献征集方式，开展面向高校的文献征集工作和非正式出版物馆际文献交换工作；同时，进一步规范文献采选流程，拓宽采选渠道，根据非正式出版物发行特点，完善非正式出版物的定价机制，促进非正式出版文献资源的特色化、体系化发展。2011 年全年入藏非正式出版文献 6531 种 7011 册，文献收藏总量累计 25972 种 30048 册。

【中文图书书目数据回溯工作取得阶段性成果】

国家图书馆于 2006 年成立书目数据回溯组，对我馆已有馆藏中文文献进行梳理，核查并整理，力求全面揭示我馆馆藏。2011 年，在前一年的基础上，继续对基藏库普通中文图书进行核对，截至 6 月底，完成基藏库 7 层 2000—2002 年 214551 册图书的核对工作，核对后补编数据 313 条。至此，国家图书馆启用 ALEPH500 系统以前的基藏库普通中文图书数据与实体的核对工作全部完成。与此同时，对民国时期文献的整理工作也有实质性突破，于 6 月完成内部库民国图书数据补做及加工工作，共补编数据 5890 种，10492 册；于 7 月完成中图号民国图书保存本与基藏本合流及数据核对修改，其中，万有文库 9552 册，其他类 1633 册，共 11185 册，核对后补编数据 191 条；于 12 月完成民国图书残本数据制作及加工 2725 册。目前，民国文献仅剩约 2500 页残片有待揭示，此部分残片已全部装入防酸袋进一步处理。残片数据与实体处理，为国家图书馆"十二五"规划中加强民国文献保护工作打下坚实基础。此外，8 月完成图书馆学资料室中文图书资料馆藏修改及加工工作，共核对图书 5445 册，补编数据 888 种；10 月完成工具书馆藏修改专项任务，共核对并修改 1752 册，补编数据 5 种；补做解放后出版的未编目文献（绝大多数是 50 年代的出版物）的数据，共补编数据 3315 种。

【继续配合国务院学位委员会抽检博士学位论文】

国家图书馆学位论文收藏中心是国务院学位委员会指定的全国唯一负责全面收藏和整理我国学位论文的专门机构。为保证博士生培养质量，国务院学位委员会办公室从 2010 年度开始从国家图书馆调用抽检的博士学位论文。2011 年 4 月 28 日，国务院学位委员会继续从国家图书馆调用抽检博士学位论文，抽检数量与 2010 年度相比增长了 90%。为了保证快速准确提供国务院学位办所需博士论文，国家图书馆对分散在采访到馆、装订过程中、编目加工、待送阅览及保密等多环节工作流程中的博士论文进行查找，按照要求向国务院学位办提供了相关博士论文电子文档 2000 余种。

【VERDE 电子资源管理系统正式上线】

为加强数字资源建设能力、提高数字资源管理水平，国家图书馆电子资源管理采用了 ExLibris 公司的 Verde 系统，并于 2011 年初正式上线。根据国家图书馆电子资源管理的需求，国家图书馆对 Verde 系统进行了本地化开发，实现了国家图书馆电子资源管理的个性化需求。主要完成了国家图书馆 Verde 电子资源管理系统著录规则和国家图书馆 Verde 电子资源管理系统业务流程方案。截至 2011 年底，已经完成国家图书馆已购外文数据库的数据回溯工作。

【国际组织与外国政府出版物特色馆藏资源建设取得新进展】

2011 年，国家图书馆不断推进国际组织与外国政府出版物特色馆藏资源建设。2 月，成功获得世界贸易组织（WTO）托存图书馆资格，成为我国内地唯一一家 WTO 文献托存图书馆。6 月，国际民航组织（ICAO）正式将国家图书馆列入其托存图书馆名录，使国家图书馆成为该机构在国内设立的唯一一家托存图书馆。同时，联合国妇女基金会开始向国家图书馆赠送文献。至此，国家图书馆正式获得文献托存资格的国际组织与外国政府增至 14 家。与国际组织构建友好互利的合作关系，为充实国家图书馆特色馆藏、满足广大读者对该部分文献信息资源的需求开辟了有效途径。

【帅氏宗亲联谊会向国家图书馆捐赠新编《中华帅氏宗谱》】

4 月 28 日，《中华帅氏宗谱》捐赠仪式在国家图书馆举行。帅氏宗亲联谊会将全套新编《中华帅氏宗谱》捐赠给国家图书馆收藏。国家图书馆副馆长张志清，国家图书馆古籍馆副馆长陈红彦，帅氏宗亲联谊会会长帅世平出席了捐赠仪式。张志清代表国家图书馆接受了捐赠并向帅氏宗亲联谊会颁发了收藏证书。仪式由陈红彦主持。

《中华帅氏宗谱》全套 38 卷，约 1100 万字，由来自 6 省 25 个分会 58 个县（市）的帅氏族人合修而成。在地域、内容以及版本、文字、格式上都有所突破。体现在：摒弃了重男轻女思想，确立了现代修谱是“文化寻根”的宗旨，坚持了以弘扬帅姓历史文化整体利益为出发点，以自愿参加为原则，入谱人丁充分体现男女平等；在地域上，参与本届宗谱合修的宗亲来自 6 省 25 个分会 58 个县市，提供宗谱资料的地区涵盖 100 多个县（市）。地域性的突破，有力地推动了帅氏历史文化收宗合族的研究和发展；在内容上，本届宗谱除承袭历代宗谱源流、世系、文化史料外，新增了姓氏起源、发展和近代史上为民族解放、新中国的诞生作出杰出贡献的优秀帅姓子孙英烈传记。如参加辛亥革命的优秀将领帅崇兴，受到毛泽东、周恩来等伟人尊称的“帅大姐”帅孟奇，红军长征大渡河第一船夫帅士高，等等。

【《赵城金藏》档案文献暨保护资金捐赠仪式在国家图书馆举行】

6 月 19 日，在国家图书馆展览厅“艰难与辉煌——纪念中国共产党成立九十周年馆藏珍贵历史文献展”展场举行了“《赵城金藏》档案文献暨保护资金捐赠仪式”。文化部副部长杨志今，国家审计署党组成员、中央纪委驻审计署纪检组组长安国，国家图书馆馆长周和平，全国政协委员刘太行出席了仪式。捐赠仪式由国家图书馆副馆长张志清主持。

仪式上，薄一波之女薄小莹向国家图书馆捐赠了家中珍藏多年的《赵城金藏》档案文献；香港钟健国基金会向国家图书馆捐款 200 万元人民币，专门用于《赵城金藏》的保护和研究。周和平代表国家图书馆接受捐赠并与钟健国签署捐款协议。

薄小莹捐赠的档案文献共有两份：其一为 1949 年 2 月 16 日国立北平图书馆向北平市军事管制委员会文化接管委员会请求调拨《赵城金藏》的报告；其二为后者在接到报告后，于 2 月 21 日写给薄一波的申请调拨函件，薄一波当日批示“可照拨”。捐赠档案明确了《赵城金藏》的调拨过程，使得国家图书馆有关《赵城金藏》的档案资料收集更为完善。

周和平馆长接受薄小莹女士捐赠的赵城金藏档案

保护资金捐赠人钟健国与《赵城金藏》结缘于 2006 年参观国家图书馆举办的“文明的守望”展览，当时他深为八路军抢救《赵城金藏》的故事所感动，表示希望对《赵城金藏》的保护有所贡献。五年后，钟先生终于实现了自己的夙愿。

【王若飞家藏书札捐赠国家图书馆】

6 月 23 日，在国家图书馆展览厅“艰难与辉煌——纪念中国共产党成立九十周年馆藏珍贵历史文献展”现场举行了“王若飞家藏书札捐赠仪式”。国家图书馆馆长周和平出席了仪式并致辞，国家图书馆副馆长张志清主持了仪式。仪式上，王若飞之子王兴、儿媳张延忠将家藏多年的书札、照片等资料捐赠给国家图书馆永久保存。

这批捐赠资料主体为家藏书札，主要为 1945 年至 1946 年间友人、家人、学生写给王若飞舅父黄齐生的来信，共计 19 通 26 叶，其中有林伯渠、谢觉哉等老一辈无产阶级革命家和中国共产党领导人写给黄齐生的信函多件。黄齐生（1879—1946），原名禄祥，又名鲁连，字齐生，号青石，晚号石公，贵州安顺人，中国教育界的先驱者、爱国民主人士。1946 年 4 月 8 日，在从重庆飞赴延安途中，黄齐生与王若飞、叶挺、秦邦宪等人不幸遇难。

此次捐赠的还有在延安整风期间的历史照片、路凯签名的《中国土地问题》以及 1920 年在法国蒙达尼中学的中国学生注册资料，其中有李维汉、王若飞、李富春等留学法国的珍贵资料。

周和平馆长接受王兴先生捐赠的王若飞家藏书札

【美国犹他家谱学会向国家图书馆捐赠家谱数字资源】

6月，美国犹他家谱学会代表团访问国家图书馆，并向国图无偿捐赠一批家谱数字资源。这批数字资源所含图像近21万叶，涉及姓氏54个，家谱185种，其中，清代家谱35种，民国家谱99种，1949年以后新修家谱51种；以版本类型分，有抄本5种，活字本145种，铅印本8种，石印本1种，其他26种。其中，较为名贵的有徐廷文、徐廷义等纂《西墩徐氏宗谱》八卷首一卷，清康熙二十六年（1687）木活字本；鲍观吉、鲍喜星等董理《庐山上党鲍氏宗谱》五卷，清乾隆四十八年（1783）抄本。这些家谱皆为国图缺藏，同时附有家谱目录，以表格形式记录每种家谱的题名、责任者、册数、版本、版本年、堂号、残缺等信息。

【菲律宾著名华侨庄万里家人捐赠“两塗轩”藏书】

7月25日，菲律宾华侨庄万里先生藏书捐赠仪式在国家图书馆举行。仪式上，庄长江将其父庄万里“两塗轩”藏书，共计25部4148册捐赠给国家图书馆永久保存。国家图书馆馆长周和平出席了仪式，并向庄氏家族的代表庄长江颁发了捐赠证书。庄长江在发言中表示，此次将“两塗轩”藏书捐赠给国家图书馆，一方面完成了乃父将多年所藏文献返还祖国的夙愿，另一方面更要庄家后代铭记自己是炎黄子孙。周和平表示，庄长江捐赠文献不仅丰富了国家图书馆馆藏，还在全社会和海内外华人中起到了良好的示范作用，显示了海外华人心系祖国、慷慨无私的拳拳爱心。周和平呼吁社会各界和海内外华人积极关注、热心参与国家图书馆建设，为进一步推动和繁荣祖国的文化事业，建设中华民族共有的精神家园，增强民族凝聚力和创造力贡献力量。

周和平馆长接受庄长江先生捐赠的两涂轩藏书

【何振梁、梁丽娟夫妇藏书捐赠国家图书馆】

6 月 23 日、11 月 1 日，何振梁、梁丽娟夫妇先后两次向国家图书馆捐赠藏书，共计 281 种，346 册，其中外文书 118 种，118 册，中文书 163 种，228 册。赠书的文种包括中文、英文、俄文、西班牙文、日文、德文等，内容涉及文学、体育、历史、绘画、建筑、地理等方面。从年代看，两批赠书中，外文书最早为 1879 年出版的 ROBERT BURNS，国家图书馆缺藏。从版本看，由于不少藏书是内部出版物和精装精印的限量本，国家图书馆缺藏率较高，可与现有馆藏互为补充，使相关专题更为完整，如馆藏有《无锡惠山彩塑》(1963 年版)，赠书中则有《无锡惠山百景图》(2005 年版)。此外藏书中不少是当代名人亲笔题赠，如付星伯、韩美林等。梁女士表示还有书籍在整理中，会陆续捐赠给国家图书馆。何振梁，江苏省无锡市人，体育外交家。现任国际奥委会执行委员会委员，中国奥委会名誉主席。

【数字资源典藏管理】

2011 年入库音像光盘 7246 种，13598 盘，附件 742 件；电子光盘 1611 种，6974 盘，配盘图书 324 册；自建数字资源光盘 49318 盘，全部完成查验和数据挂接工作。进行磁带倒带维护 1160 盘。2011 年完成全部库藏光盘及影音设备的下架、清点、封箱工作，共计 5018 箱。其中包括 2624 箱文献，197 个光盘柜的馆外搬迁工作。

【外文采编部率先开展“双基”培训活动】

2011 年是国家图书馆的基础业务年，为贯彻落实加强“双基”培训的精神，夯实基础业务知识，提高基本业务技能，加强业务学习与交流，创建学习型组织，外文采编部于2011年12月6—7日举行了由知识竞赛和专题报告两部分组成的“双基”培训活动。竞赛评审团由外文采编部三位高职人员组成，陈力副馆长和人事处杨海帆同志为顾问。

陈力副馆长对本次活动给予了高度评价。他指出，本次培训活动是全馆范围内举办的首个“双基”专题活动，为“双基”培训的举行开了好头，树立了榜样。作为国家图书馆重要的基础业务部门，外文采编部要将“解开”大讨论中总结出的宝贵经验落到实处，将“开拓创新”与“狠抓基础”有机结合，推动图书馆事业在新形势新环境下不断发展。

知识竞赛现场

【典藏阅览部加强文献内容以及馆藏源流的研究】

2011年，典藏阅览部加强对文献内容以及馆藏源流的研究，推进专藏和特藏文献的开发力度，加强了对港台文献、学位论文、缩微文献、年鉴、民国文献等的整理和出版工作的安排，完善了部门文献开发工作机制并制定了相关规划，落实了责任制；建立激励措施和机制，加强对文献研究和整理出版工作的推进，在特色文献的开发与出版方面策划了先导项目；策划了部门内部专项工作，启动了“博士论文摘要”、继续编写“报刊史话”、整理出版“馆藏辛亥革命专题书目”、继续编辑“西文人物传记类工具书索引（书目指南）”、加强对缩微制品的整理工作，做好“专题文献推荐”工作；加大了对民国文献开发的前期准备工作，启动“国家图书馆藏民国官书专题书目”的编制出版工作及各类专题文献的影印出版。目前，继续开展《民国名人演讲集》的编制出版工作。

服务工作

- 立法决策服务
- 重点教育科研和生产单位的信息服务
- 社会公众服务
- 业界服务

服务工作

一、立法决策服务

（一）基础业务建设

1. 专藏文献建设。完成法律和中国学文献阅览室图书以及光盘的 RFID 标签加工工作并逐一进行验收；按照馆一期搬迁工作的部署，完成室藏文献资源的下架和相关搬迁工作的各项前期准备；中国学网站正式开启服务，为国家图书馆海外中国文献研究中心与国内外中国学研究机构搭建交流互动的平台；以专题文献资源挖掘和信息梳理为基础，编辑《海外中国学文献研究中心通讯》和《国家图书馆法律文献导航手册》等。

2. 咨询档案整理。完成 2011 年立法决策咨询档案入档和数字化工作。

3. 专题数字资源库建设。完成专题数字资源内容的维护与更新、立法决策服务平台的日常运行与管理。对已经开通和试运行的中央国家机关立法决策服务平台用户进行平台运行服务情况追踪调研。

4. 全国省级公共图书馆立法决策服务工作调研。2011 年 7—9 月，国家图书馆首次开展面向全国部分省级公共图书馆和副省级市公共图书馆的立法决策服务工作情况调研。发挥国家图书馆业界引领作用，为今后省级公共图书馆立法决策服务协作平台的建设奠定了重要的基础。

5. 立法决策服务机构库建设。2011 年，国家图书馆启动立法决策服务机构库建设，旨在利用现代计算机信息网络技术，收集、组织并长期保存立法决策服务部在业务工作中所产生的知识成果。通过机构库项目的建设，有效整合部内资源，加强业务交流，促进咨询业务开展，推动部门的信息化建设，夯实立法决策服务基础业务工作。

（二）重点服务项目

1.“两会”服务

“两会”服务是国家图书馆立法决策服务工作的重要组成部分。2011 年“两会”前期，完成为“两会”量身订制的 2011 年“两会”热点专题文献，共涉及 57 个大专题、90 个小专题。与 2010 年相比，分别增加了 39 个大专题和 37 个小专题。

在 2010 年《国家图书馆“两会”专题信息专报》的基础上，2011 年紧扣“民生”主题，推出国家图书馆“两会”专题文献信息专报——《观点》。该专报内容主题由去年只围绕社会文化一个主题扩充为民生领域的 12 个主题，共 124 篇，9 万字，印制 33500 份，面向“两会”代表和委员发放。信息专报服务取得显著效果，得到“两会”代表和媒体的关注和积极评价。

与全国人大和全国政协合作，面向“两会”代表和委员，全面开通国家图书馆立法决策服务平台。在以往为全国人大代表开通代表专区服务的基础上，2011 年，国家图书馆与全国政协办公

2011 年国家图书馆两会上会服务人员

厅密切合作，为全国政协委员开通了国家图书馆立法决策服务平台的两会服务平台。实现对“两会”代表、委员的全面服务。

进一步扩大电子触摸屏服务。2010 年国家图书馆首次在政协委员驻地以电子触摸屏形式提供信息查询服务，引起政协委员的积极响应。2011 年“两会”期间，国家图书馆在延续和完善在驻地提供电子触摸屏查询服务的同时，在人大新闻中心也安置了电子触摸屏设备，实时向参与“两会”报道的新闻媒体提供最新的会议信息和相关资料。

正式启动为地方“两会”服务工作。在 43 家省级和地级市公共图书馆设立信息联络员和在国家图书馆专设“两会”服务值班服务电话，为全国公共图书馆“两会”服务提供业务指导；开通面向地方全国“两会”代表的“国家图书馆立法决策服务平台”；提供国家图书馆《十一届全国人大四次会议专题资料热点问题》(框架方案)，以及为代表提供专题咨询等方式，为省级公共图书馆的“两会”服务提供全方位保障和支持。

2. 立法决策服务工作

在 2010 年立法决策服务得到有效开展的基础上，2011 年有计划、有重点地开展专题文献的预研性研究，累计完成中央国家机关委托的立法决策专题咨询 1540 件。

立法服务。为十一届全国人大常委会每两月立法审议会议提供有关非物质文化遗产法、行政强制法、个人所得税法、兵役法等 65 个专题的背景资料，并完成常委会会议媒体跟踪 27 期。继续为全国人大民族委员会、教科文卫委员会、内务司法委员会、环境与

政协委员在驻地国际饭店使用触摸屏

资源保护委员会、香港基本法委员会、外事委员会、农业与农村委员会、预算工作委员会等专门（工作）委员会报送《国图决策参考》，共计 15 个专题 120 期；《要闻专报》1 期 20 份；《财税专报》38 期。

决策服务。完成为中共中央办公厅、国务院办公厅、中央军委及中央国务院所属部委及国务院所属事业单位的大政方针决策、法规制定，提供专题文献研究及信息咨询服务。完成中共中央办公厅委托《中国历史文献中关于民族精神、治国理政、为官做人、道德文章、哲理规律等方面论述》和《中国历史文献中关于民族精神、治国理政、为官做人、道德文章、哲理规律等方面的典型事例》；完成国务院法制办委托的《国（境）外上市公司监督和管理立法研究》（台湾、香港、日本、德国、美国、英国）；完成中纪委法规室委托的《国外反腐败、廉政相关法律法规》、《国外财产申报相关法律法规》；完成民政部委托的《古代基层自治组织管理相关文献》、《古代民间组织管理相关文献》、《社会救助相关文献》等咨询，制作《观点摘编》（每月 2 期）共 22 期；完成国务院办公厅委托的《法国政府管理及其运行模式》、《法国概况资料汇编》、《法国行政管理资料汇编》等相关文献；完成国资委委托的《领导干部思想品德素质相关文献》；完成为中央与国家机关提供《新书推荐》12 期，每期 33 篇，共 396 篇。组织并参与南海问题研究工作组，整理有关各方南海主张、立场，负责审订、统稿，并整体协调、制作《南海有关问题资料汇编》。

军队服务。2011 年，国家图书馆与中国人民解放军总参谋部某所签署合作协议，并与海军军事学术研究所合作，出版《中国南海主权文献集成》。在国家图书馆服务于我军宏观发展战略、装备发展战略、技术手段战略以及军队网络自动化发展的研究和文献信息保障工作方面做出了积极探索和尝试。

3. 部级领导干部历史文化讲座

在大量调研和对以往选题精心分析的基础上，形成 2011 年讲座选题策划方案。积极主动地做好与主办方、主讲人的沟通联系工作，做好与讲座相关事项的总体协调工作，确保全年讲座工作各项环节的通畅运行。2011 年，共举办 12 场历史文化讲座和 5 场参观展览类讲座。从 2002 年创办至 2011 年 12 月，已举办讲座 174 场，听讲部级领导达 2 万余人次。

“部级领导干部历史文化讲座网站”框架基本定型，完成 2010 年各期讲座视频、音频的转换工作，共计转换视频数据 15 条，音频数据 15 条。截至 2011 年底，2002—2010 年讲座的所有视频、音频数据已经全部转换完毕。

4. 国家图书馆部委分馆建设

2011 年，国家图书馆部委分馆建设不断创新，分馆数量在 2010 年的基础上增加到 13 家。2010 年 12 月，与水利部合作正式签署合作协议，建立国家图书馆水利部分馆。2011 年 11 月，全国政协办公厅、国家图书馆合作协议签署暨国家图书馆全国政协机关分馆揭牌。协议的签署和分馆揭牌开启服务，标志着国家图书馆与我国参政议政机构全面合作进入一个新的阶段。

5. 立法决策服务平台的推广与服务

2011 年，国家图书馆对已经开通和试运行的中央国家机关立法决策服务平台用户进行平台运行服务情况追踪调研。根据用户需求对平台进行调整、升级、改版，不断完善平台内容和服务，分析用户使用需求和利用状况，制作并定期推出《立法决策服务平台季刊》。

积极探索国家图书馆部委分馆示范馆建设。2011 年，首家部委分馆内网平台——民政部分馆内网平台正式开通服务。开创了国家图书馆面向部委分馆“外网推资源、内网推服务”的二元化信息服务的立体格局，丰富了民政部内网的功能，为民政部自有资源的数字化加工和发布提供了一个可供选择的途径。

6. 中国学网站建设

中国学网站作为国家图书馆海外中国学文献研究中心的一个工作项目于 2009 年立项，2010 年试运行，2011 年正式开启服务。主要栏目包括：学术信息，学术专论，网络导航，文献研究，馆藏新书，数字资源等。2011 年完成页面更新、软件升级，同时加强数据安全管理，制定数据安全管理措施，并对某些旧数据进行补充更新。截至 2011 年底，网站全部数据量达到 9000 余条。

二、重点教育科研和生产单位的信息服务

2011 年，国家图书馆在高质量地完成一般读者一般性咨询及代检索课题的基础上，积极主动地与重点用户联系沟通，维护了一定规模的长期合作用户群，如中国法学会、国务院法制办信息中心、首都规划委员会、北京古代建筑研究所等；在认真调研、跟踪、分析用户信息需求特点基础上，积极拓宽用户群，新增北京首都规划委员会、人民出版社、福建东山县黄道周纪念馆、北京联合大学等新用户，咨询类型有所增加，文献综述、发展报告的撰写及数据查询等高难度咨询项目增多。

2011 年参考咨询部完成社科类咨询 1022 件，比 2010 年同期增长 15.6%。其中一般性咨询 767 件，同比上升 48%；代检索课题 255 件，同比减少 27%，但为重点教育科研生产单位完成的代检索大项目显著增加，占到代检索课题的 82%，新增了辛亥革命与台湾图片展览、工业节能与清洁生产定题跟踪等多个大项目咨询。完成科技类辅导性咨询 1427 件，比 2010 年同期增长 16.2%；科技查新 177 件，同比增长 29.2%；专题检索和事实查询 91 件，同比增长 139.5%。完成信息查证各类咨询 6245 件，其中一般性咨询 2777 件；文献收引查证 2444 件，同比增长 12.5%；馆藏复制证明 609 件，同比增长 12.8%；专题检索证明 415 件，同比增长 188%。

积极拓展企业用户的服务，着力创建面向企业和科研的服务品牌，全年接待读者咨询 543 次，其中，中央国家机关为 43 件次，重点生产、科研教育单位为 308 件次，一般读者为 192 件次。制作媒体监测报告 1450 期，实时监测制作新闻报道 49980 条，撰写媒体分析报告 15 篇。为响应党中央关于听民声、集民智的号召，加强了对政府舆情监测分析业务，共为文化部政法司、

社文司和非遗司、故宫博物院提供了7个舆情分析报告。通过整合创新项目，形成初级简报、中度舆情、深度行业竞争情报咨询为主线的众多维度的立体式产品格局，在原有业务项目的基础上，增设了舆情分析、情报研究和项目研发，结合业务发展深入挖掘现有用户需求，以达到使原有项目保值增值的目的。

文献提供中心通过文献提供、馆际互借、国际互借等方式为国家重点教育科研生产单位、图书馆业界及社会公众提供多层次、全方位的文献信息服务。2011年受到闭馆维修改造、馆藏文献调整等因素影响，完成文献传递量26879件，比2010年同期下降25.1%；完成馆际互借业务13594件，同比下降16%；国际互借（借出）1476件，同比下降12%；国际互借（借进）630件，同比上升19%；BALIS业务增长至4110件，同比增长82%。

三、社会公众服务

（一）到馆读者服务

2011年，各阅览室与服务站点接待到馆读者4470421人次。办证处共接待读者约286118人次，其中，新办卡51346张，补卡14278张，换卡1481张，完成读者卡注册26224件。

（二）参考咨询服务

2011年，各服务点累计接待口头咨询363804人次，OPAC机检108618人次，现场代查19307人次；因南区进行维修改造工作，部分读者服务暂停，统计数据与去年同期相比均有所下降。2011年呼叫中心接待读者总计66853人次，其中提供语音服务49056人次、人工解答17797人次。与2010年同期相比，呼叫中心接待读者总数上升18%，语音服务人次上升59%，人工解答服务人次下降30%。虚拟咨询系统完成实时咨询2697件，表单咨询1584件。无一件投诉。共处理webmaster读者信箱读者邮件1167封，其中直接作答649封，转发其他部门518封。

（三）新媒体服务

2011年，国家图书馆网站更新页面数量接近2.6万页，是去年同期的1.6倍。网站年访问量超过7.4亿次，比2010年略有下降；发布了30个专题网站。完成手持阅读器外借服务501台，与2010年相比，下降17.87%。其中2011年6—8月为手持阅读器统一升级一次。完成电视图书馆服务改版工作，新增加了6个文化普及和知识服务性的栏目，提供的栏目数量已经达到15个。继续增加以视频资源为主的高清数字电视内容。进行静态页面的视频化改造，完成101场资源的视频加工工作。完成文化播报信息11468条，页面15489个，图片7521张；华夏遗珍信息187条，页面1592个；名城名镇信息337条，页面2254个；书画鉴赏信息324条，页面3284个；图书收藏信息339条，页面1958个；文保探幽信息825条，页面8541个，图片8153张；中华世遗信息200条，总页面2411个；文津讲坛96场，时长144:07:54；经典流觞视频18场，时长6:03:13；

书刊推荐960本书，1100个页面，1820张图；图说百科发布展览11场，页面454个，图片472张；馆藏精品发布藏品12个，页面210个，图片246张；经典相册页面120个，图片120张。

（四）少儿服务

2011年，国家图书馆少年儿童馆共计接待到馆读者84503人；接收新到室文献共计18703册；文献提供量为635465册/次；文献下架量为17285册/次；接待集体参观25场，1300人；接待个人参观192场，3486人；开展“文津少儿讲坛”公益讲座10场，2998人到馆聆听了讲座。

（五）弱势群体服务

数字共享空间作为中国残疾人信息无障碍关键技术支撑体系示范应用基地，专设特殊服务区，为视障读者配备读屏软件及外置电脑硬件，辅助残障人士上机查阅资料。2011年国家图书馆辅助残障群体1018人次上机查阅资料，与2010年相比，增长40.22%。

2011年4月23日，中国残疾人联合会和国家图书馆联合建设的“中国残疾人数字图书馆”网站（http://dlpwd.nlc.gov.cn）正式开通，中国残疾人数字图书馆在“中国盲人数字图书馆”建设基础上，特别增选了“阅读中国”、方正电子书等中文图书数据库和中外文期刊数据库等内容，残疾人将可足不出户通过网络博览群书，在线接受远程教育等服务。

截至2011年底，残疾人数字图书馆已累计提供电子图书2788本（含文津图书奖获奖图书58本），音乐欣赏曲目4899首，讲座650场，同时提供17个中外文数据库的无障碍访问，资源总量

中国残疾人数字图书馆开通仪式

超过 26TB。网站开通以来，每月访问数据均保持在较高水平，网站总点击数达到 1500 万，总浏览量达到 1000 万，访问次数 40 万次，访问者人数达到 30 万，遍布澳大利亚、美国、加拿大、西班牙、德国、南非等国。

（六）培训、讲座、展览

2011 年举办面向全国图书馆界的业务辅导培训 27 场，培训学员 1573 人，与 2010 年相比增加 12%；首都联合职工大学国家图书馆分校“文物鉴定与修复（古籍鉴定与修复方向）”专业招生 27 人，与 2010 年相比增加 69%；国家图书馆培训中心与北京大学合办的信息管理专业在职研究生学历教育招生 26 人，与 2010 年相比持平。接待社会各界人士参观国家图书馆，累计参观人数为 561 人，比去年下降 76%。2011 年开展到馆读者数字资源检索技能培训 19 场，其中数据库商讲座 15 场，馆员讲座 4 场。

2011 年还举办“国图讲坛”111 场，接待读者 3 万余人。推出了“百年辛亥专题研究系列讲座”、“中国共产党成立九十周年专题研究系列讲座”、“中国古今经典小说研究系列讲座”、“儒学知识系列讲座”、“东北抗日联军专题研究系列讲座”等新的讲座系列。2011 年积极推进全国公共图书馆讲座联盟各项工作，为成员馆推荐介绍专家 50 余位，协同成员馆共同举办讲座 20 场。馆际合作的讲座项目“国图·东南讲坛”、“国图·辽海讲坛”等项目继续举办，并于 11 月 13 日至 15 日在山西省图书馆召开了“全国公共图书馆讲座联盟省级成员馆工作会议”。“文津讲坛”举办 50 场，听众达 10259 人次；“中国典籍与文化”举办 7 讲，听众 579 人次。

全年共举办各类展览活动 33 场，其中自主举办展览共 12 场（3 场为跨年举办），对外合作展览活动 12 场。大型主题展览 3 场，分别为：“新春佳节展”、“艰难与辉煌——纪念建党九十周

工作人员为到馆读者进行数字资源使用培训

年国家图书馆馆藏珍贵文献展”、“白山黑水铸忠魂——纪念九一八事变八十周年馆藏东北抗日联军珍贵文献暨冯仲云手稿展”。巡展9场（跨年举办2场），巡展场地包括：温州市图书馆、山西省图书馆、河北北方学院图书馆、武汉市图书馆、佛山市图书馆、珠海市图书馆。巡展工作在巡展范围和合作单位类型等方面取得进一步发展，巡展活动受到图书馆业内广泛关注。先后主办了“西域遗珍——新疆历史文献暨古籍保护成果展”、“中华珍贵医药典籍展”、“艰难与辉煌——纪念中国共产党成立九十周年馆藏珍贵历史文献展”、“册府琳琅，根脉相承——中华典籍与非物质文化遗产特展”、“大众篆刻——李岚清书法篆刻艺术展”、“东方的觉醒——纪念辛亥革命一百周年馆藏珍贵历史文献展”、“日出东方”、“两岸同心”等展览，在香港举办了“国家图书馆善本特藏展”。特别是“东方的觉醒——纪念辛亥革命一百周年馆藏珍贵历史文献展”，不但实现了澳门、武汉、江西、广东、青岛等多地的巡展，而且来本馆参观人数达到近18万，创下了国图历次举办展览参观人数的新高。

（七）大众阅读活动

2011年，策划举办了“阅读之旅•北京中轴线”活动、“同享阅读快乐——文津读书沙龙走进地铁四号线”活动等。

“阅读之旅·北京中轴线”活动

4月23日“世界读书日”当天，国家图书馆将举行“阅读之旅•北京中轴线”活动。邀请“国家图书馆文津图书奖”获得者、著名学者朱祖希教授带领读者，从国家图书馆出发，沿着永定门到鼓楼7.8公里的“北京中轴线”，探寻中国传统文化的深刻内涵，体味古都北京的无穷魅力。“阅读之旅”是国家图书馆促进全民阅读推出的一项新的服务举措，它基于广义“阅读”和“大文化”、“大教育”的理念，倡行“万物皆书卷，天地阅览室”（著名教育学家叶圣陶先生语），通过面向公众组织讲座、展览、参观等文化活动，引领读者从读懂文字，到读懂世界。

11月28日上午，“国家图书馆文津读书沙龙”与北京京港地铁有限公司联合举办的“同享阅读快乐”特别活动在地铁4号线国家图书馆站推出。活动以图书漂流为主题，倡导读者和乘客共同享受阅读的快乐。此次活动以“图书漂流”的方式号召读者和乘客携带自己读过的好书来到现场进行交换，旨在倡导“同享阅读快乐”理念，希望更多的人能够分享阅读的快乐。在活动现场，国家图书馆和京港地铁的有关负责人和工作人员向读者、乘客赠送了“国家图书馆文津图书奖”

同享阅读快乐——文津读书沙龙走进地铁 4 号线特别活动

获奖图书。国家图书馆在站台展览区设置了两台电子触屏，提供“国家图书馆文津图书奖”获奖图书及国家图书馆馆藏古籍、年画、报刊等电子资源阅读服务。在现场设置了“手机移动服务”体验区，国图移动服务为读者参与文津图书奖评奖活动提供了方便，其中，国家图书馆手机门户专门设置了文津图书奖栏目，为读者提供了推荐图书、检索图书、阅读图书以及参与评选的新平台。活动现场还以竞赛的形式举办有关图书的填字游戏，营造轻松活跃的阅读氛围；现场读者和乘客们还就阅读展开了讨论，交流自己的读书心得，互相推荐好书，以实际行动响应“同享阅读快乐”的号召。

四、业界服务

2011 年国家图书馆开展了“解放思想，开拓创新”活动，经过馆内反复研讨和馆外意见征询，使业界服务的思路更开阔，目标更明确，机制更完善，合作更广泛，交流更深入，培训更到位。

（一）积极构建全国图书馆联合目录系统

1. 全国图书馆联合编目中心面向成员馆全面提供免费服务

1 月 1 日起推出免费数据服务，全年新增成员馆 189 家，是 2010 年的 6 倍多，成员馆总数突破了 900 家；成员馆全年下载数据量 386 万余条，比 2010 年增加了 89%。2011 年先后两次面向成员馆下发馆藏收割函，通过电话征询和到馆交流的形式收割了43家成员馆（覆盖省、自治区、直辖市及骨干市级馆）的馆藏书目，共计2600余万条，并处理完成省级馆27家、骨干市级馆13家的馆藏添加工作，馆藏库总量突破2200万条，为下一步构建文献资源保障体系和建立国家书目打下了坚实的基础。积极开拓思路，与版本图书馆达成合作意向，获取了版本图书馆建库以来的约400万条馆藏数据信息，经初步查重约有69万余条数据弥补了国家图书馆出版物数据信息原缺，进而作为文献补藏参考。

2. 召开全国图书馆联合编目中心2011年工作会议

5月11日，会议在湖南长沙举行，50家成员馆的90余位代表参加，其中省级馆28家。毛雅君主任从用户拓展、数据上传和下载、馆藏收割及联合目录建设、数据质量控制、业务培训、系统切换等方面对全国图书馆联合编目中心2010—2011年度工作进行了总结，对分中心工作中的创新点进行了点评并介绍了中心下一阶段工作重点：构建全国文献资源保障体系，将联合目录与馆际互借和文献传递、数字资源分发等服务连接，实现文献信息的全面共享；积极拓展海外影响，逐步推广中文数据在国外的使用，同步汇集海外中文文献的分步信息；整合出版信息，开设采访库供成员馆使用，加强与出版单位、书商等的合作；加强质量监控员队伍的培养，为实现真正意义的联合编目提供人员保障。

国家图书馆副馆长陈力对联编中心近一年来的工作业绩表示了肯定，对分中心和成员馆的支持表示了感谢，他希望中心在全面构建全国联合目录的基础上，打造揭示全国文献信息资源的窗口，使之成为全国文献资源共享及传递的平台，力争成为全球中文资源的OCLC。此外他还就目前图书

全国图书馆联合编目中心2011年工作会议

馆界编目业务的边缘化和编目人才的流失等问题发表了个人的看法，并提交参会代表讨论。

会议表彰了 2010 年度工作出色的分中心和成员馆，辽宁省分中心、黑龙江省分中心、少年儿童图书馆中心、广西壮族自治区分中心获得了分中心组织创新奖，浙江省分中心、广东省分中心、吉林省分中心和四川省分中心获得了分中心组织管理奖，天津图书馆、浙江图书馆、沈阳市图书馆、吉林省图书馆、首都图书馆获得了数据质量优秀奖，首都图书馆、湖南图书馆、重庆图书馆、湖北省图书馆、海南省图书馆获得了优秀成员馆奖，安徽省图书馆等 10 家成员馆获得了数据质量监督奖。

3. 建立质量监控员队伍，提升业界服务水平

为更好地将成员馆的人力资源整合起来，联合编目中心组建了一支由来自 28 家图书馆的骨干编目力量组成的质量监控员队伍，由中心统一培训，统一管理，自 6 月启动以来，在新系统内通过实时的远程指导和双向反馈方式，共完成了 16000 余条书目数据的审校工作。为加强具备上传资格编目员后备力量的培养，扩大中心新系统宣传力度，同时为《中国图书馆分类法》（第五版）的业界推广提供保障，2011 年先后主办、合办和协办了五期面向成员馆和数据用户的培训，培训内容涉及上传数据制作标准、新系统介绍及操作指南、中图法五版介绍及使用说明等，培训人次突破了 350 人，较往年翻番。此外，在全国图书馆联合编目中心 2011 年工作会议上，全国联编中心总审校万爱雯作了数据质量分析报告，并对数据细则征求意见稿的反馈情况及采纳结果进行了说明。《中图法》编委会委员兼副主编卜书庆老师对《中图法》第五版及《中分表》Web 版进行了详细介绍，历时 4 个多小时，受到代表们的一致好评。

4. 推出“革命历史文献联合目录”系统

2011 年 6 月 1 日在国家图书馆主办的大型历史文献展览“艰难与辉煌——纪念中国共产党成立九十周年馆藏珍贵历史文献展（1921—1949）”上，国家图书馆联合吉林省图书馆、辽宁省图书馆、四川省图书馆、湖南省图书馆、重庆图书馆、广西壮族自治区图书馆等二十余家图书馆共同推出的“革命历史文献联合目录”系统正式启动。发布革命历史文献数据 11896 条，提供题名检索、著者检索、主题检索等多种检索途径，检索结果中列出了文献的馆藏情况。

革命历史文献是中华典籍的重要组成部分，主要指二十世纪初期，特别是“五四”运动以后，中国共产党进行艰苦卓绝的革命斗争直至建立中华人民共和国这一革命历程中形成的文献资料，文献类型有图书、期刊、报纸、手稿、文件、图片、海报、传单、宣传标语、票据等形式，主要包括马列主义经典作家著作的早期译本以及宣传马列主义的文献资料，中国共产党及其军队和各个革命团体编印、出版的革命资料，新民主主义革命各历史时期解放区和根据地的文献，国统区、敌占区刊行的进步书刊及伪装本，辛亥革命时期、“五四”运动时期出版的各种革命、进步文献资料和共产国际有关中国革命的文献等。

当前，我国革命历史文献保护工作还存在很多突出问题，保存条件堪忧，很多文献处于濒危状态。通过联合推出“革命历史文献联合目录”系统，可以加强对社会上散存的反映我国近

现代社会进步的各类文献资料的征集工作；有助于对文献进行分级分类的保护，并形成全国范围内的革命历史文献书目数据和馆藏信息整合，实现文献信息资源的共建共享，为用户提供方便快捷的查询检索和资源获取途径。同时也为今后开展珍贵革命历史文献的整理研究工作奠定基础，形成具有较高水平和较大学术影响的研究成果，造就一批熟悉革命历史文献的学科馆员和修复技术人员。

（二）拓宽合作领域，创新服务方式

1. 完善讲座联盟的工作机制

11 月 13 日至 15 日，由国家图书馆和山西省图书馆共同主办“2011 年全国公共图书馆讲座联盟省级成员馆工作会议”暨全国公共图书馆讲座联盟正式成立后举行的第一次工作会议。会议主题为“讲座联盟的工作机制及经验交流”。国家图书馆副馆长王军、山西省文化厅纪检组长李春荣、山西省图书馆馆长李小强、党委书记石焕发出席会议，来自国家图书馆及 31 家省级图书馆的 70 余位讲座业务主管馆长及相关部门负责人参加了会议。

全国公共图书馆讲座联盟自 2010 年 12 月成立以来，在各成员馆的共同努力下开展了一系列活动，促进了讲座服务深入开展，联盟成员馆已由初创时的 66 家增加到近 200 家，并且创办了讲座联盟网站，建立了拥有 18000 余条数据的专家资源库和讲座资源库，还组织成员馆开展了合作办讲、业务研讨、图书出版、视频资源共享等一系列活动。国家图书馆社会教育部主任汤更生代表联盟秘书处作了关于讲座联盟队伍建设及工作机制的工作报告。山西省图书馆读者工作部主任李红作为讲座联盟成员馆的代表作了工作报告。首都图书馆、广东省立中山图书馆、黑龙江省图书馆、山东省图书馆、浙江图书馆等在随后的经验交流环节中，就讲座的宣传推广、讲座的选题

全国公共图书馆讲座联盟省级成员馆工作会议

“少儿数字阅读服务研讨会”召开

策划、讲座专家的邀约、讲座与阅读推广、讲座衍生产品的整理开发、讲座的交流与协作等内容进行了专题发言。与会代表还深入研讨了由国家图书馆牵头起草的《关于在全国公共图书馆讲座联盟成员馆间加强合作的意见（征求意见稿）》、《关于发展全国公共图书馆讲座联盟成员的建议》、《关于评选全国公共图书馆讲座联盟‘优秀讲座系列’的建议》。

2. 少儿馆联合业界和出版业、教育界推广数字阅读

2011 年“六一”儿童节，国家图书馆少年儿童馆联合汉王科技公司和全国部分少儿图书馆共同启动了“全国少儿图书馆数字阅读推广先导项目”，并召开“少儿数字阅读服务研讨会”。全国部分少儿图书馆馆长及相关数字出版厂家和基础教育界人士 40 多人参会。面对数字阅读已成为社会潮流，少年儿童更热衷于数字阅读的情况下，我国数字出版的内容提供者、平台提供者、终端提供者、渠道推广者、增值服务者在数字阅读中的社会定位和价值再造还没成型，数字阅读中的参与者中出现了“越位”和“缺位”并存的现象，我国图书馆界首次组织研讨面向少年儿童的新媒体服务问题。

国家图书馆馆长助理汪东波在研讨会上呼吁：出版界，信息技术界、教育界和图书馆界应该联合起来，共同关心关注少年儿童的数字阅读状况，而数字出版和数字图书馆作为数字阅读服务的主要参与者，应该肩负起少儿数字阅读的倡导者、组织者和服务者的重任，为数字阅读社会体制机制的建立出谋划策。

2011 年 4 月，国家图书馆少儿馆成功立项了文化部文化科技提升计划支持项目——全国少年儿童阅读推广服务平台。该平台将依托国家数字图书馆的先进技术和软硬件基础设施，基于数字

化的文化信息资源成果，利用全国文化信息资源共享工程和公共电子阅览室的服务渠道，以国家图书馆少年儿童馆为中心，联合各省区市少儿图书馆（室），以及公共图书馆和少儿出版社等，带动各级地、市、县少儿图书馆（室），开展少儿阅读服务，构建覆盖城乡的全国少年儿童阅读的服务体系。该平台的目标是建设一个国家级的专门为全国少年儿童阅读推广服务的开放平台，它将是一个安全、可靠、开放、共享的少儿网络阅读社区。

3. 联合举办“西域遗珍——新疆历史文献暨古籍保护成果展”

1月26日，由文化部、全国古籍保护工作部际联席会议成员单位、新疆维吾尔自治区人民政府共同主办，国家图书馆（国家古籍保护中心）、新疆维吾尔自治区文化厅承办的“西域遗珍——新疆历史文献暨古籍保护成果展”，在国家图书馆展览中心隆重开幕。此前，“新疆历史文献暨古籍保护成果展”已于2010年8月20日至10月19日在新疆维吾尔自治区博物馆举办。为让更多的观众通过历史文献、文物认识新疆，增强对伟大祖国的认同，共同建设美好的新疆，此次“西域遗珍——新疆历史文献暨古籍保护成果展”扩大了规模，展出了全国23家收藏单位320余件展品，其中超过半数为现今仅存的孤本，21部古籍已入选《国家珍贵古籍名录》，丰富了展品类型，包括汉文和20余种民族文字的木简、文书、古籍、舆图、拓片、铸币等，并充分运用了非物质文化遗产技艺、数字化、互动游戏等多种方式展出，增强了观赏性，得到了众多专家学者的高度肯定和观众的积极评价。（详见本书“特别记载”部分）

4. 联合举办“中华珍贵医药典籍展”

5月18日上午，由文化部、国家中医药管理局主办，国家图书馆（国家古籍保护中心）、中

“中华珍贵医药典籍展”开幕式

国中医科学院（全国中医行业古籍保护中心）承办，湖北省蕲春县人民政府、湖北省蕲春县李时珍纪念馆、北京藏医院、北京同仁堂（亳州）饮片有限责任公司等单位协办的“中华珍贵医药典籍展”在国家图书馆隆重开幕。展览共展陈 90 余种中医药善本古籍、60 余件药具实物及多种药物标本，系统体现中医理论体系的发展脉络，整体展示了我国民族医药文献的构成情况并反映出中华医药知识的东渐西被。

开幕式上，现场进行了太极拳拳法表演，并由中国嵩山少林寺武僧展示了易筋经、八段锦等中医传统养生体操，展览中还模拟同仁堂中药房的布置，展示多件药具实物和药物标本，营造独特的中医药文化氛围。此外，在此次展览期间还邀请中医诊疗等非物质文化遗产传承人现场进行中医特色文化展示、举办相关专题讲座，为参观者解读丰富的独具特色的中医药文化，丰富的防治病方法和显著的临床疗效，了解中医药为中华民族的繁衍生息作出的巨大贡献，对人类文明的形成和发展产生的重要影响，使大家能够从多角度了解中医药古籍的成就与内涵。

5. 拓展海外社会教育合作

2011 年 12 月 8 日至 2012 年 1 月 15 日，“国家图书馆善本特藏展”在香港中央图书馆地下展览馆向公众免费开放。展览展出了国家图书馆的善本古籍、碑帖拓本、古旧舆图、少数民族文字古籍 42 件，其中有刊刻于金代的大藏《赵城金藏》、汉代刻石梁启超旧藏的《汉君车画像》朱拓本、柳公权书曾立于唐代宫禁的宋拓孤本《神策军碑》、明代政府组织编纂的鸿篇巨制《永乐大典》、清代乾隆间纂修的大型丛书《四库全书》、绘制于清代的《避暑山庄图》、描绘张生崔莺莺美好爱情故事的《张深之正北西厢记》、满汉合璧的《玉麟父母诰命》等。

多年来，国家图书馆与香港特别行政区有过很好的合作，“中国书籍的演变”、“河岳藏珍——中国国家图书馆藏古地图展”、“大道流行——《道德经》版本（文物）展”都先后到港展出，受到广泛欢迎。国家图书馆通过举办展览，将珍贵的善本典籍展示给广大香港民众，让大家了解中华文化，进一步增强民族自豪感，激发爱国爱港热情，共同建设中华民族美好的未来。并以此为契机，在以往成功交流合作的基础上进一步加强合作，策划并开展更多更好的文化交流项目，共同为推进香港的繁荣与发展作出贡献。

展览期间，周和平还以“保护古籍　传承文明”为题，面向公众举办了专场讲座。周和平从中华古籍的意义、保护中华古籍的必要性与近年工作成绩、国家图书馆与香港文化机构推动古籍保护合作等 3 个方面进行了详细阐述，生动的讲解和丰富的内容获得了在场观众的热烈反响和专家学者的高度评价。

6. 继续发展馆际互借与文献传递合作

11 月 16 日至 18 日在云南昆明召开主题为“馆际互借与文献传递的创新与发展”的“第三届全国馆际互借与文献传递研讨会”。

会议就著作权问题、新信息环境下文献提供的发展方向等议题进行了深入交流。国家图书馆副馆长、党委副书记常丕军，云南省图书馆馆长李友仁，南开大学商学院信息资源管理系教授柯

第三届全国馆际互借与文献传递研讨会

平，国家科技图书文献中心主任袁海波，上海图书馆副馆长陈超等出席了会议。来自国家图书馆、公共图书馆、高校图书馆、科研院所图书馆、咨询情报机构等国内一百余家相关单位的近 200 位代表参加了会议。

7. 借助数字图书馆推广平台，组织灾区援建

5 月 7 日，纪念汶川特大地震三周年国家图书馆灾区文化援建活动在四川省都江堰市图书馆举行，国家图书馆副馆长魏大威参加了活动。国家图书馆首次在都江堰市图书馆开辟了“国家数字图书馆服务专区”，5 月 7 日至 12 日，读者可以在都江堰市图书馆现场办理国家图书馆读者卡，拥有国家图书馆读者卡的用户可以在办公室、家中上网访问国家数字图书馆资源。同时，国家图书馆将通过邮寄申请单的方式长期为灾区群众远程办理读者卡。围绕“繁荣数字文化，共建美丽家园”的活动主题，国家图书馆充分调研灾区的文化需求和基础设施情况，全面分析推送各类型数字资源的可行性，最大限度争取相关单位提供数字资源和设备支持，为 18 个灾区

“繁荣数字文化，共建美丽家园”主题网页

《国家图书馆援建数字资源安装手册》

市县图书馆配置了包括5000种电子图书、1000种电子期刊、1个多媒体数据库、5个少儿类数据库、1TB推广计划资源和网络导航在内的数字资源体系，资源内容涵盖广泛。此外，为配合灾区文化援建活动，国家图书馆在都江堰市举办了“在砥砺中成长”、“从追求成功到追求幸福——更新我们的教育理想”、“阅读与生命的智慧”、“阅读在当代中国的意义”四场讲座，并配合国家图书馆“文津图书奖宣传推广”展览，使灾区群众感受阅读的乐趣。为帮助灾区增强文化造血能力，5月份，国家图书馆还组织本馆资深专家，对灾区图书馆工作者开展集中培训，培训内容包括图书馆文献建设、数字图书馆基础理论与建设等。同时，国家图书馆与中国图书馆学会共同举办的“全国图书馆志愿者行动——基层图书馆馆长培训”也在四川举行。

（三）加强交流与培训，提升服务、研究整体水平

1. 延伸立法决策服务至省级图书馆

12月12日至16日在北京举办的“全国省级公共图书馆决策咨询服务理论与实务培训班”是《全国公共图书馆立法决策服务合作共识》签署后，国家图书馆面向全国省级公共图书馆开展的第一次专项培训活动，来自全国36个省级和副省级市公共图书馆、从事决策咨询服务的业务主管馆长和咨询馆员，共计61位学员参加了这次培训交流活动。

这次培训的课程设计与师资安排紧密围绕图书馆面向政府机构决策咨询服务的特点，从宏观

“全国省级公共图书馆决策咨询服务理论与实务培训班”在京召开

理论层面上的国家图书馆立法决策咨询服务历史、决策咨询内容设计与服务规范，到微观业务层面上的包括立法决策服务信息源的发现与利用、数字图书馆技术在立法决策服务上的应用等，并从决策机构信息需求的角度来分析图书馆的作用和影响，以特别安排的破冰活动、座谈会等方式，打破学员间的陌生与隔阂，建立交流与互动，在互相了解的同时，更加深了图书馆界决策咨询馆员同行间的理解与信任，互相获得启示与学习。这次培训，体现了国家图书馆在图书馆界的引领作用和服务意识，为提升省级公共图书馆决策咨询服务的服务能力，密切业务联系，整体提升我国公共图书馆为各级政府立法决策服务的水平奠定了坚实的基础。

2. 与四川省图书馆开展业务交流

四川省图书馆一行六人（吴红颖、付玉贞、刘华、杨曦、徐世芳）本年第四季度到国家图书馆进行为期3个月的业务交流。在3个月的时间里，国家图书馆人事处为他们安排了3种交流方式：(1)对口交流。先后深入各自对口的工作岗位和为扩展工作视野选择业务关联的部门体验交流，部门涉及参考咨询部、馆办公室、典藏阅览部、古籍馆、中文采编部、社会教育部、信息网络部、数字资源部、业务管理处、《中国图书馆学报》编辑部、国家古籍保护中心办公室、缩微文献部。(2)外出交流。联系了北京大学图书馆、清华大学图书馆及首都图书馆相关部门。(3)业务培训。参加了立法决策服务部承办的"全国省级公共图书馆决策咨询服务理论与实务培训班"，参考咨询部内部的业务培训及社会教育部针对新员工的拓展培训。使他们系统了解国家图书馆新员工的业务培训、轮岗制度，部门内业务培训；规划、监督、促进、考核、奖惩的业务管理机制；围绕重大事件和纪念活动挖掘馆藏举办展览、讲座、学术和公益活动，实现国家图书馆社会教育的职能等工作。

3. 参考咨询辅导深入基层

9月23—25日，由参考咨询部副主任陈荔京，科技咨询组张李江、辜军、常娟一行4人，赴苏州独墅湖图书馆进行业务培训和交流活动。参考咨询部和苏州独墅湖图书馆于2006年起建立合作，参考咨询部主要为对方提供咨询馆员培训、咨询辅导和查新报告审核工作。科技咨询组张李江同志结合双方几年来开展咨询合作的情况，针对苏州独墅湖图书馆本年新进人员在咨询工作中存在的一些问题，做了《参考咨询部科技咨询组业务规范介绍》和《科技查新审核及检索细节》的主题培训，并与辜军、常娟一起现场解答了对方提出的各种问题。

4.《中图法》编委会召开审定工作会议

12月16—18日在沈阳召开《中图法·简本》第五版以及《中图法·期刊分类表》第三版审定工作会议，《中图法》编委会主办，辽宁省图书馆协办，编委会副主任委员兼主编汪东波主持，来自全国各地的近30位委员出席会议。列席会议的还有国家图书馆出版社、《中图法》编委会办公室的有关同志。

在《中图法·简本》第五版审定会上，辽宁省图书馆杨鸣放委员、黑龙江省图书馆董绍杰委

《中图法·简本》第五版以及《中图法·期刊分类表》第三版审定工作会议代表

员分别对各自承担的社会科学大类、自然科学大类、简本索引的修订工作进行汇报。马张华副主编、卜书庆副主编作了简本审查情况汇报，介绍了简本增删改类目情况，提出注释规范化、简本的正式名称以及其他存在的问题。卜书庆副主编同时介绍了国家图书馆对简本的迫切需求及使用方法。随后，委员们对简本的功能定位、类目详略程度、注释规范化、索引的形式等问题展开了热烈讨论，提出修改意见，并最后一致同意对简本的修订出版。

在《中图法•期刊分类表》第三版审定会上，卜书庆副主编介绍了期刊表修订的指导思想和原则、修订重点。本次修订为保障用户平稳过渡到《期刊表》新版，在满足期刊内容综合性强与形式特殊的个性化需求的基础上，适当调整原编体系与五版体系差距较大的类目体系。根据文献保障原则，充实、完善《期刊表》。张涵顾问作了期刊表审查情况汇报。委员们结合各自图书馆报刊分类排架情况，对期刊分类表的修订内容、是否兼顾报纸分类功能以及该表正式名称、印刷开本等问题提出意见和建议，最后全体委员一致同意对期刊表的修订出版。

5. 全国图书馆标准化技术委员会继续推进图书馆相关标准制修订工作

5 月，全国图书馆标准化技术委员会（简称“图标委”）面向全国 62 家各级各类图书馆征集图书馆领域国家标准项目立项计划项目，并从中遴选出具备一定研究基础的标准化项目，申报国家标准项目两项，目前正在国家标准化管理委员会审核中。

旨在全面调研我国乡镇社区图书馆建设与服务现状，结合国外基层图书馆发展经验，形成我国乡镇社区图书馆管理标准体系研究的“国家质检公益性行业科研专项项目——乡镇（社区）图书馆管理标准研究报告”，基本完成国内乡镇社区基层图书馆（室）生存发展现状及国外基层图书馆标准情况的调研工作，初步形成国内外相关调研报告，并分别于 6 月 9 日和 10 月 26 日在北京和贵阳召开课题组工作会议，及时总结课题进展，安排下一阶段工作。

9 月 15—16 日，受文化部科技司委托，图标委秘书处组织承办“文化行业标准化工作培训班”，来自各文化行业全国标准化技术委员会（分技术委员会）主任委员、副主任委员、秘书长、副秘书长、秘书处工作人员及委员代表约 40 人参与了本次培训。培训班邀请了来自国家标准化研究院的标准化专家白殿一等就国内外标准化动态及服务业标准化发展现状、国家标准制修订程序、标准的结构与编写等内容作了重点讲解，并安排文化行业标准《舞台机械——操作与维修导则》的主要编写人员介绍了标准编写的经验。培训取得了较好效果。

9 月，文化部调研课题“文化行业标准化工作现状与趋势研究”顺利结项。11 月 1 日，文化行业标准项目《无线射频 图书馆 数据模型》专家审查会在京召开，项目顺利通过专家组审查。12 月，为进一步推动我国数字图书馆建设与服务，图标委在国家数字图书馆工程项目已有标准成果的基础上，组织上报并最终立项 17 项数字图书馆相关行业标准研制项目。12 月 23 日在国家图书馆召开全国图书馆标准化技术委员会 2011 年工作会议。

文化行业标准化工作培训班开班

年度掠影

【国家图书馆水利部分馆成立】

2010 年 12 月，国家图书馆与水利部合作正式签署合作协议，建立国家图书馆水利部分馆。至此，国家图书馆部委分馆已经达到十二家。国家图书馆水利部分馆的成立将为水利部领导科学决策中的文献信息需求与国家图书馆的立法与决策服务职能的发挥，提供重要的桥梁和纽带作用。有利于水利部各级领导充分利用国家总书库的资源和服务，节约财力、物力，避免重复建设，节省有限的资金用于建设本机关的专业馆藏，也必将对国家图书馆馆藏文献信息资源的优化配置、不断促进立法决策服务水平的提高发挥积极和不可估量的促进作用。

【与在京的全国政协委员进行座谈】

1 月 10 日，国家图书馆立法决策服务部相关同志参加了由全国政协召开的大会发言工作座谈会，并与在京的全国政协委员进行深入座谈，广泛听取政协委员对国家图书馆“两会”服务的建议和意见，以便更好地、更有针对性地为其参政议政提供文献信息服务。中国科协副主席、书记处书记、党组副书记齐让，中华医学会专职副会长、秘书长兼党委副书记吴明江，北京科技大学冶金与生态工程学院院长朱鸿民、国家图书馆副馆长陈力等委员参加了座谈会，全国政协办公厅秘书局局长杨小波主持会议。这是国家图书馆自 1998 年开展“两会”服务以来积极探索服务模式的又一新举措。

常丕军副馆长与中国人民解放军总参谋部某所签署合作协议

【与中国人民解放军总参谋部某所签署合作协议】

2011年9月，作为我军决策参谋信息保障服务系统重要组成部分，国家图书馆与中国人民解放军总参谋部某所签署合作协议。根据合作协议，向其提供“国防外交”专题《国图决策参考》，并根据其需求，编制或合作编制军事及其他方面的专题资料。双方合作协议的签订，是我馆服务于我军宏观发展战略、装备发展战略、技术手段战略以及军队网络自动化发展等方面的研究和文献信息保障工作作出的积极探索和尝试。

【全国政协办公厅、国家图书馆合作协议签署暨国家图书馆全国政协机关分馆揭牌】

11月1日上午，全国政协办公厅、国家图书馆合作协议签署暨国家图书馆分馆揭牌仪式在全国政协礼堂金厅举行。全国政协机关党组书记、副秘书长孙怀山，全国政协文史和学习委员会驻会副主任卞晋平，全国政协教科文卫体委员会驻会副主任张秋俭，文化部党组成员、副部长王文章，国家图书馆馆长周和平出席仪式。全国政协办公厅、文化部、国家图书馆有关同志近60人参加了活动。全国政协机关党组副书记、副秘书长仝广成主持了仪式。至此，国家图书馆全国政协机关分馆已成为国家图书馆第十三个分馆。

全国政协办公厅与国家图书馆签署合作协议

国家图书馆全国政协机关分馆以全国政协机关图书馆为平台，由全国政协机关领导和管理，在业务、技术与服务等方面接受国家图书馆指导。国家图书馆将通过全国政协机关分馆，以全国政协在图书文献信息方面的需求为基本服务内容，以国家图书馆丰富的文献信息资源和在信息服务方面的经验特长为依托，为用户创造个性化的信息服务环境，更好地为全国政协履行职能提供文献保障。

“国家图书馆立法决策服务平台——全国政协机关平台”利用数字图书馆技术，集合信息采

王文章副部长为国家图书馆全国政协机关分馆揭牌

集、加工整理、内容发布于一体，为全国政协机关提供决策参考服务。这种以数字方式提供的个性化服务，使国家图书馆为国家立法决策服务实现了从服务对象“一对多”和一般性的决策信息服务向文献信息资源深度挖掘的知识化、个性化服务的转变。

【国家图书馆民政部分馆内网平台开通仪式举行】

11 月 1 日下午，国家图书馆民政部分馆内网平台开通仪式在民政部三号楼会议室举行。民政部副部长窦玉沛、国家图书馆馆长周和平出席仪式并致辞。民政部档案资料馆馆长闫志壮、信息中心主任陈光耀、办公厅副主任胡春晓、国家图书馆馆长助理孙一钢等有关同志以及国家图书馆部分部委分馆代表参加了仪式。

国家图书馆民政部分馆内网平台是国家图书馆在中央国家领导机关推出的首个嵌入用户办公环境的服务平台。该平台基于中央国家机关内外网严格分离的网络环境，使国家图书馆的资源嵌入到民政部分馆各级领导每日必需的工作网络当中，将服务的受众面拓展到民政部机关的每一位工作人员，从而开创了民政部分馆“外网推资源、内网推服务”的二元化信息服务的立体格局。

“内网平台”拥有丰富且具个性化的数字资源。根据民政部的信息需求特点，“内网平台”以民政部用户文献信息需求为基本服务内容，包含了专题咨询、专题数据库、电子图书、讲座展览等多种内容，并结合民政部内网的资源构成，增设了与民政工作相关的专题文献、学术论文等文献资料和古籍珍品、世界各国国情、我国各省省情等知识库，可供用户随时在线浏览、检索，丰富了民政文献信息资源，为民政立法决策、政策实施、科学研究提供迅捷、高效的服务。

国家图书馆民政部分馆成立三年多来，逐步建设成了以传统咨询服务为基础、以网络服务平台为桥梁、以现代信息技术为手段的文献信息资源保障服务体系，形成了培训、讲座、展览为一

国家图书馆民政部分馆内网平台开通仪式

体的多渠道、全方位服务模式。民政部分馆在国家图书馆部委分馆建设中起到了很好的示范作用。

【国家图书馆部委分馆馆长联席会议暨立法决策服务平台服务年会召开】

12 月 22 日，国家图书馆部委分馆馆长联席会议暨立法决策服务平台服务年会在京召开。中办档案图书馆资料室、中央编办分馆、全国人大信息中心、全国人大机关图书馆、全国政协机关分馆以及其他部委分馆的有关领导同志 16 人赴会，国家图书馆馆长助理孙一钢出席会议并致辞。国家图书馆数字资源部主任李晓明、国家图书馆业务管理处副处长孙伯阳、信息网络部副主任邢军出席会议，立法决策服务部主任卢海燕及部内有关同志参加了会议。

卢海燕在会上作了《国家图书馆立法决策服务 2011 年工作总结及 2012 年工作计划》的报告。随后，国家图书馆部委分馆馆长就分馆建设进行了回顾与展望，国家图书馆立法决策服务用户单位负责人就立法决策服务平台建设进行了总结与探索。同时，参会代表对国家图书馆立法决策服务提出了建设性意见，主要包括以下几个方面：第一，进一步提高平台资料更新频度，增强信息即时性；第二，在咨询服务基础上，有针对性地进行资料汇总和深度分析；第三，建立国家图书馆与部委分馆之间的资源共建共享机制；第四，国家图书馆联合各分馆建设分馆专题特色平台；第五，加强培训和交流，建立国家图书馆与分馆之间、分馆与分馆之间的学习交流机制；第六，加强宣传力度，使更多的中央国家机关了解和使用国家图书馆的立法决策服务。

最后，孙一钢就会议内容作了总结性发言，肯定了各分馆馆长和用户单位负责人提出的合作思路和建议，并表示将对各方建议进行梳理总结，进一步提高立法决策服务水平和质量。此外，还从文献资源共建共享、信息服务质量、交流互动方式、用户使用频度与获益程度的关系 4 个方面提出了具体措施，并表明愿与各分馆联合互动，为党和国家决策科学化作出贡献。

国家图书馆部委分馆馆长联席会议暨立法决策服务平台服务年会

【“中国残疾人数字图书馆”通过国家文化创新工程项目验收】

2010 年国家图书馆申请的国家文化创新工程项目“中国残疾人数字图书馆”获得批准。该项目由国家图书馆与中国残联信息中心合作完成，经过项目组 1 年多的努力，于 2011 年 12 月 12 日顺利通过专家组验收，提前一年圆满完成任务。该项目在前期深入调研基础上，充分利用新技术，集合多家之长、互通有无、通力合作；以云服务为理念，以基地建设为龙头，探索出新的省级图书馆无障碍信息资源收割和共享模式。中国残疾人数字图书馆在消除残障群体物理、心理障碍，为残障人士创造更多的教育、社会参与和就业的机会，改善残障人士与社会隔离的状况，为残障人士获得普遍均等文化权利等方面起到了促进作用。

【逐步提升网络服务质量】

2011 年，国家图书馆完成互联网带宽扩容，互联网带宽由 300 兆扩容至 450 兆；完成移动手机信号在信号盲区的开通，基本实现国家图书馆北区馆区手机信号全覆盖；完成无线网硬件升级工作，扩充了信道容量和数据吞吐能力。截至 2011 年底，国家图书馆使用无线网读者总数已接近六万人，平均每天上线三千多人次，通过无线网每天提供数字资源超过 40GB。

【推出移动终端版展览】

为克服传统实物展览在时间和空间上的限制，使全国观众共享国家图书馆推出的文化盛宴，2011 年，国家图书馆推出移动终端版展览形式，与实物展览、互联网展览、移动互联网展览同步发布，为观众搭建了一个不受时空限制的移动展台。移动终端版展览充分利用平板电脑的 UIKit 视觉元素和操作控件，将展览融入一种全新的展示方式中。在完全遵照实体展览结构内容的原则下，加入了讲解音频和互动操作，观众不但可以边看边听，还可通过互动操作，或仔细品味展览资料的细节，或随意跳转，从视觉、听觉、触觉全方位真实地再现了展览原貌。截至2011年底，已经建成了《艰难与辉煌——纪念建党九十周年革命历史文献展》、《东方的觉醒——纪念辛亥革命一百周年馆藏珍贵历史文献展》两个主题的移动展览，均收到了良好的效果。

【手机门户网站推出“新书上架预告”】

国家图书馆经过深入的业务流程和读者需求调研，于4月份在国家图书馆手机门户网站（http://wap.nlc.gov.cn/）推出了“新书上架预告”服务，于年底推出了移动咨询服务。新书上架预告包括外借新书上架预告和阅览新书上架预告。国家图书馆手机门户网站将提前一周对国家图书馆外借室和阅览室即将上架的新书进行预告。移动咨询平台主要为读者提供与图书馆随时沟通的功能，包括表单咨询、FAQ浏览和电话咨询。将移动服务融入到图书馆传统服务中，并与之形成优势互补，可以为读者提供更加优质便捷的服务。

【读者服务程序升级】

2010年，“中国国家图书馆读者服务”应用程序在苹果应用程序商店推出。随着移动服务的不断完善和创新，2011年，国家图书馆对其进行了升级，增加了很多实用的新功能。联合编目功能可以通过拍照识别图书条形码检索图书，检索结果包括国家图书馆及全国各地图书馆的馆藏信息，还能同时查看该书的豆瓣书评，以便为读者的借阅行为提供参考；读者服务功能可以查看个人的在借图书、借阅历史，完成图书的在线预约、续借；在线展览功能可以浏览国家图书馆近期举办的展览及历次展览等。

【开拓手机电视服务模式】

国家图书馆移动服务在现有的服务模式基础上，积极探索新的服务模式，挖掘馆藏资源，开拓了手机电视服务模式。手机电视是国家图书馆向读者展示宏富馆藏的又一个有效渠道，利用手机电视的优势，国家图书馆有步骤、分阶段地将优质资源提供给读者，实现随时、随地地观看。2011年形成了华夏遗珍、名城名镇、绘画鉴赏、书法鉴赏、文保探幽、中华世遗等栏目。

【国家图书馆读书周“阅读随行”活动】

12月19日—25日为国家图书馆读书周，国家图书馆为读者提供移动阅读服务的出口，并以“移动阅读使生活更精彩”为主题精心策划了众多精彩纷呈的活动，包括图文并茂的展板、现场体验互动、读者问卷调查发放小礼品等多种方式，目的是通过这些活动的开展向读者宣传国家图书馆新媒体服务，引导读者采用新媒体的方式移动阅读，让阅读随行，使生活更精彩。

【新版图书馆学信息门户正式上线】

网络信息资源导航项目是国家图书馆以汇集学科资源、为用户提供知识发现服务为目的建设的项目。2011年除对农林导航与电子报刊导航进行常规维护外，重点建设了图书馆学科知识库，

图书馆学信息门户

6 月，新版的图书馆学信息门户正式上线，以标签云、学科分类、类型分类 3 种浏览方式，分别从知识点、知识体系、文献类型三方面为用户提供导航服务。以分面导航、可视化超图等展示资源的关联类聚，建设了特色资源库及开放存取网站两个专题导航。

【“中国政府公开信息整合服务平台”上线】

10 月 27 日，基于云服务理念的中国政府公开信息整合服务平台正式上线。此平台是在中国政府公开信息整合服务项目已建资源的基础上，联合各省级公共图书馆共同参与平台建设的，包括一个总站、十个分站及一个宣传网站，是数字图书馆推广工程向全国推广使用的第一个软件平台。

中国政府公开信息整合服务平台开通仪式

【丰富触摸屏阅读系统服务资源】

触摸屏系统是国家图书馆于 2008 年推出的系统，它以触摸屏为阅读载体，为读者提供一种全新的阅读方式，使读者体验原汁原味的阅读乐趣。2011 年，触摸屏系统展示的资源包含古籍珍品、民国书刊、名人手稿、年画、老照片等珍贵馆藏，并提供政府信息及电子报刊的阅览服务。此外，触摸屏系统还在国家图书馆馆内外的多项展览活动为读者提供资源阅览服务，全年参与展览13场，其中包含“西域遗珍——新疆历史文献暨古籍保护成果展”、“艰难与辉煌——纪念建党九十周年革命历史文献展”、“东方的觉醒——纪念辛亥革命一百周年馆藏珍贵历史文献展”等多场大型展览。

【举办第二届“中华大家园”国图站活动】

7月26日，国家图书馆少年儿童馆首次携手中国关心下一代公益委员会（以下简称“关工委”），开展了第二届“中华大家园”少年儿童夏令营活动中的“文津少年结书缘 中华家园溢书香”的走进图书馆活动。“中华大家园”是关工委开展的一项针对特殊困境儿童的援助活动，其主要目的在于为特殊困境儿童寻求成长的支持，帮助他们实现生存的权利、发展的权利、受教育的权利和参与社会的权利。国家图书馆少年儿童馆通过与关工委合作，就第二届“中华大家园”夏令营活动进行协办，其目的在于通过参加当日国家图书馆所开展的夏令营活动，实现一朝走进国图，终身与书结缘的目的，通过在图书馆中的所听、所感、所想达到文化普及，教育平等的目的。活动当天，除带领来自祖国各贫困地区的小读者参观国图外，作为该活动的重要内容之一——“文津少儿讲坛”同日开讲，本期的主讲嘉宾是我国第一位航天员“航天英雄”杨利伟少将，他的主讲题目是“飞天之路”。当日的讲座设在国家图书馆嘉言堂，共有约600人到馆聆听了该讲座，获得了良好的社会反响。

【“全国少儿图书馆数字阅读推广先导项目”正式启动实施】

为更好地发挥国家图书馆少年儿童馆的引领示范作用，做好未成年人的数字行为习惯研究，6

“全国少儿图书馆数字阅读推广先导项目”启动仪式

月1日，在国家图书馆少年儿童馆成立一周年之际，举办了题名为“全国少儿图书馆数字阅读推广先导项目”研讨会。该研讨会是基于电子书阅读器开展的少儿数字阅读推广实验性项目，旨在通过开展少儿数字阅读的调研和研讨，探索少儿图书馆的新媒体服务模式。该项目得到了国内多家少儿馆的关注与支持，湖南省少年儿童馆、天津市少年儿童馆、重庆市少年儿童馆、大连市少年儿童馆、东城区图书馆、五一小学，以及多家终端厂商、数据库开发商积极参与其中，研讨会上，各家代表除就当前少儿数字阅读开展研究的必要性进行陈述外，还就当前少年儿童数字阅读中所存在的问题进行了集中探讨，同时就下步少儿数字阅读的持续性开展提出了具有针对性的意见及建议。

【“全国少年儿童阅读推广服务平台”项目成功立项】

为能更好地满足广大未成年人日益增长的精神文化需求，努力为未成年人提供优秀文化产品和优质文化服务，4月，国家图书馆少年儿童馆申请的题名为“全国少年儿童阅读推广服务平台”获得国家文化科技提升计划批准。该计划是文化部自2010年起在国家财政的支持下开始实施的，旨在面向国家文化大发展大繁荣的需求，着力开展文化科技基础性研究和高新技术在文化领域的应用研究，重点解决一批具有前瞻性、全局性和引领性的重大文化科技问题。“全国少年儿童阅读推广服务平台”是本年度入选的14个选题之一。该平台将依托国家数字图书馆的先进技术和软硬件基础设施，基于数字化的文化信息资源成果，利用全国文化信息资源共享工程和公共电子阅览室的服务渠道，以国家图书馆少年儿童馆为中心，联合各省区市少儿图书馆（室），以及公共图书馆和少儿出版社等，带动各级地、市、县少儿图书馆（室），开展少儿阅读服务，构建覆盖城乡的全国少年儿童阅读的服务体系。该项目主要由国家图书馆少年儿童馆牵头，湖南省少年儿童馆等其他省市少儿馆协助，预计将于2013年完成，其目标是建设一个国家级的专门为全国少年儿童阅读推广服务的开放平台，它将是一个安全、可靠、开放、共享的少儿网络阅读社区。

【国家图书馆少年儿童馆举办“好书共分享”朗诵比赛】

5月28日，国家图书馆少年儿童馆为庆祝该馆成立一周年，在国家图书馆少年儿童馆的主题活动室举行了“好书共分享”朗诵比赛。凡是6至15周岁的朗诵爱好者均可以报名参与。朗诵题材为国学古诗词、现代文学、国外童话经典片段等，小读者可自行在国家图书馆少年儿童馆网站http://kids.nlc.gov.cn下载朗诵稿。本次朗诵比赛获得了广大小读者的热烈响应与积极参与，共有近50人报名参加。比赛中小读者们都有不俗的表现，语言清晰准确、抑扬顿挫、情感丰富，仪表得体大方具有感染力，获得了评委的一致好评。本次比赛分别评出一等奖1名，二等奖2名，三等奖3名，并颁发证书及奖品。获奖选手还有机会获得专业老师的一对一辅导，并且在6月1日馆庆仪式上进行朗诵表演。通过举办本次朗诵比赛的活动，很多小朋友不仅掌握了朗诵的基本知识和技巧，提高了语言表达能力，培养了语感，而且增加了对图书馆的热爱，激发了阅读的兴趣。少年儿童图书馆也很好地履行了其社会教育的职责。

“好书共分享”朗诵比赛

【文津图书奖授权整理】

“文津图书奖”是在国家图书馆的倡导下，由全国图书馆及读者、专家、媒体共同围绕建设学习型社会和倡导全民阅读举办的公益性优秀图书奖项。自 2004 年启动以来，国家图书馆已成功举办 6 届文津图书奖评选，并积极获取这些图书的版权授权以推动公众通过互联网便捷地阅读优秀图书。2011 年 3 月，国家图书馆对历届授权工作进行了深入研究，总结工作方法，优化工作流程，

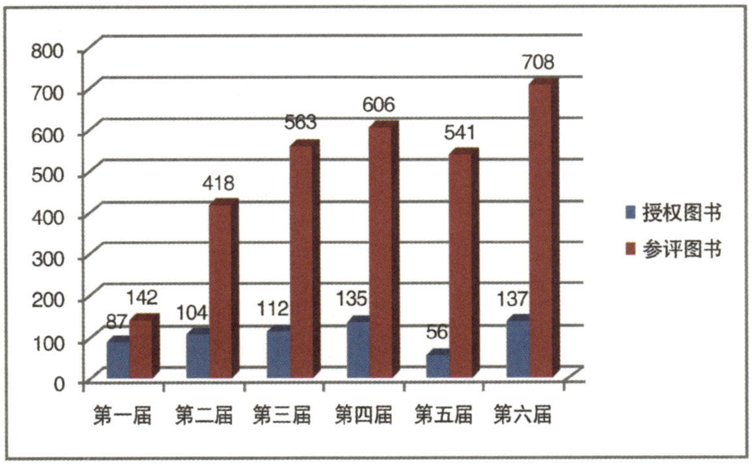

文津图书奖历届授权情况图

确定授权工作重点难点，提出完善和提高版权授权工作的建议。经分析，在6届评选中，各界推荐参评图书达到2978种，国家图书馆获得了其中631种图书的复制权和信息网络传播权，平均获得授权比例为21%。

【ISSN 中国国家中心各项工作稳步推进】

借助国家图书馆网站中 ISSN 中心网页，新发布2010年9月至2011年8月申领的 ISSN 的数据信息，在历史基础上扩充了数据内容，以促进业界利用；完成国际中心系统的编目及统计功能测试工作；与新闻出版总署相关司局沟通，配合国际中心开展电子资源分配前期核查工作。

【通过全国授权方式为业界服务取得阶段性成果】

2010年初，国家图书馆创新数字资源采购模式，以国家授权方式分别引进了 Emerald 出版社和 SAGE 出版集团的回溯期刊数据库。中国内地的非营利学术型用户只需向出版社提出申请，即可通过出版社的服务平台免费访问其回溯期刊全文数据库。自开通以来，两个全国在线数据库用户申请量大、使用率高。

2011年，为了更好地发挥全国授权数据库的优势，让所有符合条件的图书馆、科研机构等用上、用好此两种数据库，国家图书馆外文采编部利用多种途径进行全国授权数据库开通的通知宣传、开通申请机构的审核和汇总等工作，并积极解决各开通单位的各种问题，同时为开通单位联系数据库使用培训。截至2011年底，已有695家学校和机构开通访问 Emerald 回溯库，累计全文下载量为913085篇；95家学校和机构开通访问 SAGE 回溯库，累计全文下载量为216878篇。

【扩大“三刊”国际交换力度】

2011年3月，国家图书馆深入调研本馆文献资源及现有交换单位的文献需求，提出加大“三刊”（《中国图书馆学报》、《国家图书馆学刊》、《文献》）交换力度的方案。4月予以实施，实现了“三刊”在港澳台地区的全覆盖；加大了“三刊”在新加坡、马来西亚等华语国家的交换范围，扩大了中国国家图书馆学术刊物在欧美等非中文国家的学术影响力。

【厉以宁“文津讲坛”新年首讲】

1月1日，国家图书馆“文津讲坛”新年首场讲座在国家图书馆古籍馆临琼楼举行。著名经济学家厉以宁受邀作为主讲嘉宾，作了题为《当前经济形势分析》的演讲。国家图书馆馆长周和平主持讲座并向厉以宁先生颁发了“文津讲坛”特聘教授证书。厉以宁从调结构、保民生，治理通货膨胀，城镇化和城乡一体化，中国经济发展的动力4个方面，分析了2011年我国面临的经济形势，解读了“十二五”规划的主要内容，并就一些热点经济问题给出了自己的对策、建议。400余名听众参加了该讲座。

厉以宁新年首讲“文津讲坛”

【“中华寻根网”正式开通】

3 月 5 日，“中华寻根网”开通仪式在国家图书馆举行。澳门特别行政区行政长官崔世安，中央人民政府驻澳门特别行政区联络办公室副主任、全国政协常委徐泽，全国政协常委廖泽云，国家图书馆馆长周和平，国家图书馆党委书记、常务副馆长詹福瑞，文化部港澳台办公室副主任项晓炜，澳门基金会主席吴志良，近 40 位澳门籍的全国人大代表、全国政协委员以及陪同崔世安来访的澳门特别行政区官员出席了开通仪式。参加仪式的还有来自图书馆、博物馆、高校、科研

“中华寻根网”正式开通仪式

院所的专家学者。开通仪式由国家图书馆副馆长张志清主持。仪式上，詹福瑞、吴志良分别致辞。崔世安与周和平共同开通了“中华寻根网”网站。

“中华寻根网”作为一个跨地域、跨国界、世界性的网站，以传扬中华谱牒文化为重要目的，利用现代科技手段，在网络上实现寻根问祖、寻根百科、家谱编纂互动、家谱专题咨询、家谱在线查阅、家谱目录和全文检索等功能，建造全球华人寻根中心、家谱资料中心、家谱服务中心和家谱研究中心，并最终形成中华民族寻根问祖的总平台和第一门户。目前，“中华寻根网”建立了系统模型、数据模型和软件系统，拥有姓氏数据 500 条、家谱书目数据 30000 条、家谱全文影像 500 余种约 50 万页，与家谱相关的文献 6000 余种约 300 万页。

为推进中华谱牒文化的发展，继承、弘扬传统文化，促进中华民族的团结，2008 年 11 月，国家图书馆在第七次中文文献资源共建共享合作会议上提出了构建“中华寻根网”的设想。2010 年 10 月，“中华寻根网”开始线上测试。2010 年 11 月，在第八次中文文献资源共建共享合作会议上，“中华寻根网”项目进行了成果初步展示，获得与会各方的好评。“中华寻根网”是国家图书馆与澳门基金会开展的第一个文化合作项目。

【“册府琳琅·根脉相承——中华典籍与非物质文化遗产特展”举行】

6 月 8 日—19 日，为配合《中华人民共和国非物质文化遗产法》的颁布实施、迎接第六个“中国文化遗产日”的到来，由文化部主办、国家图书馆承办的“册府琳琅·根脉相承——中华典籍与非物质文化遗产特展”在国家图书馆古籍馆文津楼开幕。

文化部副部长王文章、国家图书馆馆长周和平出席了开幕式并致辞，国家级非物质文化遗产名录项目代表性传承人的代表在开幕仪式上发言，文献典籍专家、非物质文化遗产保护专家、部

王文章副部长与周和平馆长参观展览

“中华典籍与非物质文化遗产”座谈会

分非物质文化遗产名录项目代表性传承人以及主要新闻媒体应邀参加了开幕仪式。开幕式由文化部非物质文化遗产司司长马文辉主持。

这次展览共选取近200种善本典籍，涵盖国家非物质文化遗产名录10个门类的33个项目，其中60%以上的文献是首次面世。有距今1000多年的敦煌舞谱，世界最早的雕版印刷品——唐代咸通九年的《金刚经》，世界上第一部农业手工业生产的综合性著作《天工开物》，新近入选联合国《世界记忆名录》的《黄帝内经》和《本草纲目》，在世界上最早提出“十二平均律”的中国音乐巨著《乐律全书》，建筑学史上的名作《营造法式》和宋拓《绛帖》，清代升平署曲本等。诸多珍贵文献形成展览的主体。展览期间特别邀请了杨柳青木版年画、荣宝斋木版水印、扬州广陵书社雕版印刷、国家图书馆古籍修复等十余个门类的国家级和省级非物质文化遗产项目代表性传承人进行现场技艺演示。

展览期间还举办非物质文化遗产与文明传承专题讲座、沙龙和展演共7场，其中包括《临琼听琴——古琴名家名曲赏析会》、《活字印刷术的发明及西传》、《春色如许——昆曲的美丽与忧伤》、《图画怎么变成了文字——中国西南濒危文字文化解读》、《宫廷文房清供》和《黄帝内经讲读会》等。

【“大众篆刻——李岚清篆刻书法艺术展”举办】

7月5日，由国家图书馆主办，中国美术馆和高等教育出版社协办的“大众篆刻——李岚清篆刻书法艺术展”在国家图书馆古籍馆隆重开幕。李岚清同志作了题为“李岚清篆刻书法艺术”的专题讲座。教育部党组成员、副部长杜占元，科技部党组成员、中央纪委驻科技部纪检组组长郭向远，文化部党组成员、副部长王文章，商务部原副部长廖晓淇，国家图书馆馆长周和平，著名书法家、中国人民革命军事博物馆研究员李铎等同志出席了仪式。部分书画界艺术家、著名学者和社会公众近 200 人参加了活动。开幕式由国家图书馆副馆长张志清主持。

讲座结束后，李岚清同志将自己亲自篆刻的印章“好学为乐”和书法作品《不读书无所为》赠送国家图书馆。李岚清同志还向北京市东城区教师研究中心、西城区少年宫、海淀区教师进修学校赠送了其著作《大众篆刻》。最后，李岚清同志带领听众一同参观了展览，并作了精彩的讲解。

本次展览分为“情系神州”、“以印铭史”、“游心印海”、“印迹人生”、“文化拾贝”、“走出国门”等 6 个部分。展览展出了李岚清同志 150 余件篆刻和 26 件书法、素描作品，以印、诗、书、画、图片、文字结合的丰富形式，展示了李岚清同志在篆刻、书法艺术上的深厚造诣和丰厚成果。本次展览展至 8 月 5 日，面向社会公众免费开放。在此期间，新加坡、印度尼西亚、韩国、英国、德国等国驻华大使参观了展览。

【“国家图书馆善本特藏展”在香港开幕】

12 月 8 日下午，“国家图书馆善本特藏展”开幕式于香港中央图书馆举行，国家图书馆馆长周和平、中央人民政府驻香港特别行政区联络办公室副主任李刚、香港特别行政区民政事务局局长曾德成、公共图书馆咨询委员会主席梁智仁、康乐文化事务署署长冯程淑仪等出席开幕式并剪彩，中联办宣传文体部副部长刘汉祺、国家图书馆古籍馆副馆长陈红彦及多位香港文化及教育界人士也莅临开幕式。

本次特藏展由香港康乐及文化事务署与国家图书馆合办、香港公共图书馆筹划，是庆祝中央

周和平馆长在开幕式上致辞

周和平馆长向香港中央图书馆赠送复制品

图书馆启用10周年的亮点活动之一。展览汇集国家图书馆42件珍贵藏品，分为“善本古籍”、“敦煌遗珍”、“古代舆图”、“金石拓片”及“中国少数民族文献”五大类，其中包含12种善本原件。国家图书馆特别为本次展览复制了15件精品，在开幕式上由周和平馆长赠送给香港中央图书馆。

展览以珍品实物配合展板介绍为主，并设有互动触屏的多媒体显示屏幕，介绍国家图书馆各项善本特藏的数字资源，同时中央图书馆邀请周和平和陈红彦作为主讲人进行两场讲座，主题分别为“保护古籍，传承文明——中华典籍的保护与中华古籍保护计划的实施”及“文明的守望——国家图书馆的古籍特藏以及展品背后的故事”。讲座反响热烈，获得了香港市民的广泛好评。展览于2011年12月9日至2012年1月15日在香港中央图书馆地下展览馆免费向大众开放。

【2011年全国公共图书馆技术部主任会议召开】

4月19日至21日，由全国图书馆文献缩微复制中心主办的“2011年全国公共图书馆技术部主任会议”在河南南阳市召开。来自全国20多个省、市、自治区公共图书馆文献缩微工作的主管馆长和相关负责同志参加了会议。会议以“缩微工作管理与服务机制创新”为主题，就“文献缩微工作要与时俱进，不断地引入数字化管理的要素，以技术创新为主导，以服务创新与管理创新作为两翼，建立强有力的缩微事业支持体系”等达成共识。此外，会议还总结了各成员馆2010年度缩微工作情况，部署了2011年度工作重点及计划，并对2009—2010年度的先进单位、优秀管理者和先进个人进行了表彰。

2011 年全国公共图书馆技术部主任会议

【举办 2011 年全国公共图书馆文献缩微技术培训班】

11 月 26 日，由全国图书馆文献缩微复制中心主办，广西壮族自治区图书馆承办的 2011 年全国公共图书馆文献缩微技术培训班在广西壮族自治区图书馆举办。来自全国 16 个省、市、自治区图书馆的 41 名学员参加了此次培训。本次培训班本着顺应文献影像技术发展潮流的宗旨，结合未来几年内众多成员馆面临新馆建设搬迁的实际情况，为学员设置了三项课程，分别是“关于缩微文献数字化工作流程”、“M2 拍摄机在搬迁过程中的拆装”、“关于在缩微拍摄整理过程中对文献的保护和修复”。

2011 年全国公共图书馆缩微技术培训班

【全国图书馆文献缩微复制中心在成员馆推出到馆培训新举措】

为了加强各成员馆缩微技术力量，培养缩微技术人员，提高缩微拍摄技术水平，缩微中心自2011年9月起，面向各成员馆推出“选派人员到中心实习”的培训方式，鼓励各成员馆每年推荐1—2名业务骨干对中心就缩微拍摄、缩微拷贝、缩微冲洗、缩微设备维护、数字化扫描、数据编目、缩微库房管理与保护等内容进行系统学习。截至2011年底，缩微中心共接待了河南省、山西省、安徽省、吉林省四家省级公共图书馆7位同志实习。此项举措，培训更具有针对性，内容更丰富，是缩微中心创新工作机制的新尝试，也为各成员馆提供了良好的交流平台。

【“缩微文献长期保存保护研究”立项】

6月，由缩微文献部策划的“缩微文献长期保存保护研究”科研项目，首次获批文化部科技创新项目立项。该项目对于解决文献缩微技术发展中对缩微品本身的保存机理和环境影响、数字信息转模拟信息的应用标准，以及发挥全国图书馆文献缩微工作中心在全国缩微工作中的引领作用具有积极的作用。

【缩微文献部开展定制服务】

2011年，缩微文献部推出了定制服务。该服务打破了以往单纯按照拍摄计划拍摄，缺少对用户的了解、对社会热点文献的关注和抢救的模式，通过以用户需求为出发点，调整文献提供政策，有针对性地进行文献缩微拍摄工作，使对外服务模式更加丰富，更加贴近用户，同时，也使对外服务拥有更加广阔的市场。

【2011年海峡两岸档案暨缩微学术交流会在北京召开】

7月22日至23日，由中国文献影像技术协会、中国档案学会、台湾中华档案暨资讯微缩管理学会共同主办的“海峡两岸档案暨缩微学术交流会”在北京中国科技会堂召开。开幕式于7月22日上午举行。国家图书馆副馆长、中国文献影像技术协会理事长魏大威，中国科协国际部、国台办交流局、国家档案局、中国档案学会有关领导，台湾中华档案暨资讯缩微管理学会理事长杨正宽、名誉理事长曹尔忠等出席开幕式并讲话。中国文影协、中国档案学会等近200名代表及28位台湾代表团成员参加了会议。

大会分为两部分。第一部分：隆重纪念两岸学术交流20周年。中国文影协李健秘书长等两岸三会的代表回顾了海峡两岸学术交流活动的历史、两岸学术交流活动对档案及文献影像技术发展所起到的推动作用和突出成就。第二部分：举办学术交流活动。会议期间共举行四次学术讨论会，两岸三会19位报告人围绕“档案与文献的保护与利用”展开学术研讨。

会议期间，中国文献影像技术协会、中国档案学会特别制作了纪念海峡两岸学术交流20周年图片展览。

2011 年海峡两岸档案暨缩微学术交流会

【全国文献影像技术标准化技术委员会发布五项国家标准】

2011 年，全国文献影像技术标准化技术委员会有五项国家标准被国家质量监督检验检疫总局批准、发布。这五项标准是：GB/T 6159.2-2011《缩微摄影技术词汇第 2 部分：影像的布局和记录方法》、GB/T 6159.5-2011《 缩微摄影技术词汇第 5 部分：影像的质量、可读性和检查》、GB/T 6159.7-2011《缩微摄影技术词汇第 7 部分：计算机缩微摄影技术》、GB/T 19110-2011《缩微摄影技术检查轮转式缩微摄影机系统性能用的测试标板》、GB/Z 26822-2011《文档管理电子信息存储真实性可靠性建议》。

截至 2011 年，该技术委员会共有现行国家标准、国家标准指导性技术文件 70 项，其中 63 项是采用国际标准转化为国家标准的项目。还有 8 项国家标准制修订计划在实施中，计划 2012 年完成，这 8 项国家标准计划是：《文档管理 便携式文档格式第一部分：PDF 1.7》、《文档管理电子内容 / 文档管理（CDM）数据互换格式》、《文件管理 130 mm 光盘存储信息的监测和验证》、《文件管理应用办公文件彩色扫描的质量控制》、《文件管理应用电子数据的存档计算机输出缩微品（COM）/ 计算机输出激光光盘（COLD）》、《文献成像应用对原件制作的建议》、《技术图样与技术文件的缩微摄影第 6 部分：35mm 缩微胶片放大系统的质量准则和控制》、《缩微摄影技术银—明胶型缩微品的冲洗与保存》。

【全国文献影像技术标准化技术委员会、中国文献影像技术协会 2011 年年会召开】

8 月 4 日至 6 日，全国文献影像技术标准化技术委员会、中国文献影像技术协会 2011 年年会在黑龙江省黑河市召开。全国文影标主任委员、中国文影协理事长魏大威同志出席会议并致开幕词。会议听取了魏大威主任委员所作的全国文影标 2011 年度工作报告。报告从四个方面总结全国文影标第五届委员会 2010 年组建以来所开展的工作，国家标准制修订工作中取得的成绩，提出了今后的工作任务。

在同日召开的中国文影协2011年年会上，魏大威理事长作了中国文影协2011年工作报告。报告从六个方面总结了协会各工作委员会2011年工作开展情况。李健秘书长作了“中国文献影像技术协会换届工作筹备方案”的汇报，张文增副秘书长提出了协会“关于调整分支机构的建议”。会议通过了“中国文献影像技术协会换届工作筹备方案”和“关于调整分支机构的建议”。

黑龙江省文化厅副厅长姜一海、黑龙江省图书馆馆长高文华出席了开幕式。中国文献影像技术协会计划于2012年进行第五次换届工作，本次年会后换届筹备工作正式启动。

全国文献影像技术标准化技术委员会、中国文献影像技术协会2011年年会

【全国文献影像技术标准化技术委员会、中国文献影像技术协会举办电子文档长期保存技术培训班】

10月25日至27日，由中国文献影像技术协会、全国文献影像技术标准化技术委员会主办、四川省文献影像技术协会协办的“电子文档长期保存技术培训班”在成都举办。培训主要

电子文档长期保存技术培训班开班

包括珍贵档案资料高质量采集设备发展现状及前沿应用；珍贵档案资料采集模式，关键技术要素，相关标准；电子文件（档案）长期安全保存有效载体技术标准等内容。会议还邀请中航工业成都飞机工业（集团）有限责任公司专家作了题为“基于数字档案资源整合的数模整合系统开发与应用”经验交流。中国文影协、全国文影标近 60 位专业技术人员参加了培训。

【“数字影像存档、数字仿真技术研讨班”在国家图书馆昌黎培训基地举行】

7 月 7 日至 10 日，中国文献影像技术协会学术工作委员会、全国文献影像技术标准化技术委员会主办的“数字影像存档、数字仿真技术研讨班”在国家图书馆昌黎培训基地举行。会议邀请了总后勤部档案馆耿志东副研究员主讲“数码照片档案的质量分析与评估”；中央档案馆曹群副研究员主讲“高精度档案仿真复制系统的建设”；国家档案局档案科学研究所黄静涛工程师主讲“档案仿真复制工作图像处理环节实用技术”等课程。全国档案馆、图书馆等 20 多家会员单位的 50 余位同志参加了研讨班。

数字影像存档、数字仿真技术培训班学员

【全国文影标参加 ISO/TC171 第 24 次年会】

5 月 23 日至 27 日，全国文献影像技术标准化技术委员会耿志东、邓昌军等三位代表参加了在美国犹他州盐湖城召开的 ISO/TC 171 第 24 次年会。大会由 ISO TC171 主办，美国标准协会（ANSI）承办。中国、美国、英国、法国、德国、日本、南非、韩国等 11 个国家的近 50 名专业工作者参加了本次年会。耿志东等三位委员参加了 ISO/TC 171 第二分委员会第一、第二工作组的会议；参加了对 ISO 3272-6、ISO 11962、ISO 12650、ISO 6148、ISO 9923、ISO 12656 等 6 项国际标准的复审，介绍了以上国际标准在我国的转化和使用情况；参加了对 ISO 10244、ISO/TR 10255、ISO 12029、ISO/TR 12033、ISO/DTR 14105、ISO 22938、ISO/TR 22957 国际标准和国际标准指导性技术文件的修订。第二分工作委员会还重点讨论、解决了 PDF 系列国际标准制定中的问题。会议期间耿志东等三位代表应邀访问了犹他大学图书馆（Marriott Library - University of Utah）和犹他州家谱图书馆。

【与江苏省武进农博园开展合作】

3 月 17 日，国家图书馆与武进农博园建设管理办公室为共同推进地方产业经济文化发展签署了双方合作框架协议。武进农博园位于江苏省常州市武进区嘉泽镇，是常州市武进区委、区政府为加快西太湖板块建设、发展休闲旅游产业而设立的重点园区，2011 年被江苏省政府办公厅命名为首批“江苏省现代农业产业园区”。2011 年 6 月利用企业信息服务平台搭建的“嘉泽园艺资讯平台”已投入试运行，同时，国家图书馆协助嘉泽镇政府“嘉泽花木行业图书馆”的建设工作，结合对农业科学院、服装图书馆等专业图书馆的调研情况，为嘉泽镇提出了《嘉泽花木行业图书馆建设的参考规划方案》。2011 年，国家图书馆与武进农博园进一步达成共识，将在产业资讯提供、园艺图书馆建设、园艺教育培训等多个环节与武进农博园开展全面深入的合作，开拓一条国家图书馆推进乡镇企业经济和地方文化发展的新型道路，使国家图书馆成为地方经济文化发展的最佳智库。

国家图书馆与江苏省武进农博园开展合作

【开通网银支付服务】

国家图书馆参考咨询部文献提供中心于 2010 年 7 月着手开发馆际互借与文献传递系统网银支付功能，并于 2010 年底正式部署开通，2011 年 1 月，第一笔用户网上支付正式入账代表一个便捷、清晰的网上支付平台开通。2011 年 4 月 12 日，网银功能系统在终验后正式交付使用。该系统联结了国内（云网）与国际（Paypal）两个支付平台，可实现实时查账、对账等功能，大大地简化了支付、到账确认与开发票的工作流程，便利了用户检索—申请—支付—获取，做到了即查即得，使文献提供的服务真正做到了“文献需求 足不出户”。

【发挥图书馆资源优势　推进东山文化名城建设】

6 月 13 日，由国家图书馆、福建省文化厅、漳州市人民政府、厦门大学国学院联合主办的海峡两岸黄道周学术研究会在东山召开。国家图书馆根据东山县提供的有关黄道周的书目，对馆藏进行了版本和内容比对，梳理出一份详尽的善本古籍文献清单，清晰明了地列出各种著述的不同版本，并精心遴选了馆藏黄道周著述，利用先进的还原工艺，将其《西曹秋思》、《博物典汇》和《三易洞玑》等著作制成装帧精美的书册，作为重新开放的纪念馆的珍贵展品。

汪东波馆长助理在海峡两岸黄道周学术研究会上致辞

【《公共图书馆服务规范》获得批准】

12 月 30 日，国家质量监督检验检疫总局、国家标准化管理委员会批准发布《公共图书馆服务规范》(GB/T28220-2011)，将于 2012 年 5 月 1 日起正式实施。该规范由文化部提出，全国图书馆标准化技术委员会归口管理，上海图书馆作为主要起草单位，联合浙江图书馆、长春市图书馆共同起草完成。该项目于 2007 年立项，2010 年 5 月由图标委秘书处组织审查后上报国家标准化管理委员会，2011 年 12 月通过国家标准化管理委员会审查。

该规范分为“范围”、“规范性引用文件”、“术语与定义”、“总则”、“服务资源”、“服务效能”、“服务宣传”与“服务监督与反馈”八个部分，比较全面地对图书馆服务进行了规范，并分级别、分层次设置了规范性指标。该规范适用于县（市）级以上公共图书馆，街道、乡镇级公共图书馆以及社区、乡村和社会力量办的各类公共图书馆基层服务点可参照执行。

《公共图书馆服务规范》的批准发布填补了当前我国图书馆标准规范体系中服务类标准规范成果的空白，为检验公共图书馆服务效能与管理提供了技术依据，必将在推动我国公共图书馆事业健康、有序发展，加快建设覆盖全社会的公共文化服务体系，有效保障社会公众的基本文化权益方面发挥积极作用。

【《全国图书馆标准化工作“十二五”规划纲要》编制完成并正式发布】

2011年，为进一步厘清图书馆标准化工作现状，明确图书馆标准化工作发展方向与重点，从而更有针对性地推动“十二五”时期图书馆标准化工作的开展，更好地发挥标准化工作在推动我国图书馆事业全面、协调、可持续发展中的重要作用，全国图书馆标准化技术委员会组织编制了《全国图书馆行业标准化工作“十二五”发展规划纲要》。

该纲要的编制工作由国家标准化管理委员会统一部署，全国图书馆标准化技术委员会秘书处牵头，国家图书馆研究院执笔，并广泛听取了全国图书馆标准化技术委员会委员和有关主管部门的意见和建议，历时近一年，大致经历了调研部署、起草论证和讨论完善3个阶段。

《全国图书馆标准化工作“十二五”规划纲要》参照《文化标准化中长期发展规划》以及《全国服务业标准2009—2013年发展规划》的体例，分为我国图书馆标准化工作现状、“十二五”时期图书馆标准化工作发展环境分析、指导思想和基本原则、主要目标和重点任务、保障措施等五部分内容，全文共计7100余字。该规划经全国图书馆标准化技术委员会2011年工作会议审议通过，现已正式发布。

【全国图书馆标准化技术委员会2011年工作会议在京召开】

为进一步贯彻国家标准化战略，提升我国图书馆事业标准化水平，以标准化工作促进图书馆事业科学健康发展，全国图书馆标准化技术委员会（以下简称“图标委”）2011年工作会议于2011年12月23日在国家图书馆召开。此次会议由图标委副主任委员陈力主持，国家标准化管理委员会服务业标准部副处长许建军、文化部科技司马鸣远、文化部社文司图书馆处处长陈胜利等

全国图书馆标准化技术委员会2011年工作会议

相关部门的负责同志先后致辞。主任委员詹福瑞在会上作了题为“把握机遇 谋划未来 积极推进图书馆标准化工作”的讲话，副主任委员陈传夫、王世伟、汪东波及20余名委员参加了本次会议。

本次会议审查通过了《全国图书馆标准化技术委员会2008—2011年工作报告》和《全国图书馆标准化工作“十二五”规划纲要》，及时总结了图标委工作成绩，确定了“十二五”期间图书馆事业标准化工作目标，明确了标准化重点工作领域和重点工作任务，听取了图标委委员及相关部门关于切实推动图书馆标准化工作、开创图标委工作新局面的意见和建议。

【儒学知识系列讲座开讲】

4月9日上午，由国家图书馆与国际儒学联合会联合主办的“儒学知识系列讲座”，在国家图书馆正式开讲。全国政协常委、中共中央文献研究室原主任、国际儒学联合会常务副会长滕文生，原轻工业部部长、国际儒联副会长杨波出席了活动。国家图书馆副馆长张志清发表致辞并向首讲嘉宾牟钟鉴教授颁发了“国图讲坛”特聘教授证书。“儒学知识系列讲座”部分主讲专家出席了活动，400余人现场聆听了首场讲座。讲座由国际儒学联合会会长助理曹凤泉主持。“儒学知识系列讲座”旨在传播儒学知识，弘扬中华民族传统文化精神，推动儒学的研究工作，使人们从这些历史文化财富中获得更多的精神给养，促进社会主义文化建设。

张志清副馆长致辞

【中国古今经典小说研究系列讲座开坛】

11月5日，由国家图书馆策划主办的“中国古今经典小说研究”系列讲座在国家图书馆总馆北区学津堂正式开坛。南开大学文学院院长陈洪教授担任了首讲嘉宾，并发表了题为“《西游记》中的佛与道”的演讲。国家图书馆副馆长陈力主持了开坛仪式。在讲座中，陈洪教授详细分析了中国传统文化中的三教合一思想在《西游记》的体现，尤其深入探讨了佛与道的冲突，让现场读者对《西游记》这部古代经典小说的思想内涵有了更加深入的了解。中国古今经典小说不仅可以作为我们了解古今社会文化的重要工具，同时本身具有巨大的艺术感染力及审美价值。“中国古今经典小说研究”系列讲座是国家图书馆2011年重点打造的一个公益性学术讲座系列，旨在邀请众多人文学者做客国图，深入探讨中国古今经典小说，帮助读者了解中国文学思潮的发展演变，汲取先人留给我们的智慧，从而继承发扬中国传统文化精髓。

南开大学陈洪教授首讲“中国古今经典小说研究”系列讲座

【“国图·东南讲坛”面向福建省领导干部举办“文化与国力国魂——解读十七届六中全会精神”专题】

12月5日，由国家图书馆与福建省图书馆联合主办的新一期“国图·东南讲坛”在福州隆重举办，福建省文化厅领导及直属文化事业单位员工600余人共同参加了本次讲座特别活动。著名文化学者陈漱渝作了题为《文化与国力国魂》的发言，这也是福建省文化系统学习十七届六中全会精神的重要活动。

【首都联合职工大学国家图书馆分校2011级新生入学和2009级学生毕业】

2月27日，首都联合职工大学国家图书馆分校举行“文物鉴定与修复（古籍鉴定与修复方向）”专业2011级新生开学典礼。2011级录取新生共13人，至此共有三届在校生80人。国家图书馆副馆长张志清、国家图书馆古籍馆副馆长陈红彦、国家图书馆社会教育部副主任仲岩、教师代表杜伟生等出席了开学典礼，张志清副馆长作重要讲话。学生在校学习期间要完成包括中国文化史、古籍版本鉴定、古籍修复、文物保护技术等十余门专业课程的学习，毕业后可获得成人大专学历。首都联合职工大学国家图书馆分校旨在培养与社会主义经济建设相适应，懂得古典文献学及古籍鉴定、修复的基本理论和方法，懂得行业的相关政策与法规，基本掌握一门外语，具有从事古籍鉴定与修复基本能力的专业技能型从业人员。

7 月，首都联合职工大学国家图书馆分校"文物鉴定与修复（古籍鉴定与修复方向）"专业 2009 级学生经过两年半的学习全部顺利毕业。这是此专业的首批毕业生，其中近半数学生离校后进入古籍修复与保护行业相关单位实习或工作。

【国家图书馆培训中心与国家古籍保护中心合作培养古籍保护人才】

2 月 28 日至 6 月 29 日，国家图书馆培训中心首次与国家古籍保护中心办公室合作，在国家图书馆举办全国古籍修复技术培训班与古籍普查培训班。培训班由国家古籍保护中心主办，国家图书馆培训中心进行教务管理，邀请了中华再造善本工程编纂出版委员会主任李致忠、国家图书馆古籍馆研究馆员杜伟生、天津图书馆历史文献部主任李国庆、故宫博物院书画修复专家徐建华等十余位行业专家给学员讲授古籍修复、古籍保护、古籍文献普查和编目等多项课程。共举办全国古籍修复技术培训提高班 2 期、古籍普查与《中华古籍总目分省卷》编纂研修班 3 期，参训学员 134 人。

【国家图书馆培训中心图书馆界业务培训班培训期数人次再创新高】

国家图书馆培训中心业界培训今年共举办各类业务培训 27 期，参训人数 1573 人。班次及人数上均为历史新高。其中各类基础业务培训班，如"文献分类与主题标引实例讲习"等培训班继续保持平稳发展；"中国图书馆分类法（第五版）"等新项目，在 2010 年的基础上继续保持良好的发展势头，全年共举办七期，其中在京举办二期，与外省市图书馆合作举办五期，共培训 655 人。2011 年 10 月举办的"移动数字图书馆技术应用与服务培训班"、"数字图书馆建设与服务培训班"均为创新主题，培训选题紧跟发展，授课教师队伍由来自国家图书馆数字图书馆项目组的骨干成员、清华大学技术部主任以及从事图书馆技术应用的专业公司的技术骨干组成。

【新疆生产建设兵团农十三师文化骨干和青年干部一行来访】

5 月 12 日下午，新疆生产建设兵团农十三师副师长景小勇同志率领部分文化骨干和青年干部培训班一行 20 余人到国家图书馆进行参观访问交流活动。双方首先就各自的工作生活等方面的情况进行了交流。随后，农十三师一行参观了国家图书馆二期新馆，认真听取了工作人员对国家图书馆读者服务和图书阅览情况的相关介绍。

【国家图书馆专题片制作项目继续推进】

国家图书馆专题片制作项目在 2010 年成果丰硕，得到了业内专家的肯定，其中《拓墨铭传》

新疆生产建设兵团农十三师文化骨干和青年干部一行来访

和《修书者说》由于制作精良被中国中央电视台选中，在两会期间播出。为了切实履行文化单位的社会责任，巩固已经取得的成绩，产生更大的社会影响力，国家图书馆多次召开专家策划会，2011 年最终确定了《艰难与辉煌》（上下集）、《周叔弢》两部专题片和一部纪录片《纸质古籍修复技艺》。为配合国家图书馆“4.23 世界读书日活动”和申报建设国家文献战略储备库项目，摄编组分别制作了《阅读点亮希望——2011 年世界读书日关注残疾人阅读公益宣传片》和宣传片《国家图书馆文献战略储备库》，得到了文化部领导的高度赞扬。

【专题片《西域遗珍》入选为“热爱伟大祖国，建设美好家园”主题教育活动宣传材料】

为配合 2010 年“新疆历史文献暨古籍保护成果展”宣传工作，国家图书馆影视中心制作了专题片《西域回响》（上下集），并于 2011 年在中央电视台科教频道和高清频道中播出。专题片播出后引起了较大的社会反响，受到了中央和部委领导的肯定。经周永康同志批示，该片被中宣部选中，由摄编组改编成一部 40 分钟版的专题片《西域遗珍》，作为中宣部等五部委联合举办的“热爱伟大祖国 建设美好家园”主题教育活动宣传材料，制作 1 万张光盘赠送新疆各基层单位宣传推广。

【“新春佳节展”在国家图书馆举办】

1 月 28 日至 2 月 18 日，国家图书馆在南区二层文津厅举办“新春佳节展”。展览以灯箱片形式展出共 30 块展板，以翔实的文字和生动的图片，详细介绍了春节的起源变迁，以及“祭灶君”、“大扫除”、“办年货”、“贴春联”、“年夜饭”、“压岁钱”、“放爆竹”、“看春晚”、“守岁”、“大拜年”、“逛庙会”、“破五”、“元宵节”等一系列“春节风情”。

新春佳节展

【“阅读之旅·山西古戏台摄影作品展”在国家图书馆举办】

4月20日至5月10日，由国家图书馆与山西省图书馆联合举办的“阅读之旅•山西古戏台摄影作品展”在国家图书馆南区二层文津厅举办。国家图书馆馆长周和平和山西省图书馆馆长李小强启动展览；国家图书馆党委书记、常务副馆长詹福瑞，山西省图书馆党委书记石焕发，中国阅读学研究会副会长王余光教授分别致辞；国家图书馆副馆长张志清主持仪式。此次展览共展出80幅摄影作品，以古戏台这一独到的视角，再现了山西戏剧、建筑和文化方面的丰厚历史。

周和平馆长启动“阅读之旅·山西古戏台摄影作品展”

【“《周韶华全集》捐赠仪式暨周韶华新作展”在国家图书馆举办】

4月26日至5月8日，由国家图书馆、中国美术家协会、中共湖北省委宣传部、湖北省文学艺术界联合会共同主办的《周韶华全集》捐赠仪式暨周韶华新作展在国家图书馆展览中心举办。4月26日当天，全国人大内务司法委员会副主任、宁夏回族自治区原党委书记陈建国，国家图书馆馆长周和平，故宫博物院院长郑欣淼，中国文联副主席冯远，中国文联副主席、中国美术家协会主席刘大为，中国作协副主席李存葆，新闻出版总署原副署长桂晓风，国家林业局原副局长赵学敏，中宣部文艺局副局长孟祥林，湖北省委宣传部副部长陈连生，湖北省文联主席刘永泽、国家

周和平馆长接受周韶华先生捐赠

图书馆馆长助理孙一钢等同志出席活动。参加仪式的还有来自美术、文学界的著名专家学者，来自部队的老领导、老将军，以及受赠图书馆代表。国家图书馆副馆长张志清主持捐赠仪式。仪式上，周韶华向国家图书馆、中国美术馆、首都图书馆、山东省图书馆、北京大学图书馆、清华大学图书馆、国防大学图书馆、解放军艺术学院图书馆、中央美术学院图书馆捐赠8卷本《周韶华全集》。当天下午，来自全国的著名美术家、理论家在国家图书馆召开了学术研讨会，对《周韶华全集》及周韶华绘画艺术进行了全方位的探讨。展览共展出画作64幅，展示了周韶华近年来的艺术成果。

【“红色记忆——延安儿女书画、摄影、集邮作品联展文献展”在国家图书馆举办】

8月20日至8月30日，“红色记忆——延安儿女书画、摄影、集邮作品联展文献展”在国家图书馆展览中心举办。展览展出了180余位延安儿女创作收集的书画、摄影、集邮作品400余件，呈现出一片爱党爱国的赤诚之心。

【“白山黑水铸忠魂——纪念九一八事变八十周年馆藏东北抗日联军珍贵文献暨冯仲云手稿展”在国家图书馆举办】

9 月 16 日至 30 日，“白山黑水铸忠魂——纪念九一八事变八十周年馆藏东北抗日联军珍贵文献暨冯仲云手稿展”在国家图书馆古籍馆文津楼举办。9 月 16 日当天，全国政协原副主席钱正英，文化部党组成员、副部长杨志今，国家图书馆馆长周和平，抗联老战士、全国人大常委会管理局原副局长李在德，抗联老战士、黑龙江省政协原副主席李敏，文化部机关党委副书记兼纪委书记张申康，文化部社会文化司副司长李宏，冯仲云同志子女代表冯忆罗、冯丽雯、冯松光、冯丹云，以及革命后代和亲属、党史专家出席仪式。展览以冯仲云所著的《东北抗日联军十四年苦

“白山黑水铸忠魂——纪念九一八事变八十周年馆藏东北抗日联军珍贵文献暨冯仲云手稿展”开幕式

斗简史》为线索，共分为“东北硝烟”、“联军抗日”、“雪冷血热”、“光复东北”4 个部分，讲述东北抗日联军艰苦卓绝的抗战历程，同时特辟专区，展现了冯仲云同志忠诚祖国、忠诚党的事业的传奇人生。展览共展出手稿、书刊、报纸、照片、回忆录、家书、满铁资料、舆图等珍贵历史文献近 200 种，东北抗联的相关研究文章近 500 篇。除文献以外，还展出了东北抗联相关文物 10 余件。展览采用“声光电”结合的现代化表现手段，通过电子触摸屏深度揭示了抗联烈士名录及小传、抗联英烈相关影视作品如《忠诚》、《赵一曼》、《杠与星的记忆》等 14 部，以及数百首抗联歌曲。

【“艺术与文明的对话——中法文化交流展”在国家图书馆举办】

9月20日至22日，“艺术与文明的对话——中法文化交流展”在国家图书馆展览中心举办。展览展出了中外艺术家创作的百余幅作品，法国著名艺术家米歇尔·金以“中国印象”主题创作的艺术珍品被特邀展出。

【“《祖国颂》——‘金秋影友’摄影作品联展”在国家图书馆举办】

10月12日至20日，由国家图书馆、中国摄影家协会和《中国政协》杂志社联合主办的“《祖国颂》——‘金秋影友’摄影作品联展”在国家图书馆展览中心举办。联展围绕庆祝建党90周年的主题，由“鲜红的党旗”、“辉煌的成就”和“壮美的河山”3个部分组成，共展出了68位作者创作的230余幅作品。

【“2011年文化部艾滋病防治知识图片展”在国家图书馆举办】

11月30日至12月13日，由文化部办公厅、国家图书馆、中国动漫集团有限公司共同承办的文化部2011年艾滋病防治知识图片展在国家图书馆总馆北区大厅展出。展览通过展板、动画展示、册页光盘发放等方式，向读者宣传预防艾滋病的相关知识，唤起社会对艾滋病患者的关爱。

【“汉字：文化津梁　中国奇迹”展览相继在5家图书馆巡展】

2011年，国家图书馆社会教育部继续推广自办展览在全国各公共图书馆及相关机构的巡展。2011年3月28日起，由国家图书馆主办的“汉字：文化津梁　中国奇迹”展览相继在温州市图书馆、河北北方学院图书馆、佛山市图书馆、珠海市图书馆、北京师范大学珠海分校图书馆展出。巡展合作范围扩大，合作单位由公共图书馆扩展到高校图书馆等文化机构。

【“让经典伴随我们成长——穿越儿童文学的浪漫密林”展览在2家图书馆巡展】

6月1日至30日，由国家图书馆“让经典伴随我们成长——穿越儿童文学的浪漫密林”展览在山西省图书馆巡展。2011年10月25日至12月15日，“让经典伴随我们成长——穿越儿童文学的浪漫密林”展览在东莞市图书馆巡展。巡展受到当地读者的欢迎。

国家数字图书馆建设

- 国家数字图书馆工程进展
- 基础设施建设
- 标准规范建设
- 服务应用系统建设
- 数字资源建设和发布
- 宣传外联与科学研究

国家数字图书馆建设

2011 年国家图书馆重点加强国家数字图书馆工程建设力度，设立国家数字图书馆工程建设领导小组，整体负责国家数字图书馆工程建设，督办项目进度，合理划分职能分工，完善工作流程，提高了工程执行效率。

一、国家数字图书馆工程进展

截至 2011 年底，国家数字图书馆工程召开 5 个项目专家论证会，完成 9 个项目的软件开发工作，完成 10 个项目的招标工作，完成 19 个项目的验收工作，落实 8 家承建商驻场开展工作。开始为国家数字图书馆工程初步设计规划的文献数字化加工中心、数字资源加工中心、数字资源存储管理中心、网络管理中心、数字资源服务中心、系统开发维护中心、数字图书馆发展研究中心、展示与培训中心这 8 个中心建设进行配套准备工作。国家数字图书馆工程立项中总计 56 个项目中已经交付应用项目达到 76%。

2011 年国家图书馆通过各种手段加强工程管理，2011 年度完成国家数字图书馆工程文档报批 53 件，召开国家数字图书馆工程例会 8 次，各项目进展顺利。重新制定了《国家数字图书馆工程采购产品项目实施管理工作流程》、《数图工程定制开发软件项目实施管理工作流程》、《国家数字图书馆工程集成类项目实施管理工作流程》，确保工程有序开展。在新的管理流程下调整了项目技术联络人和审核人，完成了在建项目子项目组成员的情况重新登记工作，制定数图工程项目周报格式，按时检查工程监理与总集成商的工作周报和阅读报告。

研究探索科学管理方法，引进项目管理软件。本年度为了解决多个部门共同参与工程管理而产生的各种问题，国家图书馆引进了 HP 公司项目管理软件用于国家数字图书馆工程的项目管理工作。项目管理软件的应用提高了工程建设中各个环节的报批流程与馆方各部门之间的滞留时间，加速了项目进展。通过项目管理软件，项目进度得到了实时管理。自 2009 年 9 月至 2011 年 9 月底共执行合同 87 份，采购产品类项目 43 个，定制软件开发类项目 19 个，集成类项目 11 个，标准规范项目 14 个。

二、基础设施建设

（一）RFID 扩展

2011 年度购买图书标签、光盘标签共计 80 万枚，增加馆员工作站 6 套，2011 年完成图书标签粘贴转换工作 25 万册。

自2008年RFID技术在国家图书馆中文图书阅览区和中文图书外借室得到应用之后，其简化读者借阅流程、强化室藏文献管理、方便读者查询的优势得到很好的体现，RFID技术对图书馆业务管理工作的改善作用获得全面认可。

国家图书馆通过RFID技术实现了高效的资源管理，但是每年不断增长的资源数量和读者更多的功能要求还是推动进一步扩展RFID的应用。通过对软件的调整与硬件的补充，国家图书馆主要开架阅览室都已纳入到RFID系统中，能够实现统计读者图书利用率，并据此调整室藏结构，修订文献订购原则，对馆藏资源进行智能化管理。通过手持RFID阅读器等设备的使用，改善现有业务流程，提高架位导航的准确率，同时减小对ALEPH系统的压力，提高了工作效率。RFID管理功能更为完善，多阅览区提供统一的数据上传、下载以及统计平台。在现有图书分类指引的基础上，扩大了智能书架位导航的范围，能够为读者提供更人性化、更便捷的指引服务。

（二）UPS扩容项目

国家数字图书馆工程不间断电源系统原有设计中设计了提供机房支持750kVA不间断供电能力的设计指标，随着国家数字图书馆工程的建设，连接到系统的负载随着应用的增多不断上升，2011年以前建设工作中所安装电池容量已经无法满足后备2小时运行的指标，国家图书馆在2011年对UPS电池部分进行了扩容，增加电池数量1032块。经过扩容之后，后备电池容量达到7600ah，能够支持机房设备在750kVA满负载情况下运行2小时，完全解决了供电系统维护所带来的供电中断问题。

项目实施方案中国家图书馆特别重视环境保护工作，针对淘汰的废旧电池的环保处理明确了严格的要求，并且严格要求承建商按照项目相关文档的规范进行施工。

（三）时间服务项目

为了确保国家数字图书馆各应用系统数据交互时的完整性和一致性，国家数字图书馆工程新增时间服务项目。时间服务主要用于各服务器时钟与网络设备的授时，也可为各种控制设备提供标准的时间来源。目前系统同时支持GPS授时和北斗卫星授时，授时精度小于1毫秒，铷原子钟守时，精度达1E-12以上，能够保证国家图书馆关键应用的时间准确性。

（四）国家图书馆异地灾备系统

为了保证国家数字图书馆的网络安全、数据安全、系统安全，有必要对存储、数据恢复、关键应用系统恢复进一步加强。在不影响生产系统正常运行的前提下，灾备系统可以实现生产系统数据快速和准确复制到灾备系统的功能，满足生产系统发生故障或灾难后生产系统到灾备系统转换的要求；在生产系统恢复后，实现灾备系统数据快速和准确地恢复到生产系统的功能，满足灾备系统到生产系统转换的要求，保证国家数字图书馆应用的连续有效运行。

项目的建设目标是通过建立国家数字图书馆的异地灾备系统，提高国图核心业务系统的风险抵御能力，避免或减少灾难打击和重大事故对国家图书馆及国家数字图书馆核心业务系统和重要系统造成的损失，确保核心业务系统的数据安全和作业持续性，避免引起重要服务功能和渠道的严重中断，保障业务的持续稳定运行。

异地灾备系统在国内图书馆界属首例，缺乏行业内部的标准和相关参考，从机房选址到网络带宽和灾备级别的确定，结合图书馆的实际应用情况，考虑投资成本和灾难恢复资源的平衡，该项目最终确认了同城数据级灾备的技术路线。

2011 年度国家图书馆针对灾备建设需求和涉及技术问题开展广泛调研工作，并对调研结果进行详细汇总和统计。对国家图书馆现有软硬件基础设施、数据存储及未来增长情况进行统计和预估，形成统计报表和文档；与灾备方案提供商进行交流，了解主流灾备方案的实现方式、设备和优缺点等；对北京周边近 18 家商业数据中心、合作单位等的机房环境、硬件设施、网络现状和技术力量进行了实地考察。计划按数据的盘阵、带库、本地硬盘光盘存储方式分类，不同的分类用不同的灾备方式。

（五）数字资源组织系统

数字资源组织系统是国家数字图书馆建设项目的重要组成部分，数字资源生产获得的初步产品都要经过数字资源组织系统的处理实现数字资源有序化、标准化。系统将接收源于文献数字化系统及其他外部环境下产生的元数据和对象数据，这些数据经检验后引入，经过系统处理、集成、管理后，形成规范的、有序的数字资源库，从而实现对数字资源的有效组织与管理，为发布系统提供数据组织的功能，为长期保存系统提供资源组织与封装。

该项目完成后，可以实现对国家图书馆数字资源集中统一加工和管理，为数字资源的质量控制提供保障。系统 2011 年完成了需求制定工作。

（六）资源集中保存与管理系统运行平台

2011 年底资源集中保存与管理系统运行平台部分软硬件已经投入运行，包含存储设备部分，服务器设备部分和监控软件部分。

国家数字图书馆数字资源集中保存与管理系统运行平台是数字资源按国家图书馆制定的数据标准进行加工、组织、存储的运行环境，这个运行环境的原则是以应用服务为核心，保证数字资源集中保存与管理的应用软件稳定、高效的运行。

面对应用软件的数据处理能够提供高速无单节点的运算平台，面对应用系统的数据库要提供大容量、大吞吐量、易扩展、具有数据安全保障的存储环境，面对应用软件的运行管理要提供对服务器、存储、数据库、应用服务器及应用软件的监控和管理。

国家数字图书馆核心业务系统数字资源集中保存与管理系统包括定制开发的应用软件和服务器及存储构成的系统运行平台。它分为应用软件开发和系统平台建设。

（七）文献数字化

文献数字化加工中心项目分为两方面——纸质文献数字化和图音视文献数字化。

2011 年纸质文献数字化软件开发完成，文献加工场地调研工作正在开展。

文献数字化加工中心包括文献数字化处理及管理软件、采集设备、输出设备、系统运行平台及基础设施和配套设备。本项目的工程范围和边界是指文献数字化加工中心的应用软件开发，各类专业扫描仪、缩微数字化处理设备及它们之间的集成。

文献数字化加工中心应用软件功能上主要包括3个方面。一是对各类文献数字化生产和标引生产过程中各道工序的处理提供软件工具级支持，以提高各道工序（操作员处理或程序自动完成）的完成质量和生产效率；二是对文献数字化处理任务进行流程化管理，通过对任务的分派和跟踪管理，提高文献数字化处理的整体质量和工作效率；三是提供系统级支撑和管理功能，包括用户及权限管理、生产工序配置管理、全局数据管理、生产情况统计、数字成品管理（包括介质管理）和移交管理。

文献数字化加工中心应用软件提供对数字化生产过程中物流数据、生产管理数据、数字化元数据和对象数据、历史数据的有效管理，这是提高各处理环节生产效率的基础。

（八）无线网接入项目

针对无线网提供读者服务后，用户访问量日益增加，尤其是2011年实行免费上网政策之后，读者反映无线网连接困难，为了能够更好地满足读者需要，工程立即针对网络质量下降的问题进行了硬件扩容与软件优化。首先增加管理服务器用户授权数量，达到55000并发，比原来增加了将近两倍；其次扩充网络出口带宽，目前无线网出口带宽达到了40兆，比照扩容之前增加了近3倍，已经能够满足每日到馆读者的无线网络应用。

（九）测试中心建设

国家数字图书馆工程初步设计中明确国家数字图书馆系统开发维护中心承担开发应用软件和整体系统的应用软件的维护和部分技术研发工作，是数字图书馆系统与其他工作的基础和保障。由于该中心主要是进行数字图书馆系统软件的维护与开发工作、数字图书馆技术研究工作、数字图书馆系统应用软件的测试工作，所以主要的工作人员是利用计算机作为工具，通过建立的仿真与测试环境工作，并在此基础上进行相应合作研究分析，在研究与分析的基础上，组织制定相应的应用软件的功能、接口定义、与同行合作开发等。

系统测试是国家数字图书馆建设中必需的能力，通过完善的测试工作，能够扩展国家数字图书馆应用软件推广应用的范围，使工程建设成果更好地转化为应用。

根据《国家图书馆软件测试中心规划方案》，国家图书馆多次派人到中国软件评测中心进行调研考察，针对中心建设范围、业务需求及实施方案等进行沟通和讨论。同时，对实验室认可准则和实验室资质认证相关方面进行学习研究，根据《规划方案》和实验室建设标准已初步确定了软硬件建设方案。

三、标准规范建设

本年度重点加强标准规范建设，积极推广成果的应用。

截至 2011 年 11 月底，组织并参与标准规范项目的沟通及协调会共 12 场，组织并参与标准规范项目验收会共 11 场；完成 9 个项目结项，11 个项目业界专家验收，11 个项目网上公开质询，5 个项目馆内专家验收工作，4 个项目子项目组验收；完成本年度结项的 9 个标准规范项目成果的档案建设工作。

推进第二批标准规范成果的出版工作，总计 23 个标准规范子项目中已经出版的占 48%。截至 11 月 30 日，已出版《国家图书馆元数据应用总则规范汇编》，另有“图像数据加工标准与工作规范”、“音频数据加工标准与工作规范”、“视频数据加工标准与工作规范”正在进行出版工作。已经出版的标准规范成果都已下发各省图书馆使用，取得良好的社会效益。完成第三批拟出版标准规范项目成果书稿的准备工作。

业务管理处与研究院互相配合，积极促成国家图书馆 17 个标准规范项目成果申报文化部行业标准。

四、服务应用系统建设

（一）办公自动化系统

办公自动化系统 2011 年正式上线，注册用户 1500 余人。新的办公自动化软件包括信息管理、工作流管理、公文管理、综合事务平台、通讯沟通平台、个人办公、系统管理，并支持运营功能，可以通过系统自身的各种自定义功能对系统进行调整，使系统在没有任何代码工作的情况下根据国家图书馆的个性化需求作出调整。

办公自动化系统主要任务是建立馆内通信联络、公文发布、计划管理、流程管理等，应用于国家图书馆的各办公管理环节。办公自动化系统旨在利用现有通讯方式和技术手段，加强信息的流转，加强知识管理，帮助工作人员（管理层、业务人员、行政人员等所有员工）有效获取有用的信息资源，提高工作效率，达到提高整体办公效率的目的，并将相关信息迅速、准确地送到主管部门和各级领导的桌面。

（二）网站管理系统

国家图书馆网站管理系统的引入，是为了实现国家图书馆网站的高效管理，避免网站开发者或内容发布者有可能造成的疏忽错误，增强网站管理体系，建立网站“制作—管理—发布”工作流。需要实现增强网站管理机制，使网站工作规范化、流程化、信息化和智能化，服务多样化，以提高工作效率和网站利用率。优化网站制作办法，促使网站的制作流程能够走在业内前沿，编辑人员、美工人员、技术人员的工作分工清晰，并能在系统平台中协调配合。

新的内容管理平台既能实现国家图书馆网站内容的日常发布，又应对数字电视服务和手机服务的实现提供技术对接。能够完成数据在网站、手机、电视三大媒体同时发布的功能，实现三网融合。同时遵循 WCAG2.0 标准，实现了网站无障碍化。

（三）文津搜索系统

国家数字图书馆文津搜索系统的建设目标是：整合国家数字图书馆自建或其他方式获取的数字资源，建立和维护高性能分布式索引，并结合基于互连网的信息收集和数据分析挖掘技术，向用户提供一个统一的实时高效、精准权威的数字图书馆数字资源元数据搜索服务平台。

2011年集群系统采购完成，目前正在根据硬件需求进行机房配套的强弱电改造工作。

结合文津搜索项目对于元数据整理的需求，国家图书馆对资源数据整理工作的范围、操作方法进行了明确。开始制作样例数据进行初步的测试工作。

数据搜集工作，现已为文津搜索项目收集书目数据8177576条。已收集外购数字资源11931936条（其中外文数据900多万条，中文数据200多万条）。自建特色资源数据收集到718169种，目次57297723条。与外购数据厂商进行沟通与协商，收集两个厂商的数据已将近1亿条。

（四）读者自助问询系统

随着中国国家数字图书馆工程建设的不断发展，越来越多的读者通过互联网使用我馆的数字资源及各项服务。因此如何辅导读者高效使用我馆的各项资源成为必须解决的重要问题之一。

建立读者问询管理系统，整合现有我馆主页上的各项读者帮助，进行统一管理。读者问询管理系统包括读者指南管理模块和常见问题（FAQ）管理模块两大部分组成。

读者指南管理模块将我馆各项服务指南文字进行编辑和管理，并利用新的触摸屏展示形式，为读者提供方便快捷的自助式问询服务，达到宣传我馆各项服务以及对读者进行馆前辅导的目的。通过交互触摸屏来形象、直观地向读者介绍国图各种服务，提供有效的帮助资讯以及国图实时新闻等；实用的地图向导让读者了解国图各服务点的分布情况，能快速找到其位置；读者指南以3D图片（视频）墙的形式展现，配以目录树形的清晰结构，给读者以培训讲解。并辅以数字资源服务、文化教育、特色服务、其他服务推荐等内容，使咨询触屏美观大方、内容丰富、实用且易用。读者指南管理模块可以随时提供大量实时的国图服务信息给广大读者。用触摸屏式终端取代键盘及鼠标等输入装置，直接以触碰方式输入指令到透明面板，读者通过轻触液晶显示屏，可实现本系统资源的查询、浏览、阅读功能等。

（五）版权管理系统

2011年，版权管理系统的主体开发工作完成。版权信息管理系统是建设国家图书馆的版权信息库，实现版权基础信息、授权信息、版权合同信息的登记、管理，对外提供版权相关信息的查询、检索和统计服务。建立和维护数字资源和纸质文献资源的版权记录，并根据不同资源类型，通过唯一标识符或MARC字段将版权记录与摘要、目次、书目、数字对象实体等内容进行连接，既能表明各种资源的版权关系，又能建立版权与对象实体的授权关系。所建系统能向国家数字图书馆分馆或联盟馆进行推广部署，同时能实现主馆与分馆之间的版权信息库资源共享。结合数字图书馆推广工程的实施，版权管理系统功能增加了推广工程对版权管理系统的复用要求。

（六）唯一标识符系统

唯一标识符是实现因特网上应用系统互操作的关键技术之一，通过对数字资源的唯一标识，可以有效地管理、利用和整合以互联网为应用背景的海量分布式数字资源，为全国各图书馆之间的互联、互通、互操作提供强有力的支撑。

数字资源的唯一标识符是实现目前因特网上应用系统互操作的关键之一，在数字图书馆发展初期，各个系统根据自己的资源组织方式、技术方法、系统能力和管理模式，各自决定自己系统的数字资源标识方式和相应的读取方式，这种方式限制了系统间的互操作。随着互联网的普及，人们更多地利用 URL 来标识和读取网络资源，在一定程度上解决了跨系统读取的问题，但由于 URL 直接与数字资源当前物理位置相关，难以解决数字资源移动、版本控制等方面的问题。因此数字图书馆和网络技术界提出数字资源唯一标识符技术，通过永久性的逻辑标识符来唯一地标识网络上的每个数字资源，从而使数字资源的标识独立于物理位置、应用系统和存取协议，有效链接数字资源的多个版本，并在唯一标识符的基础上实现跨系统的指向、链接和读取，从而支持多个数字图书馆系统对分布数字资源的调用和集成操作。

唯一标识符用于在网络上唯一标识和定位一个数字对象。在国家数字图书馆工程中，唯一标识符系统本身是一个能独立提供唯一标识符注册和解析等服务的系统，在核心业务系统的建设和运行中发挥着重要作用。通过唯一标识符系统，可以实现数字对象在核心业务系统的各子系统中的统一标识和引用，方便元数据与对象数据之间的挂接；通过唯一标识符系统，还可以在各种检索应用子系统中，直接通过唯一标识符解析到数字对象的 URL，从而方便实现数字对象的展示。

（七）数字图书馆推广展示项目

为了更好地展示国家数字图书馆工程的建设成果，并在公众中普及和推广数字图书馆，国家图书馆将“数字图书馆推广展示项目”列为国家数字图书馆工程的一个重点项目，2011 年初国家图书馆结合“解放思想、开拓创新”活动撰写了《数字图书馆体验区（数字图书馆推广展示）立项方案》。

根据《国家数字图书馆展示厅观展大纲》，国家图书馆将项目组分成 7 个小组，分别对应体验区的七部分内容展开工作。每个小组均对各自负责部分进行设计，提出了许多新想法和新思路，也给水晶石公司提供了许多文字性材料和素材。目前国家数字图书馆体验区的建设正在进行中。

（八）资源发布与服务系统

数字资源发布与服务系统是国家图书馆数图工程重要的核心系统，该系统肩负着国家数字图书馆揭示资源、服务读者的重要任务，是国家图书馆对外服务的门户和窗口。发布与服务系统是以专题库的形式来对外提供数字资源服务的，专题库是指按资源的分类、子分类（如硕博论文、民国期刊等）或特殊分类（如文津图书奖）的形式从数字资源组织系统过来的各分类数字资源库。根据国家数字图书馆工程总体架构，组织好的数字资源需要通过数字资源发布服务系统（以下简称发布与服务系统）发布成各类数字资源专题库，为读者提供基于专题的资源访问服务。

项目的目标，是建立国家数字图书馆资源发布与服务系统，实现对专题库的定义、创建和管理等，对来自数字资源组织系统的数据进行转换、整合处理、入库以实现数字资源发布的功能；面向各类读者为各种专题数字资源提供检索、展现（权限控制机制下的）以实现数字资源服务的功能；建立读者个人门户，为读者访问各应用系统提供统一的入口，并提供面向读者的个性化服务和服务定制等功能。

（九）统一用户管理系统

在2011年以前，国家图书馆尚没有建立真正意义上的统一用户管理系统，基本上所有应用系统都建立有自己的用户管理模块，使用自己的用户库信息。这种状况，一方面给维护和管理读者信息带来了很大不便，因为读者在多个系统中具有多套账号，所以用户信息不能进行统一管理；另一方面给读者使用带来了很大的不便，一个读者要记住多个系统的账户和密码，在不同的应用系统间切换时要多次登录；此外，由于缺乏统一的安全认证机制，在用户信息管理和认证方面存在安全隐患。

国家图书馆此前在统一用户管理方面也开展过一些工作，通过读者管理系统向读者提供统一的资源登录入口，积累了一定的经验。通过建立国家数字图书馆统一用户管理体系，可以借助各地图书馆的力量，建成全国性的数字图书馆实名用户库，这些实名用户可以跨馆访问各地图书馆允许实名用户访问的资源服务应用，达到充分利用数字图书馆建设成果、充分服务读者的目的。

项目的目标，一是建立国家图书馆统一用户管理系统，对国家图书馆读者信息进行统一管理，提供面向应用系统的用户统一认证和单点登录机制，提供应用系统访问许可控制功能，实现国图VPN与统一认证机制的集成。在国家图书馆统一用户管理系统的基础上，根据需要对部分应用系统进行改造，将这些应用系统纳入到统一用户管理和统一认证机制中来；还要配合新建应用项目增加与国家图书馆统一用户管理系统完成统一认证和单点登录的功能。该系统应能够在各级省市县的数字图书馆部署使用。

五、数字资源建设和发布

（一）数字资源建设

截至2011年底，国家图书馆数字资源总量已达561.3TB，主要来源为电子报纸呈缴4.3TB、外购数据库71TB、馆藏特色资源数字化458TB、征集数字资源8.8TB，网络导航和网络资源采集19.2TB5个部分（不含接受缴送的光盘），其内容单元主要包括：电子图书142.7万种/185.3万册，电子期刊约5.3万种，电子报纸约0.4万种，学位论文约353.7万篇，会议论文约308.1万篇，音频资料约101.6万首，视频资料约8.9万小时（讲座按每场1小时计）。具体来说：

1. 外购数据库

2011年外购数据库共计222个，包括中文106个（占全部数据库47.7%），外文数据库116

个（占全部数据库 52.3%）。现有中文引进数据库包含的文献数量累计：中文期刊全文 2.07 万余种（经查重），中文图书全文共计 444782 种 /886988 册，中文报纸全文 1600 种，中文学位论文全文 341 万篇，中文会议论文全文 364 万篇，国家标准全文 39149 条、行业标准 13871 条，专题节目 10788 小时，学术性报告 2.2 万余场，多媒体课程 5473 学时，少儿教学课件 76850 个，音乐 50 万首，语言类 54942 集，舞台艺术 1100 部 /3000 小时。

2. 数字化资源

截至 2011 年底，国家图书馆特色资源数字化全文数据超过 2.1 亿页，资源存储量共计 458TB，包括：中文现代文献（占用存储约 360.4TB），民国时期文献（占用存储约 0.55TB），中文善本古籍（占用存储约 105.8TB）。

2011 年国家图书馆自建数字资源项目共计 23 项，总建设容量达 229.03TB，与 2010 年相比，增长 30.03%。根据自建数字资源的内容和性质，2011 年国家图书馆自建数字资源包括六类：分别为中文图书、学位论文、民国文献、古籍善本、视频讲座和特色资源。

（1）中文图书。2011 年，共完成 2010 年中文图书数字化 14081 册，建设容量 25061.66GB，基藏本补藏数字化 9686 册，建设容量 13167.32GB。“盲人数字图书馆”中文图书全文识别项目共完成 1260 册，建设容量 0.4GB。“少儿数字图书馆”选取适合少年儿童阅读的图书进行数字化加工，共完成连环画 300 册，建设容量 40.64GB。“2010 年移动阅读”数字资源建设项目，共完成 2387 册，建设容量 3.97GB。“2011 年掌上国图手持阅读器及平板电脑”资源建设项目，共完成中文新书数字化及全文识别 500 册，EPUB 格式转换 1528 册，建设容量 828.48GB。（2）学位论文。2011 年内共完成博士论文数字化 25761 册，建设容量 27858.16GB。（3）民国文献。2011 年内共

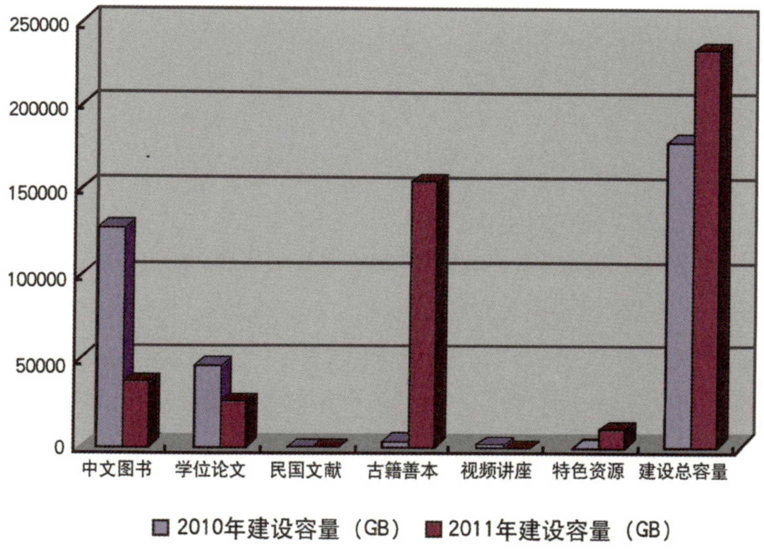

国家图书馆 2011 年与 2010 年自建数字资源建设容量对比

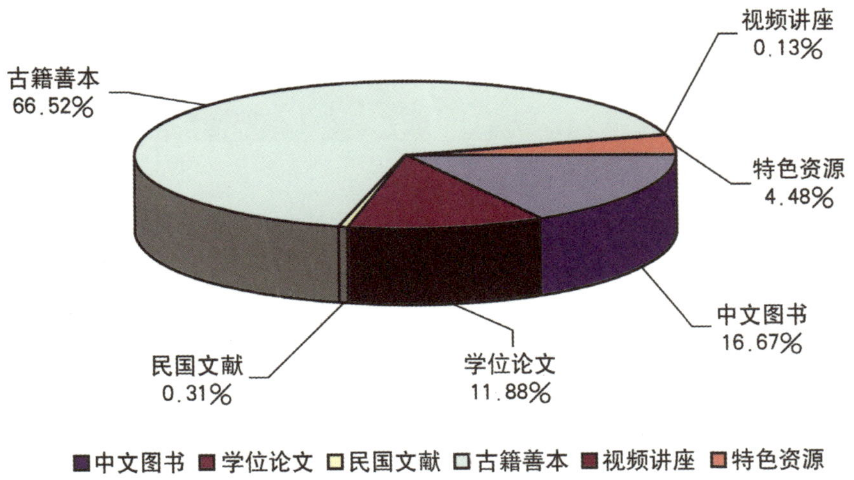

2011年自建数字资源建设容量文献类型对比

完成民国图书缩微胶卷数字化3954种，4163册，建设容量75.30GB。2011年民国文献数字化加工合作项目是与浙江大学CADAL合作建设的数字资源，2011年内共接收CADAL提供的1.5万种民国文献数据，建设容量661GB。（4）古籍善本。“哈佛燕京图书馆馆藏中文善本数字化合作项目”是国家图书馆和美国哈佛大学哈佛学院图书馆合作建设的数字资源。2011年内共完成中文古籍数字化JP2000格式数据754种，11205册，建设容量13247GB；JPG和PDF格式数据389种，7111册，建设容量1418.06GB。数字方志全文转换及版式还原项目，2011年内共接收地方志全文转换及版式还原1065种，21487卷，建设容量460.18GB。“2010年中华寻根网”家谱数字化项目，2011年内共接收家谱扫描图像2042种，建设容量139264GB；家谱全文置标913种，建设容量1331.2GB。“2011年图书数字化与数据切分项目”选取以家谱为内容的图书进行数字化，2011年内共完成36种，36册，建设容量184.52GB。“2010年世界数字图书馆”数字化专项20种，建设容量111GB。（5）视频讲座。“2010年馆内重大活动视频专题片”项目完成摄像编辑视频1场，建设容量0.95GB。“2010年国图专题片拍摄制作”数字资源建设专项完成专题片4部，建设容量94GB。“2010年文津讲坛”讲座资源数据库项目是以国家图书馆面向社会推出的学术文化系列讲座为基础建设的视频资源，共完成视频50场，建设容量209.92GB。“全国公共图书馆讲座联盟资源数据库建设”项目2011年完成讲座信息数据10000条，主持人信息数据6000条。（6）特色资源。“援疆期刊数字化”项目以国家图书馆馆藏的民族语种期刊为基础进行数字化加工，截至2011年底共完成29种，326册，建设容量345.61GB。“2011年手机门户特色资源建设项目”，2011年内共完成公版图书3570册，视频讲座90场，学位论文元数据及摘要65788条，建设容量24.19GB。

国家图书馆自建数字资源经数字资源部验收合格后入库统一管理。2011年全年成品光盘入库38674张，较2010年减少61.1%。成品光盘入库情况如下表。

2011 年自建数字资源成品光盘入库统计

序 号	项 目	DVD 光盘数量（张）	文献类型	文献数量	文件类型	光盘合计
	2009 年中文图书数字化项目	2	中文图书	49520 条	书目数据	2
1	2010 年中文图书数字化项目	14420	中文图书	14081 册	TIFF	14780
		350		15159 册	PDF	
		4		20000 册	数据库	
		2		19808 条	书目数据	
		4		—	说明文件	
2	2009 年基藏本缺书补藏数字化项目	6446	中文图书	9686 册	TIFF	6612
		166			PDF	
3	资源建设（连环画） 2011 年少儿数字图书馆	20	中文图书	300 册	TIFF	26
		2			PDF	
		2			数据库	
		2			说明文件	
4	2009 年盲人数字图书馆资源建设	2	中文图书	260 册	TXT	2
	2010 年盲人数字图书馆资源建设	2	中文图书	1000 册	TXT	2
5	2010 年移动阅读数字资源建设	2	中文图书	2387 册	TXT	2
6	2011 年掌上国图手持阅读器 平板电脑资源建设	412	中文图书	500 册	TIFF	492
		16			PDF	
		54			TXT	
		4		1528 册	EPUB	
		2		—	数据库	
		2			书目数据	
		2			说明文件	
7	2010 年博士论文数字化项目	13454	学位论文	23386 册	TIFF	13702
		240		23502 册	PDF	
		2		30000 册	数据库	
		2		中文摘要 29969 个 英文摘要 29982 个	中英文摘要	
		2		28804 条	书目数据	
		2		—	说明文件	

（续表）

序号	项目	DVD光盘数量（张）	文献类型	文献数量	文件类型	光盘合计
7	2011年博士论文数字化项目	1644	学位论文	2375册	TIFF	1680
		30			PDF	
		2			数据库	
		2		中文摘要2373个 英文摘要2369个	中英文摘要	
		2		—	说明文件	
8	2011年民国图书缩微胶卷数字化制作	28	民国文献	3954种 4163册	TIFF	46
		12			PDF	
		2			数据库	
		2			书目数据	
		2			说明文件	
9	2010年哈佛燕京中文古籍数字化	464	特藏古籍	143种 3270册	JPG	506
		40			PDF	
		2			说明文件	
	2011年哈佛燕京中文古籍数字化	324	特藏古籍	246种 3841册	JPG	356
		32			PDF	
10	2011年医书数字化与数据切分项目	120	普通古籍	36种 36册	TIFF、PDF、TXT、MDB	122
		2			说明文件	
11	2010年馆内重大活动视频专题片	2	视频	1场	MPG	6
		2			书目数据	
		2			说明文件	
12	2010年视频数字资源建设（国图专题片）	8	视频	4部	MOV	12
		2			书目数据	
		2			说明文件	
13	2010年讲座资源数据库（文津讲坛）	102	视频	50场	M2P	106
		2			书目数据	
		2			说明文件	

（续表）

序号	项目	DVD 光盘数量（张）	文献类型	文献数量	文件类型	光盘合计
14	2010 年援疆期刊数字化	92	期刊	17 种 188 册	TIFF	100
		6			JPG	
		2			说明文件	
	2011 年援疆期刊数字化	76	期刊	12 种 138 册	TIFF	102
		24			JPG	
		2			说明文件	
15	2011 年手机门户特色资源建设项目	2	特色资源	公版图书 3570 册	TXT	18
		12		视频讲座 90 场	3GP	
		2		学位论文 65788 种	TXT	
		2		—	数据库 书目数据 说明文件	
合计		38674				38674

3. 网络信息资源建设

2011 年图书馆学导航资源新增资源 1532 条，维护资源 1662 条，截至 2011 年 12 月 31 日，全库总量 6966 条。图书馆学新闻 2011 年度新增 414 条，全库总量 2656 条。农林导航资源 2011 年度新增 13 条，维护 103 条，全库总量 9653 条。电子报刊导航 2011 年度维护 6 条，全库总量 1360 条。政府公开信息 2011 年度新增 194247 条，截至 2011 年 12 月 31 日，全库总量 525017 条；政府公报 2011 年度新增 697 期，全库总量 58 种 8317 期。触摸屏系统展示电子期刊 69 种，数据年增量 54.5G，总量 125G；电子报纸 200 种，数据年增量 3.27TB，总量 7.98TB。

2011 年网络信息资源采集与保存项目新增政府网站数据 0.655TB，新增专题 11 个，数据量 0.575TB。截至 2010 年 12 月 31 日，网络资源总数据量达到 19.48TB，其中政府网站 13.88TB，占总量的 71.18%；专题 70 个，专题总数据量 5.6TB，占总量的 28.82%。

4. 数字资源征集

2010 年国家图书馆开展了数字资源征集工作，面向全国各省级公共图书馆及全国数字图书馆建设与服务联席会议成员单位等机构广泛征集数字资源。截至 2011 年底，征集资源存储量共计 8.8TB，主要包括地方志、民国文献、老照片、家谱、专题视频和馆藏特色资源等。

国家图书馆网络导航资源主要包括政府信息导航、国内外图书馆导航、电子报刊导航、新农村建设专题导航、农林导航等。近年来，国家图书馆有重点地开展了中文网络信息资源的采集与长期保存，目前已保存我国 5 万余个政府网站信息（每半年更新一次）、315 种中文电子报纸以及中国学、开放存取、奥运会、航空航天、日本地震核泄漏、汶川地震 3 周年纪念等 70 个专题信息。网络采集资源存储量共计 19.2TB。

全国数字资源征集项目是为丰富国家文献资源总库，促进公共文化服务体系建设，面向全国各省级公共图书馆及全国数字图书馆建设与服务联席会议成员单位等机构广泛征集数字资源，并将通过互联网、新兴媒体服务计划、县级数字图书馆推广计划、全国数字图书馆推广计划等，向全国公众提供高质量的数字资源服务。2011 年内已完成了项目一期 23 个地方馆提交的 54 个资源包的数字资源建设，建设容量 10143GB。

国家图书馆开展数字报纸典藏项目（Digital Newspapers Repository，简称 DiNeR），通过报社授权征集、公开资源获取，征集电子报纸数据用于长期保存。截至 2011 年 12 月，征集数字报纸库累计报纸种数 74 种，数据格式包含 PS、PDF 及自动运行程序。2011 年度新增 1305.62G，较 2010 年增加 15%，累计数据量达到 4460.82G。

（二）数字资源发布

截至 2011 年底，国家图书馆数字资源发布总量达 473.4TB，占数字资源建设总量的 77.9%。数字资源发布方式包括馆域网发布服务和互联网远程授权访问服务，发布数量如下：馆域网发布 278TB，占已发布数字资源的 63.6%；互联网发布 159.4TB，占已发布数字资源的 36.4%。以上已发布的数字资源的内容单元包含电子图书 129.9 万种，172.5 万册；电子期刊约 5.3 万种；电子报纸约 0.4 万种；学位论文约 350.5 万篇；会议论文约 308.1 万篇；音频资料约 60 万首；视频资料约 3.7 万小时。

国家图书馆外购数据库 60 个（中文 43 个、外文 17 个）法律授权允许馆域网服务，占全部外购数据库的 27%；162 个（中文 63 个、外文 99 个）法律授权可实现互联网远程授权访问，占全部外购数据库的 73%。

馆藏特色资源数字化。国家图书馆已发布馆藏特色数字化资源存储量为 358.2TB，占全部馆藏特色数字化资源的 78.2%。其中，实现馆域网服务 252.3TB，实现互联网服务为 105.9TB。

数字资源征集开展顺利，由于征集的数字资源类型复杂，格式多样，因此发布前的验收和整理工作周期较长，截至 2011 年底征集数字资源发布资源的存储量约为 0.8TB，占全部征集资源存储量的 9.1%。

网络导航数据采取建设即发布的方式，并保持定期更新维护，全部实现互联网服务。网络资源采集发布资源的存储量为 5.9TB，占全部网络资源采集存储量的 30.7%。

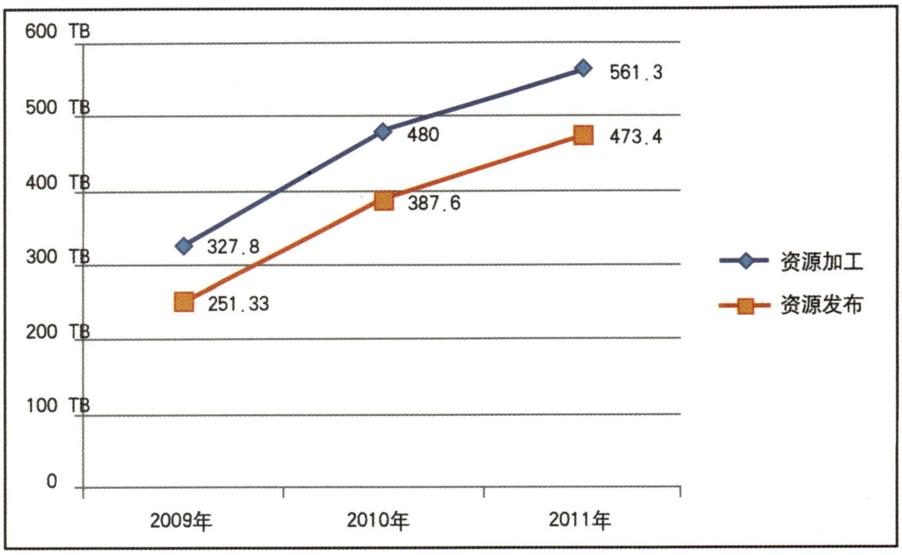

2009 年至 2011 年数字资源建设与发布情况

(三)数字资源建设项目制订和管理

国家图书馆数字资源建设项目分别由多个部门承担，具体包括数字资源部、信息网络部、社会教育部、古籍馆、缩微文献部。2011 年完成 41 个数字资源建设专项任务的制订，推进 2010 年数字资源建设专项任务验收和 2011 年数字资源建设专项任务的开展，对专项的进展情况和数字资源建设资金使用情况进行跟踪检查。还制定了 2012 年数字资源建设规划，内容包括自建数字资源、版权征集和数字图书馆推广工程资源建设 3 个方面。

数字资源管理方面，完成《国家图书馆数字资源建设与发布统计报告（截至 2010 年底）》的撰写，完成《国家图书馆外购数据库建设情况统计报表》和《国家图书馆自建数字资源建设及发布情况统计报表》审核汇总工作，完成《2011 年数字资源建设专项任务完成情况表》审核汇总工作，开展国家图书馆馆藏数字资源摸底统计工作，完成《基于网络的自建数字资源读者使用情况统计表》的制订和统计工作。

六、宣传外联与科学研究

(一)汶川援建

在“5•12”汶川地震三周年之际，为提升灾区公共文化服务能力，推动灾区公共文化服务跨越式发展，实现文化惠民，国家图书馆依托“国家数字图书馆推广工程”，利用国家数字图书馆建设成果，联合四川省文化厅、四川省图书馆，通过推送精品数字资源、捐赠图书、举办文化讲座和展览、组织专家对灾区图书馆工作者提供培训等多种方式，进一步做好灾区文化援建工作。5

月7日，纪念汶川特大地震三周年国家图书馆灾区文化援建活动在四川省都江堰市图书馆举行，本次援建面向“5•12”地震极重灾区和部分重灾区的县级图书馆。主要援建内容为：捐赠图书20万册，受捐馆将建立国家图书馆捐赠图书专架，图书内容涵盖文学、心理、经济等多个方面；以硬盘封装的方式，向各馆推送5000册近年来新出版的中文电子图书；面向各馆开放国家图书馆部分数字资源远程访问权限，包括访问1个多媒体数据库，5个少儿类数据库，部分电子图书；赠送1000套“送书下乡电子图书光盘”，该光盘资源精选自“送书下乡工程”中的图书进行数字化加工制作而成，涉及法律知识、百科知识、医学保健、农村实用技术、文化教育等11类；向各馆赠送国家图书馆第六届“文津图书奖”获奖图书。国家图书馆还将首先在都江堰市图书馆开辟“国家数字图书馆服务专区”，并逐步拓展到其他县馆，以便各馆读者直接访问国家数字图书馆丰富的数字资源。

（二）中日韩数字图书馆项目

10月21日中日韩数字图书馆项目业务交流会在中国国家图书馆举行，中国国家图书馆副馆长魏大威、馆长助理孙一钢出席了会议。

经文化部批准，2010年8月，中国国家图书馆与日本国立国会图书馆、韩国国立中央图书馆签署了《中日韩数字图书馆计划协议草案》，中日韩数字图书馆项目正式进入实施阶段。此次业务交流是《中日韩数字图书馆计划协议草案》签署以来举办的第一次三方工作会议。

国家图书馆业务管理处副处长谢强，国际交流处副处长马静，研究院副院长申晓娟，数字资源部主任李晓明、副主任李春明，信息网络部副主任邢军、主任助理李志尧等项目工作组成员和相关专业技术人员，日本国会图书馆总务部主任参事原田久义 (HISAYOSHI Harada)，关西馆主任司书柴田昌树 (SHIBATA Masaki)，韩国国立中央图书馆数字企划部高级研究员朴振虎（Jin Ho PARK），信息技术课副课长洪承演（Seung Yeon Hong），数字企划部馆员朴一心 (Il Sim PARK) 参加了会议。魏大威作了题为“中国国家数字图书馆的实践与展望”的主旨报告。

日本、韩国国家图书馆的代表也分别介绍了本馆数字图书馆建设取得的成就，并对“中日韩数字图书馆项目’的具体合作事项进行了深入探讨，提出了各自的建议。三方通过反复协商，就共享标准规范、WebOPAC检索进行互联与对接、业务交流会议组织机制、工作组沟通机制以及项目宣传等问题达成了一致意见。

此次中日韩数字图书馆项目业务交流会的成功召开为三方今后在数字图书馆领域的进一步合作奠定了坚实基础，具有十分重要的意义。

（三）军营网上数字图书馆

12月30日国家图书馆与中国人民解放军沈阳军区合作共建军营网上数字图书馆，并举行共建数字图书馆签约仪式，周和平馆长在仪式上发表讲话。国家图书馆为沈阳军区提供了总量超过10TB的数字资源，包括20万余册电子图书、1000多小时的专题视频、1万首音乐歌曲及3000余册中文电子图书、老照片等资源，通过专题网站为军营提供浏览和检索服务。

（四）警营数字图书馆

国家图书馆与重庆公安局就合作数字图书馆建设事宜进行了积极沟通，推进国家图书馆与重庆市公安局合作建设重庆市公安局警营数字图书馆工作，2011 年完成国家图书馆与重庆市公安局网络连接认证工作及部分读者证卡办理工作，开通远程资源访问资源 18 种。

（五）企业分馆合作

推进中国石油塔里木油田公司数字图书馆建设事宜，与塔里木油田公司方面进行资源、服务事项沟通，就数字图书馆分馆建设工作达成了合作意愿，已经着手实质性建设工作。

（六）北京科技嘉年华

2011 年 9 月 16 日—23 日，北京奥林匹克公园举行全国科普日——北京科技嘉年华活动，国家图书馆组织了“全民数字阅读——北京科技嘉年华活动”专题活动。活动以“全民数字阅读——国家数字图书馆推广宣传”为主题，通过展板、现场互动、宣传册及小礼品派发等多种形式为观众展示国家数字图书馆的建设成果；观众还可以利用展区提供的计算机、数字电视、移动终端、触摸屏等真实体验国家数字图书馆。宣传不仅可以反映国家数字图书馆的建设历程和建设成果，也能让受众了解数字图书馆的有关知识，并进行互动体验。所采用的技术手段能够体现数字图书馆的主要特点，给受众以强烈的感官冲击，富于感染力与震撼力。体现国家数字图书馆“开放、合作、共享、创新”的理念，能让体验区的参观者通过参观体验区学习数字图书馆知识，了解国家数字图书馆，体验国家数字图书馆的资源及服务成果，将体验区打造成数字图书馆知识的普及园地、国家数字图书馆资源与服务的推广展示园地。

年度掠影

【规范项目管理流程，引入项目管理软件】

为了保障数字图书馆工程和项目的顺利实施、开展，降低工程实施风险，2011 年上半年国家图书馆对项目管理流程进行梳理规范，形成了《2011 年数图项目实施管理流程》，成为数字图书馆工程实施管理的主要依据。同时引入项目管理软件，建立项目管理系统平台，规范管理过程，提高项目执行效率与管理成熟度。项目管理软件已于 2011 年 11 月 25 日完成初验，试运行顺利。

【数字资源征集工作进展顺利】

数字资源征集工作于 2010 年正式启动。在 2010 年征集工作的基础上，国家图书馆于 2011 年 9 月开始实施 2011 年度数字资源征集工作，制定和完善了数字资源征集办法、数据加工标准规范、版权证明规范等一系列文件，面向全国发出征集公告，收到 31 家单位 114 个资源包的申报。为科学严谨开展征集，国家图书馆组织召开了专家遴选会议。结合国家图书馆的数字资源需求，最终与 25 个机构达成 65 个资源包的征集意向。国家图书馆对 2011 年征集中提交的数字资源进行了全面验收，共完成对 23 个馆提交 54 个资源包约 10TB 数据的验收。在验收中，敦促补充和修正数据 21400 余条，补充版权证明材料 43 份，并完成数据备份。验收通过的资源已经在“数字图书馆推广工程”网站（http://www.ndlib.cn/）上发布服务，并将陆续全部发布。

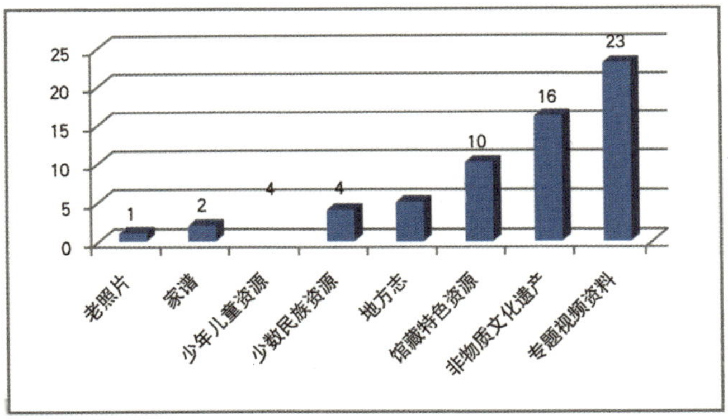

2011 年国家图书馆征集数字资源的主题分布

【征集资源发布】

2011 年，国家图书馆探索数字资源共建共享的新机制，面向全国图书馆界征集符合条件的数字资源，并利用特色资源发布平台成功发布地方馆征集资源特色资源 10265 种、地方志 1368 种、专题视频 2511 种、老照片 3525 种、民国文献 5795 种以及家谱 258 种，充分发挥了国家图书馆在全国数字图书馆建设中的引领作用，同时也为图书馆界提供更多的资源，为全国读者提供高质量的服务。

【加强版权全流程管理】

2011 年，国家图书馆加强数字资源生命周期全流程的版权支持和管理。7 月，国家图书馆完成对本馆数字资源建设与服务相关的版权状况的全面梳理，完成自建数字资源和知识库的法律调研。

在内容方面，全面整理公共领域书目数据，对中央电视台音像资料馆、中国科学院、国内知名科普类网站和视频网站等机构的数字资源和版权情况进行调研，为开拓数字资源社会征集、丰富资源的多样性打下基础。在服务方面，国家图书馆坚持合法合理使用数字资源，在新疆数字图书馆推广工程资源推送、中国残疾人数字图书馆等项目中发布版权声明，规范版权管理。在管理方面，起草了《国家图书馆接受作品版权转让与授权管理办法》和《国家图书馆文献资源版权管理暂行条例》，为进一步规范国家图书馆在数字资源征集、加工、服务和保存方面的各项工作提供制度支持。在宣传方面，编发了《数字版权传真》内部刊物，并定期更新国图网站“数字版权征集”栏目，组织版权专题讲座等活动，进一步推广数字资源的版权意识。

【数字资源长期保存工作取得阶段性成果】

截至 2011 年底，国家图书馆数字资源长期保存工作共完成 8 类资源（页采集数据、中文图书、博士论文、敦煌 IDP、光盘再生资源、音像资源、基藏本补藏、数字家谱）221.25TB，共计 760172 册 39061198 页数据的上传、检查、抽检工作。全年接收数据量比去年（93.4TB）多 133.2%。归档保存发布数据 16 个目录，共计 3.46TB 的数据，包括中文图书、民国图书、民国法律、民国期刊、矢量数字方志、图片、中国学 7 大类数据。完成读者管理系统、一卡通系统、数字资源门户等多个应用系统的数据备份工作。

【存储系统管理】

完成 24 个应用系统（包括数字图书馆工程项目的 5 个系统）共 389TB 空间申请的详细调研，提出合理化建议，保证各应用系统的顺利实施。完成对唯一标识符、版权信息管理系统、统一用户管理系统等 10 余个应用系统的部署和调整，针对各应用系统的特点设计部署方案，成功完成系统部署和实施。

清全形拓毛公鼎

重点文化工程

- 中华古籍保护计划
- 民国时期文献保护计划
- 数字图书馆推广工程
- 中华再造善本续编

重点文化工程

一、中华古籍保护计划

（一）文化部发布《关于进一步加强古籍保护工作的通知》

3 月 8 日，文化部发布《关于进一步加强古籍保护工作的通知》（文社文发〔2011〕12 号），就今后一段时间古籍保护的重点进行了规划。通知要求：推进古籍普查工作，建立适时申报、分批评审《国家珍贵古籍名录》的工作机制；加强少数民族古籍保护工作，开展特色古籍的专项保护；多途径开展古籍专业人才队伍建设，提高工作队伍的整体素质；加强对全国古籍重点保护单位和国家级古籍修复中心的管理，做好珍贵古籍的保护与修复工作；加大法规建设与科研力度，促进古籍保护的制度化、规范化、科学化；加快海外古籍调查，加强国际交流与合作；推进古籍的开发利用，提高全社会的古籍保护意识。

（二）普查登记工作

1. 理顺工作机制

全国古籍普查登记是建国以来在全国范围内开展的全面、深入的调查工作。国家古籍保护中心不断摸索经验，理顺工作机制。

在总结前期工作经验的基础上，经多次研究、论证，确立了利用全国古籍普查登记平台开展登记工作，古籍收藏单位编制普查数据并负责一审、省古籍保护中心负责二审、国家古籍保护中心负责三审，建立全国古籍普查基本数据库的工作机制。确立了在古籍普查登记基础上，由省级古籍保护中心组织本地区各古籍收藏单位编纂出版馆藏古籍普查登记目录，形成《全国古籍普查登记目录》，再由省级古籍保护中心负责编纂出版本省古籍分类联合目录《中华古籍总目》分省卷，由国家古籍保护中心负责编纂出版《中华古籍总目》统编卷的工作程序。

2. 第四批国家珍贵古籍名录和全国古籍重点保护单位评审

第四批国家珍贵古籍名录和全国古籍重点保护单位评审，是“建立适时申报、分批评审《国家珍贵古籍名录》及全国古籍重点保护单位工作机制”后的首次评审。3 月，国家古籍保护中心发出《关于申报评审第四批〈国家珍贵古籍名录〉及第四批全国古籍重点保护单位的通知》，全国各古籍收藏单位积极响应，踊跃申报。截至 5 月底，共收到 11031 部古籍的申报材料和 25 家古籍重点保护单位申报材料。经初步整理，有 10639 部古籍的申报材料送交评审专家预审。7 月上、中旬，国家古籍保护中心组织专家和工作人员对“全国古籍重点保护单位”申报单位进行现场核验，为公正、科学地开展评审工作奠定基础。

7 月 18 日，“2011 年全国古籍评审工作会议”在北京召开，启动第四批国家珍贵古籍名录和

2011 年全国古籍评审工作会议

全国古籍重点保护单位评审工作。全国古籍评审工作委员会成员及评审专家委员会成员等百余人参加会议。会上，国家古籍保护中心主任、国家图书馆馆长周和平充分肯定了《国家珍贵古籍名录》和“全国古籍重点保护单位”的申报评审工作。他指出，申报评审工作对促进全国古籍保护工作的全面开展，扩大古籍保护工作的社会影响，产生了积极的推动作用。国家珍贵古籍的评审工作学术性和专业性很强，要继续发扬严谨细致的工作作风，研究解决评审工作中出现的新情况、新问题。全体会议结束后，汉文古籍组、民族语文文献组、敦煌暨佛教文献组、简帛组、金石碑拓组以及全国古籍重点保护单位组开始了分组评审。初审结果为：汉文古籍初选 1774 部，民族语文古籍初选 491 部；敦煌佛经古籍初选 51 部，简帛文献初选 28 部，金石碑帖初选 45 部。初步入选古籍合计 2389 部。16 家古籍收藏单位初步入选全国古籍重点保护单位。初审后，国家古籍保护中心组织专家对一些存疑的古籍进行了现场考察，核验原书。

评审现场

8 月 22 日，“第四批《国家珍贵古籍名录》复审工作会议”在京举行。刘小琴巡视员、张志清副馆长以及评审专家等近 30 人参加会议。会议主要对初步入选的 2389 部古籍和 16 家古籍收藏单位进行复审。复审推荐 1553 部古籍入选第四批《国家珍贵古籍名录》，16 家古籍收藏单位入选“全国古籍重点保护单位”。

复审推荐名单将由全国古籍评审工作委员会审核后，通过“中国古籍保护网”向社会公示。公示结果经全国古籍保护工作部际联席会议审核通过后，报请国务院批准、颁布。

3. 海外古籍调查

为推进海外古籍调查工作，国家古籍保护中心多次召开讨论会，对世界各地中华古籍存藏情况进行初步调研，形成《海外中华文献典籍合作保护项目工作方案》（修订稿），报文化部审批。组织专家团赴英国、法国、波兰、日本等国调研主要收藏机构的中华文献典籍保护情况，并形成考察报告。国家古籍保护中心广泛开展国际交流活动：与美国芝加哥大学、加州大学东亚图书馆共同探讨美国各大学所藏中华古籍情况，交流海内外古籍保护发展状况及相关经验；与香港钟健国基金会商谈英国牛津大学图书馆藏中华古籍调查项目；与法国吉美博物馆、俄罗斯东方研究所联系回鹘文《玄奘传》合璧影印出版工作；组织开展“美国国会图书馆藏中文善本珍品数字化暨出版项目”可行性研讨会。

4. 中医古籍普查与《中华医藏》编纂出版工作

“中华古籍保护计划”全面实施以来，中医古籍保护工作得到进一步加强。为更好宣传中华传统文化中所包含的医药学理论和技能精髓，保护和传承好珍贵的文化遗产，扩大中国传统医学在世界上的影响，经前期调研、专家建议、中央领导批示，《中华医藏》的编纂出版工作全面启动。国家古籍保护中心联合全国中医行业古籍保护中心组织文化界、中医界古籍文献专家就《中华医藏》编纂工作指导思想、任务规模、运作机制、书目筛选等核心问题进行认真广泛的调研，先后举办 3 次论证会。确立《中华医藏》规划指导委员会等组织机构，完成 2500 种中医古籍选目及 270 种少数民族文字医书目录初选工作。国家古籍保护中心还根据各方意见起草了《〈中华医藏〉编纂出版工作方案》，并于 12 月 28 日召开“《中华医藏》编纂出版工作专家会议”，就该工作方案征求古籍界、中医界专家意见，会后根据专家意见对该工作方案进行了修改完善，并上报文化部审批。《中华医藏》编纂出版项目是新中国成立以来首次对国外内中医药典籍的全面调查与原书影印，将对中医药古籍的进一步普查、原书再生性保护、医药古籍版本厘清、中医文献研究与临床知识发掘产生不可替代的作用。

（三）民族古籍保护

2011 年，国家古籍保护中心积极落实文化援疆工作。组织专家对新疆自治区图书馆、新疆社科院图书馆、新疆大学图书馆、新疆少数民族古籍办 4 个单位的古籍保护工作进行调研，考察新疆地区古籍存量和古籍保护工作开展情况，为新疆社会科学院图书馆配置纸张酸度测试仪、纸张厚度仪等古籍保护仪器。为自治区 2 万册少数民族古籍量身定做函套 5000 个，为入选《国家珍贵

内蒙古莫力达瓦图书馆满文古籍调研

古籍名录》的 64 部古籍定制木质书盒。

为西藏古籍保护工作投入 200 万元，编纂出版《西藏自治区入选国家珍贵古籍名录图录》、《西藏图书馆藏藏文古籍总目·文集类》，召开藏文古籍分类讨论会，确定藏文古籍一级分类和二级类目，并有序为西藏古籍保护工作配备必要设备设施。组织专家分赴新疆、内蒙、东北、北京等地调研满文文献存藏情况，并向文化部提交调研报告。

（四）完善全国古籍普查平台

"全国古籍普查平台"功能不断完善，截至年底，已完成 40 家单位的全国古籍普查平台安装及 4.1 版更新工作，其中包括国家古籍保护中心、30 个省级古籍保护中心、3 个地市级图书馆、3 个高校图书馆、4 个科研图书馆。全国共有约 20 万条数据通过平台进行登记，47689 条书目已上传至国家古籍保护中心。此外，国家古籍保护中心还顺利完成"中华古籍索引库"二期、"全国古籍修复档案管理系统"验收工作。

（五）古籍保护人才培养

截至 12 月底，在全国范围内举办各类培训班 14 期，培训人员 750 人次。培训门类多样，其中包括 4 期全国古籍普查培训班、3 期古籍普查与《中华古籍总目》（分省卷）编纂研修班、2 期全国古籍修复技术提高班、1 期全国古籍普查平台系统维护人员培训班、1 期全国中医古籍保护工作研修班、1 期全国西文修复技术培训班、1 期全国西文修复技术高级研修班、1 期全国古籍鉴定与保护高级研修班。

国家古籍保护中心协助文化部组织召开人才培养工作座谈会，探讨古籍保护人才的培养模式。

国家古籍保护中心为新疆自治区图书馆代培古籍修复人员1名，为期2年。

（六）科研工作和标准、制度建设

国家古籍保护中心继续组织《古籍定级标准》、《古地图定级标准》、《简帛定级标准》、《拓本定级标准》和《敦煌佛经定级标准》由文化行业标准升级为国家标准的工作。至年底已完成两轮修订，按照标准制定的有关规定，对格式等进行调整后，即可上报。

国家古籍保护中心与研究院合作共同推进《古籍保护条例》的制定。多次召开讨论会，收集意见，完成初稿拟定、修改、条例说明起草、修改等相关工作，并将修改稿在文化部召开的"《古籍保护条例》暨人才培养工作"座谈会上征求业界专家意见。

国家古籍保护中心与天津古籍保护中心合作开展《天津馆藏周叔弢先生捐赠敦煌文献、宋元刻书残叶整理、保护与研究》项目，制订相关工作方案，共同促进古纸研究和古文献修复技术研究。

（七）古籍保护宣传

1. 编发《中华古籍保护计划简报》

《中华古籍保护计划简报》主要面向全国古籍保护工作部际联席会议成员单位，全国古籍保护工作专家委员会成员、各省文化厅、各省级古籍保护中心，是古籍保护工作政策、情况上传下达的重要渠道之一。至2011年底，编发《中华古籍保护计划简报》7期，向全国各地寄发简报1064份。

2. 出版古籍保护报纸专版

国家古籍保护中心与光明日报出版社合作出版《光明日报》再造善本专版，与文化报出版社合作出版《文化报》古籍普查专版，取得了喜人的宣传效果。

3. 维护"中国古籍保护网"

国家古籍保护中心引进网站服务器，积极维护，督促各省古籍保护中心建立网站并与中国古籍保护网链接，不断完善网站各类功能、形式，充实内容，使其成为宣传古籍保护工作的重要阵地。

4. 举办"西域遗珍——新疆历史文献暨古籍保护成果展"

1月26日，由文化部、新疆维吾尔自治区人民政府、全国古籍保护工作部际联席会议成员单位共同主办，国家图书馆（国家古籍保护中心）、新疆维吾尔自治区文化厅承办的"西域遗珍——新疆历史文献暨古籍保护成果展"在国家图书馆开幕。该展览历史跨度长，展出了来自全国23家收藏单位的320余件展品，包括从先秦至明清年间的文献文物；内容丰富，涵盖23种文字的木简、文书、古籍、舆图、拓片等类型文献；价值珍贵，展品中超过半数为现今仅存的孤本，21种典籍入选《国家珍贵古籍名录》，许多文献是首次面世；形式新颖独特，运用电子数字化技术，采用西域特色的复古背景，制作新疆沙盘模型，复制高昌故城，复原神策军碑，并辅以玛纳斯、十二木卡姆、桑皮纸制作等非遗展示。展览至4月10日落下帷幕，期间适逢“两会”召开，中共中央政治局常委、全国政协主席贾庆林，中共中央政治局常委、中央政法委书记周永康，全国政协副主席、中央统战部部长杜青林，全国人大常委会副委员长司马义·铁力瓦尔地等党和国家领导到场参观，并给予了高度评价。展览取得了巨大的社会反响，参观者达51147人次。（参见本书“特别记载”部分）

5. 承办“中华珍贵医药典籍展”

5月18日至6月30日，国家古籍保护中心成功承办“中华珍贵医药典籍展”。卫生部副部长、国家中医药管理局局长王国强，文化部部长助理高树勋，国家图书馆馆长、国家古籍保护中心主任周和平，中国中医科学院常务副院长刘保延出席开幕式并剪彩。开幕式上，少林寺永信方丈向国家图书馆捐赠了《中国佛教医药全书》。展览以时间为序，展出先秦至明清90余种华夏各民族医药典籍，其中许多展品为首次展出。展览期间，举办了12期中医知识讲座，涉及中医养生保健、文献研究以及少数民族医药学知识等内容，其中包括6期“《黄帝内经》与《本草纲目》选读会”。讲座现场气氛热烈，共有逾千名读者参加。展览历时一个半月，近1.5万人参观。

卫生部副部长、国家中医药管理局局长王国强等参观“中华珍贵医药典籍展”

二、民国时期文献保护计划

（一）“民国时期文献保护计划”立项背景

民国时期文献是指产生于 1911 年辛亥革命至 1949 年中华人民共和国成立前这一特定历史时期的各种知识和信息载体，包括图书、期刊、报纸、手稿、书札、海报、照片、电影、唱片以及非正式出版的日记、传单乃至商业契约和票据等。这些文献是记录和反映当时政治、经济、军事、文化等社会诸多方面的主要载体，具有鲜明的时代特征、较高的学术价值与历史价值，对它的研究极具鉴往知来的历史意义。

2011 年 3 月 8 日，全国政协委员、国家图书馆馆长周和平在政协十一届四次会议文化艺术界委员联组会上提出，民国时期文献抢救保护面临严峻形势，已经刻不容缓。中华文明之所以能够源远流长、博大精深，是因为有文字记载的历史。民国时期文献正是以文字记录了中国近代历史的风云变幻。保护好这些珍贵的民国时期文献，特别是革命文献，是对历史的继承，对民族的负责，是我们的神圣使命。周和平馆长关于抢救保护民国时期文献的发言和提案在会上及会后引起了强烈反响，民国文献的保护和利用受到社会各界的广泛关注，中央领导和文化部领导多次作出重要批示。

（二）开展深入细致调研，为项目实施做充分论证

在此背景下，国家图书馆策划了“民国时期文献保护计划”，先后组织召开“民国文献保护工作座谈会”、“民国文献保护工作专家座谈会”、“全国公共图书馆馆长座谈会”和“民国时期文献保护工作业务研讨会”，听取图书馆界和相关领域专家意见；分别在新华社、中央电视台等多家媒

民国时期文献保护专家座谈会

体进行了系列宣传及深度报道；又赴重庆、陕西、吉林、南京、江西、台湾、北美等地对海内外民国时期文献的存藏、利用情况进行调研，完成《国内外民国时期文献和革命历史文献收藏、整理、利用情况调研报告》、《台湾地区民国口述历史建设情况调研报告》、《文献脱酸技术综述报告》等系列报告，汇总、整理各省63家图书馆及重要收藏单位民国时期文献及革命历史文献收藏情况、书目数据制作情况、缩微数字化情况、展陈情况和数据库建设情况，为“民国时期文献保护计划”的开展进行充分调研论证。

访问台湾汉学中心图书馆交流两岸民国文献保护事宜

（三）广泛征求业界、学界意见，形成切实可行的工作思路

5月16至17日，国家图书馆主办、陕西省图书馆协办的“民国时期文献保护工作座谈会”在陕西西安隆重召开。会议研究了加强民国时期文献保护工作，并重点研究了如何进一步加强革命历史文献的保护和利用（参见本书“特别记载”部分）。2011年6月16日，国家图书馆召开了“民国时期文献保护专家论证会”，邀请相关领域的专家就民国时期文献及革命历史文献保护工作进行了深入研讨、论证。图书馆界和相关领域专家一致建议“十二五”期间，应大力实施“民国时期文献保护计划”，避免文献历史出现“断层”。结合建党90周年和辛亥革命100周年纪念活动，围绕民国时期文献保护工作，分别在新华社、中央电视台等多家媒体进行了系列宣传及深度报告，得到社会各界的广泛呼应与支持。

（四）实施“民国时期文献保护计划”的思路

基于广泛调研、借鉴古籍保护机制及经验得失，国家图书馆初步形成了工作思路和工作方案。

按目前思路，项目的实施主要包括：建立工作机制；在全国范围内开展文献的普查登记，建立全国民国时期文献联合目录统一检索平台；开展民国时期文献的整理、出版和研究利用；加强海内外民国时期文献保护的交流与合作，积极开展海外民国时期文献的征集工作；改善文献存藏环境，加强文献的原生性保护，探研文献的脱酸保护和修复；加大文献的再生性保护力度，继续实施缩微复制抢救性拍摄，共建共享一批高质量的革命历史文献和民国时期文献全文资源库；利用新媒体、新技术创新文献展陈手段加强文献保护宣传，发挥民国文献的社会教育作用；加强保护工作人才队伍培养等。

（五）“民国时期文献保护计划”筹备工作

民国时期文献保护计划已作为“文献典籍保护重点项目”纳入文化部《全国公共图书馆事业发展“十二五”规划》，并得到中央领导同志的认可。2011 年 9 月，国家图书馆在业务管理处成立了“民国时期文献保护工作办公室”，专职负责民国时期文献保护计划的筹备与立项工作。10 月，民国时期文献保护工作办公室起草了《关于加强革命历史文献和民国时期文献保护工作的意见》并上报文化部，争取由国务院办公厅转发，推动设立全国性项目。这是继中华古籍保护计划之后的又一个全国性文献保护项目，必将为文献保护事业的整体发展产生助益。

（六）建设“革命历史文献联合目录”系统

6 月 1 日，国家图书馆联合 24 家公共图书馆共同推出“革命历史文献联合目录”系统，实现革命历史文献信息资源基于互联网的共建共享，为用户提供了方便快捷的查询检索和资源获取途径。目前已整理革命历史文献书目数据和馆藏信息 1 万余条，为加强革命历史文献保护、整理，带动革命历史文献保护工作有序开展搭建了良好平台。

三、数字图书馆推广工程

（一）2011 年工程概况

数字图书馆推广工程的实施是国家图书馆 2011 年的工作重点之一。根据文化部、财政部联合下发的《关于实施“数字图书馆推广工程”的通知》精神，2011 年为“推广工程”基础构建阶段，主要包括省级数字图书馆和部分市级数字图书馆的硬件平台搭建工作，与国家数字图书馆进行网络连接，初步建成数字图书馆虚拟网；启动数字资源建设中心、数字资源保存中心和数字资源服务中心的建设、“推广工程”软件平台的建设以及数字资源的共建共享。

2011 年，中央转移支付“数字图书馆推广工程”硬件建设经费 4995 万元，根据“推广工程”建设规划，确定 2011 年中央转移支付经费主要用于购买服务器、存储设备、网络设备等硬件设备。

2011 年推广工程主要工作是在全国范围内选择 15 个省级馆和 52 个市级馆实施“推广工程”

的硬件平台搭建工作，制定硬件配置标准，在选定的省、市级馆配备数字化设备、存储设备、网络设备等硬件设备，构建数字图书馆功能中心，搭建数字图书馆虚拟网，着手实施用户的统一认证和资源的无缝链接。2011年工作还包括统一认证系统、政府公开信息整合服务平台和网页资源获取系统等软件系统部署，“推广工程网站”及“数字图书馆全媒体信息服务平台”上线，资源推广，标准规范推广，实施“推广工程”培训等。

（二）工程实施情况

2011年初组织人员赴各省馆开展广泛的调研工作，在总结思考各省图书馆意见的基础上，对数字图书馆推广工程的建设方案进行细化，制定软硬件推广标准、资源配置标准和数字图书馆推广工程运行机制，编制2012年数字图书馆推广工程预算和中央转移支付经费分配方案。

为进一步推动数字图书馆的建设，5月，文化部、财政部联合印发《关于实施“数字图书馆推广工程”的通知》，决定于“十二五”期间在全国实施数字图书馆推广工程。2011年5月31日上午，文化部在青岛召开数字图书馆推广工程工作会议，全面部署工程建设工作。（参见本书“特别记载”部分）

同时，国家图书馆全面启动“数字图书馆推广工程”的宣传工作、上线“推广工程网站”及“数字图书馆全媒体信息服务平台”。财政部于8月正式下发2011年推广工程中央转移支付资金的相关文件，国家图书馆协助参与实施推广工程的各个省市着手进行硬件购置工作。

6月起“推广工程”率先在全国15个省馆、52个市馆开始实施，共申请中央转移支付资金4980万元，用于上述省、市馆的硬件购买。文化部下发省、市级数字图书馆硬件配置推荐标准。9月后，国家图书馆与已经具有硬件基础设施或者完成硬件采购的省份开始进行虚拟网连接工作，截至11月底已经实现11个省馆虚拟网的联通，其中浙江省实现全省联通。

在软件平台方面，结合国家数字图书馆工程建设，完成全国公共图书馆统一用户管理三级体系架构的设计与开发，并在浙江省馆、绍兴市馆等多个省市馆进行试点部署。2011年将政府公开信息整合服务平台纳入“推广工程”，在贵州中国图书馆年会上举行了政府公开信息整合服务平台上线仪式，目前已经完成10个成员馆的部署工作。

在资源建设方面已进行部分资源的筛选、配置与部署。结合福建省图书馆百年馆庆、援疆工作等工作，完成福建省、新疆维吾尔自治区、贵州省、吉林省、黑龙江省的资源镜像工作，共镜像资源超过20TB。另外，为了继续加大对新疆的文化援助力度，在2010年资源镜像的基础上，国家图书馆又提供了5万册的中文电子图书，数字资源硬盘20块，资源总量达到10TB，用于新疆图书馆的资源镜像服务。

在新媒体服务方面，2011年与吉林省、贵州省共建了掌上图书馆服务，实现两省馆基于手机的服务；与贵州省馆、贵州省广电部门合作共建了数字电视服务，待贵州省广电的交互平台上线后即可投入使用。

2011年先后在黑龙江省、吉林省、福建省、新疆维吾尔自治区、贵州省举行了“推广工程”启动仪式，标志着上述各省开始全面建设数字图书馆推广工程，让社会各界更加了解数字图书馆

“数字图书馆推广工程”在新疆维吾尔自治区启动

推广工程。

8 月 12 日，李长春同志对数字图书馆推广工程作出重要批示。为落实中央领导关于数字图书馆推广工程的重要批示精神，文化部 9 月 8 日在北京召开数字图书馆推广工程工作会议。会议传达了中央领导同志和蔡武部长关于数字图书馆推广工程的重要批示精神，对数字图书馆推广工程的建设目标、建设思路、工作规划和实施保障作了详细说明，浙江、吉林、贵州三省的省馆馆长分别结合本馆现状介绍了推广工程的具体实施方案。（参见本书“特别记载”部分）

10 月 26 日，在贵州举行的中国图书馆学会年会设置推广工程分会场，对 2011 年率先实施推广工程的 15 个省、52 个市图书馆进行培训。同日，贵州省数字图书馆推广工程在本届年会上正式启动。贵州省副省长刘晓凯、国家图书馆馆长周和平、文化部社文司司长于群共同启动了贵州省数字图书馆推广工程。

贵州省是率先实施“数字图书馆推广工程”的省份之一。国家图书馆与贵州省图书馆连通了数字图书馆虚拟网，贵州省图书馆的读者可以在馆内通过虚拟网直接访问国家图书馆的数字资源。作为数字图书馆推广工程新媒体服务的一部分，国家图书馆、贵州省图书馆与贵州广电网络合作，利用贵州省高清互动双向平台，在贵州广电网络开设数字图书馆频道，为用户提供服务。今后，国家图书馆还将与贵州省各级公共图书馆合作建设地方特色资源，宣传贵州地方特色文化，拓展数字资源服务方式与服务范围，构建覆盖省、市、县、乡、村的数字图书馆服务网络，向贵州人民提供方便快捷的数字图书馆服务，从而提高贵州全省信息资源的总体保障能力和服务水平，促进贵州省经济社会发展。

启动仪式后，国家图书馆将与贵州省文化厅签署开展“数字图书馆推广工程”战略框架合作协议，并与贵州省图书馆签署合作共建数字图书馆战略框架协议。

国家图书馆与贵州省图书馆还在会议上设立了以“加快推动我国数字图书馆建设，促进图书馆服务新业态的形成”为主题的“数字图书馆推广工程”体验区，开设了以“数字图书馆推广工程：资源整合与服务创新”为主题的分会场，向业界参会者展示了数字图书馆推广工程的美好蓝图。11 月 22 日—12 月 5 日国家图书馆参加了在文化部举行的“数字图书馆推广工程展览”。

在 2011 年率先实施数字图书馆推广工程的省份中，已经在吉林省举行了推广工程启动仪式，宣布推广工程在吉林省正式实施，并为吉林省提供了 4TB 数字资源，共建了“掌上吉图”手机门户网站。

根据数字图书馆推广工程工作计划，积极协调、推动实施工作。已经与首批实施推广工程的 15 省建立联系人对接机制。

为了使全国各区域、各行业的用户能够更方便、更快捷地使用国家图书馆的数字资源，2011 年国家图书馆分别在黑龙江军区北极军营、吉林省图书馆、澳门科技大学图书馆、福建省图书馆、沈阳军区进行了国家图书馆数字资源镜像。国家图书馆特别制作个性化专题网站为当地用户提供资源检索、阅读等服务，累计提供电子图书 50 余万册、图片 17 余万幅、视频 4400 小时的时长、音频 10 万余首，共计 18TB。

国家数字图书馆落户北极军营

四、中华再造善本续编

2011 年上半年，国家图书馆藏本选目的底本拍摄工作基本完成，下半年起，陆续开展国家图书馆以外各典藏单位的底本使用合同签订与底本拍摄等工作，截至 2011 年底，已与首都图书馆、民族图书馆等 20 余家机构签订了底本使用合同。

2011 年度，《中华再造善本》续编共完成底本拍摄 46 种 23675 拍，其中国家图书馆 33 种 18895 拍，国家图书馆以外典藏机构 7 家 13 种 4780 拍。《中华再造善本》续编累计完成底本拍照 358 种 168268 拍，其中国家图书馆 329 种 147919 拍，国家图书馆以外典藏机构 15 家 29 种 20349 拍。

编校印制方面，《中华再造善本》续编仍然坚持“中华再造善本工程”的标准与风格，并根据经费、底本的情况适当调整出版进度。2011 年度，《中华再造善本》续编共完成发稿 84 种，样书校对 57 种 335 册 20142 叶，入库 59 种，累计入库 206 种。

年度掠影

【“国家级非物质文化遗产传统医药项目代表性传承人技能展示暨现场咨询活动”举办】

6 月 11 日，为宣传我国第六个“文化遗产日”，同时配合“中华珍贵医药典籍展”及“册府琳琅·根脉相承——中华典籍与非物质文化遗产特展”，国家图书馆（国家古籍保护中心）分别于国家图书馆总馆北区、文津街 7 号古籍馆举办了两次“国家级非物质文化遗产传统医药项目代表性传承人技能展示暨现场咨询活动”。活动邀请了国家级非物质文化遗产传统医药项目代表性传承人以及著名中医专家共 10 人，展示中医特色技能，提供诊疗咨询。活动现场，咨询者络绎不绝，向专家进行咨询并接受诊疗。国家级非物质文化遗产传统医药项目包括中医养生、传统中医药文化、中药炮制技术、中医传统制剂方法、针灸、中医正骨疗法、民族医药等方面。此次展示与咨询活动彰显了传统医药的魅力，使人们更深切地认识到传统医药是民族的、大众的，这些珍贵医药遗产的保护与传承需要全社会的共同努力。

专家为咨询者诊脉辨证

【《中华医藏选目》专家讨论会召开】

3 月 22 日，《中华医藏选目》专家讨论会在京召开。文化部社会文化司巡视员刘小琴及相关专家 30 人出席会议。会议由国家图书馆副馆长、国家古籍保护中心副主任张志清主持。会议在中国中医科学院薛清禄先生组织力量完成的《中华医藏》初选目录的基础上，就《中华医藏》选书范围、标准、分类、出版及相关问题进行讨论。

【"藏文古籍分类标准讨论会"召开】

10 月 19 日，"藏文古籍分类标准讨论会"在国家图书馆召开。国家图书馆副馆长、国家古籍保护中心副主任张志清出席并主持会议。全国相关专家 18 人参加会议。与会专家达成共识：以黄明信先生的四部分类法为基础，一级类目具体分为大藏经部、文集部、汇编部和综合部，在二级类目中，保留大小五明的传统排序。

【《中华医藏》编纂出版工作专家会议召开】

12 月 28 日，国家古籍保护中心遵照文化部要求，由张志清同志主持召开"《中华医藏》编纂出版工作专家会议"，讨论《〈中华医藏〉编纂出版工作方案》。刘小琴、张志清、陈胜利、苏宁、张军等同志出席会议，李致忠、陈其广、薛清禄、余瀛鳌、黄润华等 32 位专家学者参与讨论。

会议先后进行了全体会议、分组讨论及小组意见汇总等议程。文化部社会文化司巡视员刘小琴同志首先介绍项目整体情况，国家图书馆副馆长、国家古籍保护中心副主任张志清同志介绍方案具体内容，中国中医科学院中医药信息研究所研究馆员薛清禄先生、国家图书馆研究馆员黄润华分别对中医古籍选目和民族医药古籍选目情况进行了说明。之后进行分组会议，讨论组织机构及工作流程、撰写工作和经费预算。此外，专家还就项目周期、选目调研、收书原则及民族医药古籍的整理与出版提出意见和建议。与会专家一致认为《中华医藏》定位准确，认可其"藏"的规模，建议在有遴选的基础上尽量求全。专家认为工作方案总体科学、可行，该项目对保存中华优秀文化遗产、传承中医药学术精华、弘扬中华文化有重要意义。希望各级领导给予重视和大力支持，尽快推进这一工作。

【数字图书馆推广工程黑龙江省全覆盖启动】

1 月 14 日，数字图书馆推广工程黑龙江省全覆盖工作正式启动。作为此次全覆盖服务的资源

数字图书馆推广工程黑龙江省全覆盖启动仪式

基础，国家图书馆精心组织了总量达3TB的数字资源，包括820小时视频资源、3万余张图片资源、6000余种数字方志等，并通过国家数字图书馆黑龙江分馆的专题网站，提供这些资源的浏览和检索服务。随着国家图书馆与黑龙江省文化厅战略合作的正式开启，未来，双方还将在数字资源建设、新媒体服务、数字图书馆技术研发、人才培养、图书馆业务等领域开展密切合作。

【全面推进推广工程虚拟网建设】

2011年5月底推广工程虚拟网建设正式启动。虚拟网建设启动后，先后完成了《数字图书馆推广工程虚拟网建设方案》撰写和专家论证，赴山西、湖北、浙江、云南、贵州等省市进行实施方案对接等工作。经过一系列紧张的建设实施，截至2011年底，已实现了福建、山东、辽宁、浙江、湖北、黑龙江、四川、贵州、重庆、广西、山西共11个省级馆与国家图书馆的虚拟网连通，其中浙江省实现了全省虚拟网接入，为2012年实现虚拟网全国覆盖打下了坚实基础。

【吉林省数字图书馆推广工程启动】

9月14日上午，吉林省数字图书馆推广工程启动仪式在长春市举行。国家图书馆向吉林省图书馆提供了电子图书、老照片、名家讲座等视频近4TB的数字资源，用于数字资源共享服务。

【福建省数字图书馆推广工程启动】

9月26日上午，福建省数字图书馆推广工程启动仪式在福州市举行。国家图书馆精心组织了总量达4TB的数字资源，包括10万多册电子图书，4万多张年画、老照片、拓片等图片资源，以及超过1000小时的视频资源等，通过福建数字图书馆推广工程专题网站为读者提供浏览和检索服务。

学术与科研

- 《国家图书馆科研工作发展规划（2011—2015）》制定
- 科研项目
- 学术成果
- 博士后科研工作站
- 政策研究

学术与科研

一、《国家图书馆科研工作发展规划（2011—2015）》制定

自2010年起，国家图书馆就开始组织力量就本馆未来五年的主要研究领域进行调研分析。2011年伊始，国家图书馆科研“十二五”规划又列为“解放思想、开拓创新”的重大项目，根据“解放思想、开拓创新”重大项目安排，业务管理处和研究院牵头负责创新项目“制定‘十二五’科研规划”的落实工作。经过反复讨论并征求相关部处意见后完成定稿。

《国家图书馆科研工作发展规划（2011—2015）》主要包括4个部分：科研工作现状和“十二五”时期面临的形势，科研工作的指导思想和方针原则，科研工作总体目标和主要任务，保障措施。规划结合本馆工作实际和未来发展趋势，提出了8个重点研究领域，包括深化文化体制改革和文化建设研究、国家图书馆事业发展研究、信息资源建设、信息资源组织、文献整理及文献学研究、文献保护开发与利用研究、标准规范的研制与推广应用、数字图书馆研究等，并对每个重点研究领域内需要开展的研究作了简要部署。该规则涉及未来五年内国家图书馆科研工作的主要发展方向和重点研究领域，以及为保障科研工作顺利开展的制度保障等。（参见本书“重要文件选编”部分）

二、科研项目

2011年国家图书馆科研工作在重大课题申报、长期规划等方面做了大量工作，共计获得部级以上项目5项，经费资助110万元。申报2011年度国家社科基金项目14项，2011年度文化部科技提升计划项目2项，2011年度文化部科技创新项目20项，2011年度文化部国家文化创新工作项目3项。其中1项国家社科基金项目、1项文化部科技提升计划项目、3项文化部科技创新项目获准立项。2011年度馆级科研项目共计结项14项。国家文化创新工程“中国残疾人数字图书馆”顺利结项，并获得各界专家的好评。

国家图书馆积极跟踪国内外与图书馆相关的信息技术发展趋势和动态，向国内外各类型图书馆和机构提供技术服务。开展相关科研工作，联合馆外其他企事业单位力量完成部际会商重点项目暨国家科技支撑计划“文化资源数字化关键技术及应用示范”项目推荐书、建议书和概算书及可行性研究报告的编制工作。完成了文化部科技提升计划、科技创新计划的申报工作，并有“数字图书馆云平台建设及其在公益性数字文化建设中的应用研究”项目获批立项。

三、学术成果

截至2011年底，国家图书馆员工正式发表的成果包括著作类（包括参与编撰等）35部，论文377篇，专利6项。其中符合《国家图书馆科研成果奖励办法》获得奖励的成果包括专著17部，论文103篇。

2011年，文津出版基金共立项资助7部学术著作出版：

1. 柯平《社会公共服务体系中图书馆的发展趋势、定位与服务研究》（国家图书馆出版社，2011年）。该书从完善社会公共文化服务体系的角度，研究图书馆事业的发展，关注图书馆怎样实现保障公民基本文化权益、满足公众基本文化信息需求等目标，指出图书馆事业的发展方向、实现方式、存在问题、保障措施等。本书是2007年国家图书馆重大科研项目研究成果。

2. 索传军《国家图书馆数字战略研究》（国家图书馆出版社，2011年）。该书从国家图书馆总体发展环境和现状分析入手，参考世界主要国家制定实施的数字图书馆发展战略，通过对国家图书馆数字战略的背景、基线、理念、基础和指导目标等内容的深入分析，从数字内容、品牌服务和技术支撑三个层面提出国家图书馆数字战略的主要内容，并具体提出了聚合、获取、利用等领域的战略实施方法。本书是2007年国家图书馆重大科研项目研究成果。

3. 任莉莉《阮孝绪〈七录〉辑证》（上海古籍出版社，2011年）。该书一是对《七录序目》进行了笺注，使学界对《七录》一书有全面的了解。二是对《七录》相关篇目进行辑佚，从各种典籍中索隐钩沉，将散见于各种古代典籍中的《七录》文字一一辑出，详加甄别，去伪存真，进而依照原书体例重新编排，力图恢复其原貌。辑佚文本为《内篇》五录、《外篇》二录，以期能对梁以前的藏书有细致的了解。三是附录，包括：阮孝绪在正史中的传记，前人有关《七录》的辑本，阮孝绪佚书三种的提要。

4. 崔瑞萍《秦汉序体文学研究》（中国社会科学出版社，预计2012年出版）。该书主要分以下6个部分：绪论部分，对研究对象进行了界定，并简要介绍了研究方法、序体研究的现状以及选题的研究意义。第一章，序的文体溯源。第二章和第三章对汉代序体文学创作情况进行概述和分析。第四章，对汉代序体中的经典作品：以屈原、《离骚》为中心的序作、《诗经》大小序、《太史公自序》、蔡邕的序作等进行个案研究。最后为结语部分。

5. 黄国彬《著作权例外与图书馆可适用的著作权例外》（知识产权出版社，2011年）。该书在厘清著作权例外的基本理论问题的基础上，建立可适用于图书馆的著作权例外的理论框架的基础上，归纳可适用于图书馆的著作权例外的发展历程、发展现状和发展趋势，以及其在图书馆的应用，结合当前国内外图书馆界对适用于图书馆的著作权例外的诉求，构建符合我国国情的可适用于图书馆的著作权例外立法框架，并从可适用于图书馆的著作权例外角度，提出图书馆在信息资源采集建设与信息服务提供的过程中如何规避著作权侵权风险的对策。

6. 张燕婴《俞樾诗文集》（人民文学出版社，预计2013年出版）。该书为俞樾诗文作品全集。除收入刊刻于《春在堂全书》中的诗文作品之外，还包括二十余万字国家图书馆、上海图书馆、南京图书馆、浙江图书馆、中国科学院图书馆等处收藏的手稿资料。

7. 陈清慧《明代藩府刻书研究》(国家图书馆出版社，预计 2012 年出版)。该书主体由两部分组成，一是“总体考察”，一是“个案研究”。前者通过对于各类文献的爬剔梳理，首先摸清明代藩府本的总数，并通过时间、地域和内容 3 个维度的分析，对明代藩府刻书概貌进行考察，揭示藩府刻书在时间发展、地域分布、内容分类等方面的基本规律，对藩府刻书作整体性研究。个案研究对象的选择有两种，一是对于明代藩府的个案研究，以藩府的发展过程和具体经历为纲，从史的角度，结合各自不同的发展经历和刻书特点，揭示其刻书情况；一是对于明代藩府本的个案研究，以作品为线索，从版本目录学的角度，运用比较的方法，对藩府本的版本源流、来龙去脉、版本优劣以及影响等进行揭示。在总体考察和个案分析的基础上，通过同明代其他官私刻书机构和刻书活动的比较，可以发现，明代藩府刻书具有鲜明的私家刻书的特征，在时间、地域分布和刻书内容上同明代官刻、其他私刻及坊刻书存在着鲜明的互补性特征，是明代刻书出版业中极具特色的组成部分，具有较高的版本价值、文献价值和艺术价值。

四、博士后科研工作站

国家图书馆博士后科研工作站自成立以来，吸纳了一批年轻的高层次人才，为国家图书馆的科研工作注入了新鲜的血液与活力，增强了科研实力，并为推动科研工作深入开展、提高员工科研水平作出一定的贡献。2011 年是国家图书馆博士后科研工作站设站第四年，站务工作主要包括以下几方面：

(一) 完善站务管理各项规章制度

按照馆务会会议审议《国家图书馆博士后科研工作站管理办法》的意见，完成《国家图书馆关于博士后科研工作站的管理意见》稿，报馆领导审批，并获得批准，下发全馆。9 月初赴南开大学调研南开大学博士后管理工作，进一步策划完善我馆博士后工作站报名申请、进站考核、开题、中期考核、出站报告等相关管理制度。

(二) 推动科学研究工作

组织在站博士后申报中国博士后科学基金会第 49、50 两批面上资助项目及 2011 年度国家哲学社会科学基金项目，共有 9 人次提交申报书。本年度在站博士后共获得 5 项科研课题，其中国家社科基金项目 2 项，《国家哲学社会科学成果文库》资助项目 1 项；获得“中国博士后科学基金会面上资助项目”一等资助项目 1 项，二等资助项目 1 项。组织在站博士后积极申请文津出版基金，共申报专著 4 部，均已获得批准。

(三) 组织学术交流活动

4 月，博士后丁延峰面向全馆及南开大学历史文化学院师生就自己在站期间进行的主要研究工作——《存世宋刻本书录》的研究进展情况进行了学术报告。为继续开展好博士后人员的学术交流活动，博士后工作站办公室从6月开始组织2011年学术研讨会，11月3—4日第二届文献学研究论坛举办，研究院、本站博士后、南开大学师生共45人参加了学术研讨活动。

（四）招聘与管理

2011年博士后工作站新增补博士后合作导师3名。3月，博士后工作站面向社会发布2011年博士后人员招聘简章，先后收到21人提交的进站申请，经合作导师考查与专家组面试，遴选出2名博士进站从事研究工作。8月，博士后工作站组织召开博士后研究工作报告鉴定会，1名2009级博士后出站，3名博士后因科研需要办理延期出站。10月，博士后工作站对2010级博士后进行了中期考核，4名博士后分别就自己在站研究情况、已取得的研究成果、下一步工作计划进行了汇报。

五、政策研究

2011年，国家图书馆在研究院新增政策研究职能，并成立了全国第一个研究图书馆政策的专门机构——研究院政策研究室，以加强图书馆发展政策研究，充分发挥政策建设对图书馆事业的宏观指导作用。一年来，国家图书馆按照"搭建开放研究平台，促进政策发展研究"的工作思路，充分依托全国图书馆业界力量，围绕国内外图书馆事业发展政策与实践进行了大量研究，陆续启动了多个研究项目，形成了一批有影响力、有利于推动事业科学发展的研究成果，并有多项基于研究的工作成果被有关决策采纳。

（一）图书馆相关立法研究

图书馆法律法规是图书馆政策的重要组成部分，也是国家图书馆开展政策研究的重点。2011年，国家图书馆加强与政府主管部门的沟通交流，深度参与了《公共图书馆法》、《出版物样本缴送办法》以及《古籍保护条例》等图书馆事业发展相关法律法规的制修订工作。

1.《公共图书馆法》

3月，受文化部委托，国家图书馆全程参与文化部组织的《公共图书馆法》立法调研和讨论修改，提供咨询意见，并参与撰写《公共图书馆法起草说明》；在此基础上，开展有关国家图书馆立法模式问题的研究，先后两次向国务院法制办提交《关于开展国家图书馆专门立法工作的建议》。

2.《古籍保护条例》

4月，受文化部委托，国家图书馆与国家古籍保护中心牵头组建了由国家图书馆、国家古籍保护中心、文化部社会文化司和政策法规司有关人员组成的古籍保护条例起草组，在前后召开5次起草组工作会议，并开展大量前期调研的基础上，完成《古籍保护条例》（建议稿）及起草说明；5月，古籍保护条例专家座谈会在国家图书馆召开，起草组就《条例》初稿听取专家意见并修改；8月，文化部社文司主办的《古籍保护条例》暨古籍保护人才培养工作座谈会在京召开，国家图书馆在会上就《条例》起草作专题说明，会后根据各方面专家意见对《条例》作了进一步修改完善。

3.《出版物样本缴送管理条例》

2011年，国家图书馆在国内外相关法律法规调研的基础上，7月中旬制定完成《出版物样本缴送管理条例》和《出版物样本缴送管理办法》，并提交新闻出版总署在起草《出版物样本征集办法》时参考，获得总署好评。10月在《国家图书馆学刊》2011年第4期上刊登"出版物样本缴送制度设计"专栏文章4篇，对该项工作进行宣传。

（二）图书馆事业发展政策研究

2011年，国家图书馆围绕图书馆事业发展政策，开展了一系列研究工作，并积极向有关部门建言献策。

1. 起草《关于加快我国图书馆事业发展的若干建议》

在对图书馆事业现状进行深入分析研究的基础上，起草了《关于加快我国图书馆事业发展的若干建议》，全面分析总结了建国以来，特别是改革开放后，我国图书馆事业的发展现状及存在问题，并对加快我国图书馆事业发展提出了若干建议，并广泛征求了馆内外专家意见，前后修订20余稿，为开展事业发展相关政策研究奠定了基础。

2. 修订与完善《全国公共图书馆事业发展"十二五"规划》

3月，受文化部委托，国家图书馆对深圳公共图书馆研究院初拟的《全国公共图书馆事业发展"十二五"规划（征求意见稿）》进行修改与完善。这是我国第一个由政策部门主导制订的全国性图书馆事业发展中长期规划，为确保规划的前瞻性和合理性，国家图书馆做了大量论证、调研、测算工作，并精心设计了发展指标体系。4月，参加了由文化部组织召开的专家论证会，听取专家意见，对规划文本进一步修改完善；6月初，正式向文化部提交《规划》及《规划》起草说明（共计6万余字）；9月，文化部就该《规划》文本面向各省文化厅局领导及业界有关专家征求意见，大家一致认为，该《规划》对事业现状全局把握到位，对事业政策需求保障充分，对事业发展目标要求合理。

3. 修改《公共图书馆基本情况年报》

7月初，受文化部委托，在充分调研的基础上，对《公共图书馆基本情况年报》现行指标体系进行了重新设计，并精心编制了指标说明文件，用以指导各级图书馆填报。新的《公共图书馆基本情况年报》中新增了公共图书馆数字服务、特殊人群服务等相关指标。

（三）图书馆事业发展政策研究相关刊物编发

2011 年，为及时总结国内外先进成果及经验，为各地公共图书馆及各级政府主管部门提供参考借鉴，国家图书馆研究院编发了《图书馆政策研究参考》和《图书馆决策参考》。两种内刊资料翔实，内容丰富，其国外信息绝大多数都直接来源于相关外文文献，参考借鉴价值较高。

1.《图书馆政策研究参考》

2011 年 1 月，对原《图研参考》进行全新改版，编发《图书馆政策研究参考》。该刊以“专、深、全、准”为宗旨，主要面向各级公共图书馆管理者及专业技术人员，深入解读国家有关图书馆事业发展政策，及时报道国内外图书馆事业发展动态，广泛交流各类型图书馆业务工作中新思想、新理论、新技术和新方法，为各级公共图书馆相关业务工作的部署和实施提供参考。

2011 年，《图书馆政策研究参考》共刊出 7 期，每期印数 240 份，发送至国家图书馆馆领导、文化部、发改委、财政部等相关部委，以及全国副省级以上图书馆，内容涉及免费开放、文献保护、文献战略储备库建设、图书馆基金会组织与管理、图书馆文献资源开发与利用等多个专题。其中，第 1—2 期对两部委发布的公共图书馆免费开放文件进行深入解读，并针对各地图书馆免费政策落实情况进行跟踪总结；第 4 期介绍了英国、美国、澳大利亚、日本以及我国国家图书馆利用新技术挖掘开发馆藏的典型案例，为我国图书馆开展相关工作提供参考。

2.《图书馆决策参考》

《图书馆决策参考》于 2011 年 5 月创刊，以“短、平、快、精”为宗旨，主要面向中央及各地方图书馆事业主管部门领导，总结国内外图书馆事业发展成功经验和创新成果，汇报我国图书馆事业发展的重大问题和创新思路，为各级政府主管部门制定图书馆事业发展相关规划、政策提供依据。

2011 年，《图书馆决策参考》共刊出 18 期，每期印数 205 份，发送至国家图书馆馆领导和文化部、发改委、财政部等相关部委，以及各省主管文化领导、文化厅和省级图书馆，内容涉及资源建设、古籍保护、文献开发、用户服务、建筑设计、经费管理、数字图书馆等多个主题，并应财政部、文化部等有关部门要求，多次为其制作专题咨询报告。

编辑与出版

- 《中国图书馆学报》
- 《国家图书馆学刊》
- 《文献》
- 《中国图书馆年鉴 2011》
- 《国家图书馆年鉴 2011》
- 专业文献出版

编辑与出版

一、《中国图书馆学报》

中国图书馆学会会刊《中国图书馆学报》创刊于 1957 年，为中华人民共和国文化部主管、中国图书馆学会和中国国家图书馆共同主办的图书情报学专业期刊。《中国图书馆学报》所发文章被引频次和影响因子在国内图书馆学期刊中均位居第一，因此被选为核心期刊、中国期刊方阵期刊，并荣获国家期刊奖之百种重点期刊奖，连续被评为全国优秀图书馆学期刊，被国际上许多著名的检索期刊如《乌利希国际期刊指南》、《图书馆文献》和《最新连续出版物题录》等收录。

《中国图书馆学报》2011 年第 1 期

为了进一步缩短学术论文的发表时滞，《中国图书馆学报》从 2011 年 7 月开始加入了 CNKI 优先发表平台，凡采用的稿件可先于纸质刊出版之前即时上网供读者阅读下载，彻底摆脱了传统出版周期的限制，传播效果显著。

2011 年《中国图书馆学报》继续入编《中文核心期刊要目总览》2011 年版（即第六版）之图书馆事业、信息事业类的核心期刊，并仍然位列于同类期刊榜首。2011 年收到稿件 2148 篇，中文双月刊发稿 87 篇，其中开设专栏“公共图书馆服务”、“数字图书馆指南解读”、“《公共图书馆法》立法支撑研究”。英文年刊发稿 17 篇。

作为全国图书馆学期刊编辑专业委员会的主任委员单位，2011 年 8 月学报编辑部在湖北宜昌召集了全国图书馆学期刊专业委员会委员会议，商讨图书馆学优秀期刊评比办法。

二、《国家图书馆学刊》

《国家图书馆学刊》是由中华人民共和国文化部主管、中国国家图书馆主办，国内外公开发行的图书情报专业学术刊物，主要面向国内外图书馆、大专院校及科研单位的广大图书情报专业工作者。入选 2008—2009 年、2010—2011 年《中文社会科学引文索引》（CSSCI）来源期刊，《中文核心期刊要目总览》（2008 版）收录期刊。

《国家图书馆学刊》以促进图书馆学研究、推动图书馆事业发展为宗旨，积极关注国内外图书馆事业及相关学术动态，贴近工作实践和理论前沿，突出重点和热点问题的研讨。同时，适应信息时代特点，捕捉相关领域高新科技信息，推介新型管理模式，展示最新学术成果和发展动态。

《国家图书馆学刊》2011 年第 1 期

2011 年，为更好地适应国内外图书馆理论与实践研究进展情况，更有效地突出选文特色，《国家图书馆学刊》在创新办刊思路的基础上，对主要栏目作了一定程度的调整，调整后的主要栏目有“前沿论坛”、“公共文化服务”、“国家图书馆论坛”、“信息组织”、“数字图书馆”、“研究与实践”、“交流与借鉴”、“实证研究”、“图书馆史研究”、“书林史话”等。并根据组稿情况，灵活设置专题论坛，集中探讨业界和学界共同关心的话题。同时，为满足我国图书馆事业发展及业界学术交流的需要，经北京市新闻出版局审批同意，《国家图书馆学刊》自 2012 年 1 月起刊期将由季刊改为双月刊。编辑部成员也由两人增加至三人。2011 年《国家图书馆学刊》来稿量 2022 篇，刊发 70 篇。

三、《文献》

《文献》季刊是文化部主管、国家图书馆主办的学术刊物，创刊于 1979 年，最初以丛刊形式发行，1985 年改为季刊。2011 年共出版 4 期，刊发各类稿件 106 篇，其中有 21 篇文章系国家社会科学基金等资助项目的研究成果，发布学术消息 2 则。2011 年的主要栏目有“甲骨与金石”、“敦煌吐鲁番文献”、“版本目录学”、“名家日记整理”、“书信整理”、“批校题跋”、“藏书与刻书”、“海外遗珍”、“中外文化交流”等，栏目设计均以一手文献的发布或研究为核心，紧密贴合刊物的宗旨。作者来自北京大学、北京师范大学、中国人民大学、南开大学、南京大学、复旦大学、浙江大学等国内知名学府，或国家图书馆、上海图书馆、山东图书馆等国内主要古籍文献典藏单位，亦有来自美国、法国、日本的著名学者。

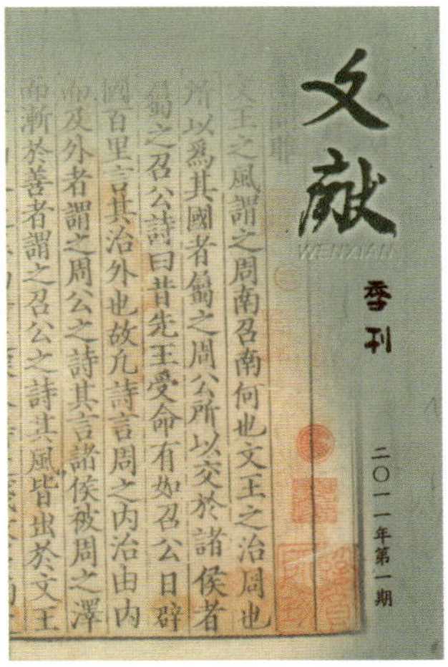

《文献》2011 年第 1 期

四、《中国图书馆年鉴 2011》

2011 年《中国图书馆年鉴》(以下简称《年鉴》)编辑部人员发生了变动，新的编辑部本着“稳中求变”的原则，在领导高度重视、业界同仁通力合作、编辑部成员认真负责的前提下，圆满完成了 2011 卷的编纂工作。

3 月 8—10 日，《年鉴》编辑部与中国图书馆学会秘书处合作，在学会秘书处召开中国图书馆学会各分支机构及所属各专业委员会秘书长年度联席会议期间，在江西省景德镇举办了《年鉴》

《中国图书馆年鉴 2011》

编纂工作会议。总结交流《年鉴》工作，部署2011卷组稿工作，对撰稿人进行专业培训，以进一步提高编撰质量。全国各省、市、自治区、各系统图书馆分会、委员会的秘书长等40多人参加了会议。会议讨论了2011卷大纲，正式启动了2011卷的编纂工作。同时还对《年鉴》编纂工作作出突出贡献的单位和个人进行了表彰，并颁发了奖状和奖金。

《年鉴》2011卷在保持“纪事”、“专文”、“图书馆事业”、“学术研究与活动”、“法律、法规与政策性文件”、“专业文献”、“统计资料”等固定栏目不变的前提下，增设了“图书馆活动图辑”，重点反映了近几年新建图书馆的情况，新颖的图片并配有说明文字，图文并茂，真实、完整地记录我国图书馆事业的发展轨迹，向社会各界展示了图书馆的风采。经多方努力，2011卷增加了高校图书馆的统计数据，为业界的研究提供了新的参考。

2011卷的原始稿件文字达300多万字，原始图片620多幅，远超以往，大大增加了编辑审校工作的难度和工作量，最后经编辑部梳理、裁汰、修订、补充，最终成稿约120万字，148张图片。

国家图书馆加大了对《年鉴》的投入力度，对封面进行了重新设计，调整了正文用纸，《年鉴》2011卷整体给人焕然一新之感，12月，2011卷顺利出版。

五、《国家图书馆年鉴 2011》

《国家图书馆年鉴2011》于2011年10月正式出版，它是国家图书馆的第一本年鉴，也是图书馆界第一本单位年鉴。

《国家图书馆年鉴2011》设立“2010年工作综述”、“特别记载”、“基础业务工作”、“服务工作”、“国家数字图书馆建设”、“重点文化工程”、“学术与科研”、“编辑与出版”、“对外交流与合作”、“机构与人员”、“设施建设与安全保卫”、“党建与员工文体活动”、“统计资料”、“重要文件选编”、“媒体报道目录”、“年度大事记”等栏目，全面记录了国家图书馆2010年事业发展进程中的主要事件，系统反映了2010年国家图书馆的年度工作情况，比较完整地记录和保存了国家图书馆各项业务工作的重要数据，既便于社会各界详细了解国家图书馆的2010年度工作情况，也利于国家图书馆总结经验，规划未来发展，为全国图书馆事业发展提供参考借鉴。

《国家图书馆年鉴 2011》

六、专业文献出版

2011年，国家图书馆出版社根据国家图书馆“解放思想、开拓创新”讨论活动的要求，结合工作实际，调整内部体制机制，积极配合国家图书馆工作重点，同时加强与海内外各图书馆的沟通与联系，有效整合资源，优化选题，扩大宣传，保持了稳健发展的势头。

（一）编辑出版工作扎实推进，逐步拓展海外古籍资源

2011年出版图书245种，比去年同期减少21%；其中新版书228种，比去年同期减少20%；重印书17种，比去年同期减少57.5%；单种总印张62.22千印张，比去年同期增加57%；单种总码洋114.69万元，比去年同期增加62%。发稿171种，比去年同期减少65.24%。

2011年，按照新闻出版总署、中国出版工作者协会等的要求，完成多个项目的申报与评选。《原国立北平图书馆甲库善本丛书》、《历代辑佚文献分类丛刊》、《鲁迅手稿全编》、《著名图书馆藏稀见书目丛刊》、《中国图书馆藏古籍珍本丛刊》、《回文集》、《历代文庙资料汇编》7个项目列入“十二五”时期国家重点图书、音像、电子出版物出版规划，其中，《回文集》、《历代文庙资料汇编》列入2011年“十二五”国家重点出版规划400种精品项目。《中华古籍总目（分省卷）》、《中国历代典籍总目系统》、《中国图书馆藏古籍珍本丛刊》3个项目列为新闻出版改革发展项目库入库项目。《〈册府元龟〉唐史资料辑录》、《国家图书馆藏清代档案文献汇编·第一辑》、《哈佛燕京图书馆藏齐如山小说戏曲文献汇刊》、《浙江省古籍善本联合目录》、《首都图书馆善本书目》5个项目获2011年度国家古籍整理出版专项经费资助。《清文海》荣获第六届“优秀古籍图书奖”一等奖；《地方志灾异资料丛刊·第一编》、《自庄严堪善本书影》、《国家图书馆藏钞稿本乾嘉名人别集丛刊》获二等奖；《史记十五讲》获普及读物奖。《部级领导干部历史文化讲座·资政卷（图文全本）》、《中国图书馆分类法》（第五版）荣获2011年度全行业优秀畅销品种称号。《国宝档案》、《拿破仑传》、《和珅》、《慈禧》、《品读帝王》、《最具历史影响的华夏101帝王》6种图书入选《2010—2011年农家书屋重点出版物推荐目录》。

2011年，国家图书馆出版社还积极开发海外古籍资源。9月，赴加拿大英属哥伦比亚大学亚洲图书馆、美国华盛顿大学东亚图书馆、哈佛燕京图书馆、芝加哥大学东亚图书馆访问，深入了解各馆的馆藏中文古籍，达成《永乐大典》、善本方志、稿抄本等多个合作意向。与圣智学习亚洲私人有限公司签订数字内容合作协议，着手近现代中国学外文文献影印图书的数字化与全球电子书分销，进行数字化出版初步尝试。

（二）重点图书的出版

1. 国家重点图书项目的进度跟踪与落实。《中华再造善本》续编工作全面推进，累积出版206种1053册另2轴，已完成全部任务的三分之一；完成“十一五”国家重点图书出版规划项目《南京图书馆藏戚蓼生序本石头记》的出版；完成《地方金石志汇编》、《河北大学图书馆藏稀见方志丛刊》、《上海图书馆藏稀见方志丛刊》3种国家古籍整理出版“十一五”重点规划项目的出版；

国家出版基金项目《原国立北平图书馆甲库善本丛书》编辑出版工作全面启动，已完成胶卷扫描 373 卷 846 种，已入库 20 册；完成《大连图书馆藏清代内务府档案》、《〈册府元龟〉唐史资料辑录》、《首都图书馆善本书目》3 种国家古籍整理出版专项经费资助项目的出版。

2. 国家图书馆重点图书。“民国文献资料丛编”已出版图书 91 种 1514 册；《国家图书馆藏敦煌遗书》已出版至 142 册；召开了《任继愈文集》编纂出版工作会议，成立编辑委员会，完成 500 万字的文献收集工作，进入分类编纂阶段；配合国家图书馆展览出版《西域遗珍——新疆历史文献暨古籍保护成果展图录》、《灵兰集萃——中华珍贵医药典籍展图录》、《东方的觉醒——纪念辛亥革命一百周年珍贵文献展图录》等多种图录。

（三）拓展营销渠道，销售收入再创新高

积极举办或参加了一系列学术会议或专题业务会议，包括《清文海》暨清史资料出版座谈会（1 月）、中国图书馆学会 2011 秘书长联席会议暨《中国图书馆年鉴》编纂会议（3 月）、中国出版界和欧美东亚图书馆座谈会（4 月）、国家图书馆出版社业务交流座谈会（6 月）、《中国古代音乐文献集成》新书发布会（6 月）、图书馆古籍保护与资源建设工作会议（8 月）、《清敕修大藏经》首发式（9 月）、《上海图书馆藏稀见方志丛刊》发布会暨地方志整理出版座谈会（9 月）、《中国图书馆藏古籍珍本丛刊》编纂座谈会（10 月）、2011 年中国图书馆年会暨中国图书馆学会年会（10 月）、中国图书馆学会编译出版委员会图书馆学著作编辑出版专业委员会 2011 年工作会议（11 月）、“子藏”工程首批成果发布会（12 月）等；参加第二十二届全国图书订货会、第二十一届全国图书博览会等专业书展多场。通过以上活动，扩大了出版社在学术界和图书馆界的社会影响，取得了较好的形象宣传和业务交流的效果。

继续加强媒体及网络宣传。先后在《人民日报·海外版》、《光明日报》等 20 余家报刊发表书讯、书评，刊登书摘和书目、会议报道、领导访谈文章等，共计 400 余篇（条）；在相关网络发布书评、书讯、书摘等共计 400 余篇（次），增加了出版社的曝光率，进一步树立特色鲜明的专业出版社形象。目前，“文学遗产”、“图书馆报”网站已设置国家图书馆出版社宣传专栏；出版社新浪博客访问人数已超过 7000 人次；出版社专业博客“文献影印”1—12 月共发布书讯、书评 150 余篇，并全部被灿然书屋转载，部分被其他博友转载，访问量超过 33000 人次。

2011 年出版社总销售收入 5193 万元，比上年同期增长 25%。

（四）专业人才队伍建设和转企改制工作

继续选送编辑人员参加第十八期全国出版社新编辑培训班；安排出版社总编室工作人员参加第一期新批网络出版单位负责人岗位培训班；积极摸索补充人员的渠道方式，尽快充实编辑队伍；出版社总编辑徐蜀荣获第二届中国出版政府奖优秀出版人物奖（优秀编辑）。

转企改制工作是出版社 2011 年工作的重中之重。1—3 月，完成事业编制核销和事业法人注销工作。4—6 月完成人员安置、劳动合同签订和社保衔接工作。国家图书馆出版社成为文化部第一家全面完成转企工作的出版社。

年度掠影

【《任继愈文集》编纂工作取得实质性进展】

2010年11月，《任继愈文集》编辑筹备委员会开始向社会各界公开征集任继愈生前著述，标志着《任继愈文集》编辑出版工作正式启动。任继愈先生是二十世纪我国著名的哲学家、宗教学家和历史学家，著有《汉唐佛教思想论集》、《中国哲学史论》等，先后担任《中华大藏经》（汉文部分）、《国家图书馆藏敦煌遗书》、《墨子大全》等大型古典文献丛书的主编，为中国传统文化的研究，从而为中华文明的传承和文化的发展作出了卓越贡献。

任先生生命的最后十数年，发奋于古代典籍的整理，“不知老之将至”，没有时间梳理和总结自己的学术和思想，留下了永久的遗憾。编辑出版《任继愈文集》，是系统整理总结先生学术成就，继承弘扬先生学术思想的一件大事。

2011年3月24日下午，“《任继愈文集》编纂工作会议”在国家图书馆古籍馆召开，任先生子女任远、任重和国家图书馆常务副馆长、党委书记詹福瑞、副馆长张志清，原任先生秘书李劲，中国社会科学院宗教研究所教授杜继文，上海师范大学教授李申、方广锠及国家图书馆出版社郭又陵、徐蜀、姜红、贾贵荣等与会。会议由张志清主持。会议介绍了《文集》前期的资料搜集和征稿工作，讨论了工作委员会和编委会人选。此外，各位专家还就文集如何编纂提出了具体意见。

4月7日，“《任继愈文集》编委会第一次会议”在国家图书馆古籍馆召开。任先生子女任远、任重，国家图书馆常务副馆长詹福瑞、副馆长张志清和原任先生秘书李劲，中国社会科学院宗教

《任继愈文集》编纂工作会议召开

研究所教授杜继文、习五一，中国社会科学院网络计算机中心主任、中国宗教学会常务副会长张新鹰、中国宗教学会副会长业露华，上海师范大学教授李申、方广锠，南京大学教授阎韬、赖永海，陕西师范大学教授吕建福，及国家图书馆出版社郭又陵、姜红、贾贵荣等与会。会议由李申、郭又陵主持。会议首先确定了编委会成员。在此基础上，讨论了编委会分工及工作程序，对李申提出的"《任继愈文集》编纂方案"展开了深入讨论，并形成一系列的决议。会议明确了《文集》按类编纂，并确定了各部分的编纂责任人，正式展开具体编纂工作。

【国家图书馆出版社总编辑徐蜀荣获第二届中国出版政府奖优秀人物奖】

3 月 18 日下午，"书香中国——第二届中国出版政府奖颁奖典礼"在北京展览馆剧场举行。经过市场和读者检验、代表近三年我国新闻出版业最高水平的 240 个优秀出版物、出版单位和先进人物获得表彰。中国出版政府奖是我国新闻出版行业最高奖项，每三年评奖一次。国家图书馆出版社总编辑徐蜀荣获本届中国出版政府奖优秀出版人物奖优秀编辑奖。徐蜀同志二十余年来致力于珍稀古籍的整理影印，策划选编了《北京图书馆古籍珍本丛刊》、《二十四史订补》、《地方志人物传记资料丛刊》、《国家图书馆藏古籍艺术类编》、《国家图书馆藏古籍题跋丛刊》等大型图书十余种。这些图书汇集了国家图书馆及其他图书馆上万种零散古籍，极大地方便了学者的研究使用，成为许多大中型图书馆（包括海外）必备的图书，受到了学术界的好评。此外，他还主持了《中华再造善本》、《永乐大典》、《国家图书馆藏敦煌遗书》、《原国立北平图书馆甲库善本丛书》等多项国家重点出版项目的编辑出版工作。徐蜀同志不仅业务纯熟，而且思想过硬，爱岗敬业，甘于淡泊，甘于奉献，一心致力于古籍图书的整理开发与编辑出版工作。2002 年被评为第四届全国百佳出版工作者，2007 年被评为文化部优秀专家。

【《原国立北平图书馆甲库善本丛书》等 7 个项目列入"十二五"国家重点图书出版规划】

4 月，"十二五"国家重点图书、音像、电子出版物出版规划名单正式公布。拟在未来 5 年推出 2000 种左右的国家重点出版物，发挥国家规划的示范带动作用，形成国家、省级和出版单位三级重点出版规划网络，实施精品战略，发挥杠杆作用，带动高水平、高质量出版物的出版。

国家图书馆出版社申报的 20 项出版项目中，有 7 项被列入"十二五"国家重点图书、音像、电子出版物出版规划，分别为：《原国立北平图书馆甲库善本丛书》、《历代辑佚文献分类丛刊》、《鲁迅手稿全编》、《著名图书馆藏稀见书目丛刊》、《中国图书馆藏古籍珍本丛刊》、《回文集》、《历代文庙资料汇编》。

【《清文海》等 5 种图书获第六届优秀古籍图书奖】

5 月 29 日—6 月 2 日，第二十六届全国古籍出版社社长年会暨 2011 年全国优秀古籍图书评奖会在哈尔滨举行。国家图书馆出版社出版的《清文海》等 5 种图书获奖。

全国"优秀古籍图书奖"由中国出版工作者协会古籍出版工作委员会设立，自 2006 年起，每年召开一届，由全国 22 家古籍出版社及其他相关出版社报送优秀古籍图书参与评选。设荣誉奖、

《清文海》

一等奖、二等奖、普及读物奖等奖项。

《清文海》于上世纪80年代开始编纂，是全国高校古籍整理研究工作委员会组织实施的大规模断代诗文总集编纂工程“七全一海”（《全宋文》、《全宋诗》、《全唐五代诗》、《全元文》、《全元戏曲》、《全明文》、《全明诗》、《清文海》）之一，由南开大学古籍与文化研究所众多研究人员工作多年，广泛搜罗，披沙拣金，完成选编。共收入清代1576位作者18383篇文章。全书105册，索引1册，原版标点影印，规模宏大，内容丰富，有清一代较为重要的学者、文学家、思想家、政治家之要文佳作，大抵收揽其中。

本次获奖的其他图书还有：二等奖《地方志灾异资料丛刊·第一编》、《自庄严堪善本书影》、《国家图书馆藏钞稿本乾嘉名人别集丛刊》，普及读物奖《史记十五讲》。

【《原国立北平图书馆甲库善本丛书》出版工作顺利推进】

“九一八事变”后，国立北平图书馆（国家图书馆前身）遵从国民政府指示，将所藏珍贵善本南运。1940年10月至1941年12月太平洋战争爆发前，王重民等从暂存于上海的善本中拣选出102箱2954种20970卷，分批转运美国，寄存于美国国会图书馆。作为酬答，北平图书馆允准美国国会图书馆将寄存善本摄制微缩胶卷。抗日战争胜利后，大部分南运图籍运回北平，而运美善本（以下简称“平馆藏书”）则于1965年11月转运台湾，现存台北故宫博物院。

《原国立北平图书馆甲库善本丛书》

“平馆藏书”是原国立北平图书馆古籍中的精华，据查，其中有宋刻本75种，金刻本4种，元刻本131种，明刻本2000余种。为使“平馆藏书”尽早披露于世，为古籍整理与学术研究发挥应有的作用，国家图书馆曾与台北故宫博物院联系影印出版事宜。但因种种原因，此事一直未有进展。在此前提下，2010年，国家图书馆决定使用“平馆藏书”的缩微胶片作为底本，通过特殊技术处理的方式，将其影印出版，同时补入其他甲库善本。

“平馆藏书”出版项目申报之后，得到了国家出版基金的支持，立项从2010年7月起，截至2013年12月。2010年下半年至2011年初，“平馆藏书”处于前期准备阶段，完成了部分胶片的拷贝与扫描工作。2011年4月，“平馆藏书”正式确定丛书名为《原国立北平图书馆甲库善本丛书》，进入编辑制作环节。基于丛书没有总目录的情况，2011年4月至6月，编辑工作以搭建丛书总目录框架为中心，在国家图书馆善本特藏部已有选目的基础上，综合赵万里《国立北平图书馆善本书目》（简称“甲库目录”）、国家图书馆CBM胶片目录与台北“中央图书馆”《“国立中央图书馆”典藏国立北平图书馆善本书目》（简称“台藏目录”），初步完成了框架建构，涉及可制作图书约 2657 种。2011 年 7 月起，“平馆藏书”开始逐批交付印厂制作，截至 2011 年底，共下发印厂 198 册、审结样书 40 册。

【《上海图书馆藏稀见方志丛刊》发布会暨地方志整理出版座谈会在上海图书馆举行】

9 月 14 日下午，由国家图书馆出版社与上海图书馆、上海市古籍保护中心联合举办的“《上海图书馆藏稀见方志丛刊》发布会暨地方志整理出版座谈会”在上海图书馆举行。国家图书馆常务副馆长、党委书记詹福瑞、上海市地方志办公室主任刘建、上海图书馆党委书记穆端正、副馆长周德明、全国古籍整理出版规划领导小组袁越伦、浙江大学教授仓修良、华东师范大学古籍研究所所长严佐之、上海师范大学古籍整理研究所所长戴建国、上海通志馆副馆长周树安、浙江图书馆副馆长徐晓军、复旦大学图书馆副馆长吴兆禄、上海历史博物馆研究部主任顾音海、上海书店出版社总编辑金良年等来自图书馆、高校、出版界的 40 余位领导和学者与会。

上海图书馆藏有民国前出版的各地方志 5400 余种，9 万余册。藏量仅次于国家图书馆，居全国第二位。所藏地方志不仅覆盖面极广，而且精品众多。此次由国家图书馆出版社汇编影印出版的《上海图书馆藏稀见方志丛刊》(全 240 册)，收录了上海图书馆所藏稀见方志 246 种，其中孤本方志计 104 种，同时选录了国内收藏单位在三家以内的稀见方志计 142 种。这套书不仅是迄今为止上海图书馆面向社会公布的历史文献中部头最大、版本最善、资料最为丰富齐全的品种之一，同时也是以影印历史文献见长的国家图书馆出版社近年来最重要的出版项目之一。该书的出版对地方志的整理和研究意义重大，备受图书馆界、文史学界关注。

发布会由国家图书馆出版社社长郭又陵主持。詹福瑞、吴建中、刘建、袁越伦对《上海图书馆藏稀见方志丛刊》的出版表示祝贺。上海图书馆副馆长周德明重点介绍了这套书的整理编辑情况和出版的价值、意义所在。国家图书馆出版社总编辑徐蜀介绍了该社在地方志整理出版方面所作的大量工作。

《上海图书馆藏稀见方志丛刊》发布会暨地方志整理出版座谈会

座谈会由上海图书馆历史文献中心陈先行主持。与会的图书馆、出版单位负责人、高校学者对《上海图书馆藏稀见方志丛刊》的出版给予了高度评价，对国家图书馆出版社和上海图书馆在地方志整理出版方面所作的努力表示赞赏。会议不仅讨论了地方志整理出版工作的意义和价值，同时就传统方志出版的整理思路、编印方式等进行了具体、深入的讨论研究。

【《中国图书馆藏古籍珍本丛刊》编纂座谈会在北京举行】

10 月 19—21 日，由国家图书馆出版社主办的"《中国图书馆藏古籍珍本丛刊》编纂座谈会"在北京房山召开，来自国家图书馆、首都图书馆、上海图书馆、浙江省图书馆、清华大学图书馆、北京师范大学图书馆、南京大学图书馆等 24 家公共图书馆、高校图书馆的馆长、古籍部主任 30 余人与会。会议由国家图书馆出版社总编辑徐蜀主持。会议现场讨论热烈，各位专家为《中国图书馆藏古籍珍本丛刊》的编纂出版献言献策，并就编纂思路、合作方式等具体问题进行了深入的交流。

会议主要有以下两个议题：一、讨论《中国图书馆藏古籍珍本丛刊》编纂出版事宜。《中国图书馆藏古籍珍本丛刊》这一项目 2007 年由天津图书馆开始倡议，国家古籍保护中心及国家图书馆出版社积极参与，目前该项目已列入国家"十二五"重点图书出版规划，拟收《中华再造善本》未收之数千种珍本古籍，以收藏馆为单位，分批出版。会议就该丛书的出版价值、编纂思路、出版社与各馆之间的合作方式及避免重复出版等方面，进行了深入讨论。二、提议成立"图书馆古籍整理出版联合委员会"。为加强图书馆古籍资源的整理、开发、利用和共享，搭建图书馆界古籍整理出版平台，徐蜀提议成立"图书馆古籍整理出版联合委员会"（简称古联委），隶属于中国图书馆学会学术研究委员会古籍整理与文献保护专业委员会。定期出版发行两种刊物，包括《图书馆古籍整理出版情况简报》（双月刊），内容为各馆在古籍整理中所做的工作，情况交流等；《古籍整理出版工作论坛》，每年出版一本。此外，还将出版年会论文集等。此提议得到与会人员的一致赞同。

【《子藏》工程首批成果发布会在人民大会堂举行】

12 月 16 日下午，由华东师范大学和国家图书馆出版社联合主办的"《子藏》工程首批成果发布会"在人民大会堂北京厅举行。

新闻出版总署副署长阎晓宏、国家图书馆馆长周和平、华东师范大学党委书记童世骏等领导出席会议。参加本次会议的还有傅璇琮、陈鼓应、张岂之、方立天、白化文、钟肇鹏、许抗生、陆永品、杨忠、张双棣、邓国光等著名学者，以及新华社、《光明日报》、《中国青年报》、《中国文化报》、《中国新闻出版报》等新闻媒体代表。与会者共 60 余人。会议由国家图书馆出版社社长郭又陵主持。

《子藏》作为华东师范大学的超大型古籍文献整理工程，预计历时十年，搜天下之遗籍，极百家之大观，汇辑影印海内外所存先秦汉魏六朝诸子白文本和历代诸子注释、研究专著约 5000 种，并为每种著述撰写提要，考述著者生平事迹，揭示著作内容，探究版本流变情况。《子藏·道家部·庄子卷》的顺利出版，标志着这一重大学术文化工程取得了实质性的重要进展。《庄子卷》共搜辑中国历代庄子学著作 302 部（截止于 1949 年），远远超过严灵峰所辑《庄子集成》系列的 172 部。在底本使用上，注重善本、古本、稿本、抄本和名家批注本，既全且精。《庄子卷》的出

《子藏》工程首批成果发布会

版问世，构筑起一座巨大的《庄子》文献传世宝库，并将有力地推动全球庄子学的向前发展。

发布会上，阎晓宏、周和平、童世骏等领导分别作了大会主题发言，对《子藏》的编纂和出版给予了极高赞誉，认为《子藏》工程将为弘扬优秀中华传统文化、推动社会主义文化大发展大繁荣作出新的贡献。《子藏》总编纂、华东师范大学先秦诸子研究中心主任方勇详细说明了《子藏》的编纂情况，国家图书馆出版社总编辑徐蜀介绍了具体的编辑出版规划。傅璇琮、陈鼓应、张岂之、方立天、邓国光等专家在发言中肯定了《子藏•道家部•庄子卷》的学术价值和重要意义。与会专家对《庄子卷》的图书质量给予了充分肯定，并对《子藏》今后一段时期的编纂和出版工作建言献策。

【国家图书馆出版社被评为 2011 年度全国优秀馆配商·出版社十强】

"2012 年北京图书订货会馆社合作峰会暨 2011 年度全国优秀馆配商颁奖仪式"于 2012 年 1 月 9 日北京皇家大饭店举办。国家图书馆出版社荣获"2011 年度全国优秀馆配商•出版社十强"。本届论坛的主题为"关注馆配服务　推进产业发展"，论坛邀请了中国出版物发行协会、中国图书馆学会、中国新华书店协会相关领导、出版社社长、馆配市场专家与学者、优秀馆配商代表出席。

会议随后举办了"2011 年度全国优秀馆配商评选"颁奖仪式。颁发了 2011 年度全国优秀馆配商综合实力奖、诚信经营奖和出版社十强等奖项，浙江省新华书店、武汉三新书业有限公司等 9 家馆配商分别获全国优秀馆配商综合实力奖和诚信经营奖。国家图书馆出版社获得出版社十强奖，同时获奖的出版单位有商务印书馆、北京大学出版社、清华大学出版社、社科文献出版社、人民邮电出版社等。国家图书馆出版社三十年来秉持全心全意为图书馆界服务的宗旨，发挥自身专业优势，加强与图书馆界的合作，加快选题开发，以更好的内容、更高的质量，为图书馆界提供大量的优质馆藏资源。其中，影印历史文献品种多，内容丰富，仅自编专题丛书就有 300 多个品种，涉及历史文献 18000 余种。经过长期努力，该社的影印类图书在海内外形成了一个稳固发展的专有市场，销售额和出口额逐年上升，出口额已占该类图书的 25% 左右。根据有关图书商业机构的调查数据，近年该社图书的馆配率和馆配额一直稳居前列。近几年，国家加大了对历史文献的保护力度，越来越重视善本文献的再生性保护，该社也响应国家号召，积极参与历史文献保护工作，加快了选题开发速度和图书出版周期。

【国家图书馆出版社一行四人赴加、美东亚图书馆访问】

应哈佛燕京图书馆郑炯文馆长和加拿大英属哥伦比亚大学亚洲图书馆袁家瑜馆长等邀请，国家图书馆出版社社长郭又陵等一行四人于 9 月 18 日—26 日赴加拿大英属哥伦比亚大学亚洲图书馆、美国华盛顿大学东亚图书馆、哈佛燕京图书馆、芝加哥大学东亚图书馆进行访问。

通过本次访问，深入考察了北美东亚图书馆的馆藏中文文献。其中包括英属哥伦比亚大学亚洲图书馆的蒲坂藏书和庞镜塘藏书，华盛顿大学东亚图书馆的卫德明藏书和洛克藏书，哈佛燕京图书馆的齐耀琳、耀珊兄弟藏书以及馆藏地方志、和刻本、韩刻本、满文档案、稿抄本、名人日记尺牍、地方契约文书、明清舆图等稀见文献，芝加哥大学东亚图书馆的劳福（Laufer）藏书、李宗侗藏书。加深了对海外馆藏中文文献，尤其珍稀古籍的认识与了解，并在此基础上商讨中文文献的开发与出版合作项目，取得积极成果。

各馆馆长在介绍图书馆的中文馆藏特色、传藏经过之外，同时介绍了中文图书采编情况以及正在进行的交流开发项目或规划。如哈佛燕京图书馆正与国家图书馆合作，开展馆藏古籍善本数字化工作，并计划实现电子资源的全面网络共享。其他东亚图书馆也希望进一步扩大与中国内地图书馆界、出版界的合作。

本次访问的意义在于加强与北美东亚馆的沟通与交流，配合海外古籍普查和回归，促进海外中华古籍的梳理、保护与开发利用。

国家图书馆出版社工作人员在华盛顿大学东亚图书馆检阅卫德明藏书和洛克藏书

对外交流与合作

- 国外及港、澳、台重要来访
- 本馆人员赴国外及港、澳、台交流
- 对外合作项目

对外交流与合作

一、国外及港、澳、台重要来访

全年共接待重要境外来访 53 批 499 人次，其中包括澳门特别行政区行政长官崔世安、马其顿共和国驻华大使、印尼众议院第十委员会代表团、美国众议院民主党党团主席、罗马尼亚文化部长顾问、文莱文化部代表团等政要，日本国立国会图书馆馆长、韩国国立中央图书馆副馆长、韩国国会图书馆馆长、捷克国家图书馆馆长、阿拉伯国家图书馆高级管理人员研修班等外国国家图书馆重要代表，台湾汉学研究中心副主任、香港中央图书馆馆长等台港澳地区图书馆重要代表，以及其他图书馆、研究机构、文化机构的来访。与上一年度相比，来访人数增长超过 40%。国际交流处向来访者介绍了国家图书馆的发展成就，加深了海外机构对国家图书馆的了解，扩大了国家图书馆的国际影响，同时利用交流契机，发掘新的合作项目。

二、本馆人员赴国外及港、澳、台交流

全年共出访 24 批 70 人次，重要出访包括：馆长周和平等 6 人赴英国、波兰、法国考察海外古籍存藏情况，馆长周和平赴香港参加“国家图书馆善本特藏展”相关活动，常务副馆长詹福瑞

周和平馆长会见韩国国会图书馆代表团

周和平馆长会见捷克国家图书馆馆长

等4人赴俄罗斯业务交流，常务副馆长詹福瑞等2人赴台湾参加海峡两岸公共图书馆服务研讨会，副馆长常丕军等2人赴韩国参加亚洲及大洋洲地区图书馆馆长会议，副馆长陈力等10人赴波多黎各参加国际图联大会，副馆长张志清等5人赴日本国立国会图书馆业务交流，副馆长张志清等3人赴台湾参加中文文献资源共建共享合作会议理事会；副馆长魏大威等3人赴法国参加世界数字图书馆执委会会议，副馆长王军等4人赴澳门参加"东方的觉醒——纪念辛亥革命一百周年珍贵照片展"，馆长助理孙一钢等5人赴新加坡国家图书馆业务交流，馆长助理孙一钢等2人赴德国参加世界数字图书馆合作伙伴会议，馆长助理汪东波等2人赴蒙古国家图书馆参加馆庆活动等。与上一年度相比，出访批次和人数均有所增加。通过出访，巩固了国家图书馆对外交流项目的务实合作，并在许多具体合作项目上取得了显著成效，同时也进一步加深了国际友谊，提升了国际话语权。

三、对外合作项目

2011年，国家图书馆继续坚持"加强交流、促进合作、学习先进、扩大影响"的原则，进一步扩大国家图书馆在国际图书馆事务中的话语权与影响力。

在国际交流工作任务重、紧急任务多、工作量大的情况下，国家图书馆根据全馆工作重心，在全面开展对外交流的同时，突出重点，策划亮点项目，在海外古籍调查与保存保护、与海外机

詹福瑞常务副馆长会见第 32 次日本出版友好访华团

构合作举办展览、数字化合作项目等方面取得了突出成绩。

开展海外古籍调查，深入了解海外古籍存藏机构的中文古籍数量、编目与整理情况、保护与修复现状、远程书库建设情况；探讨如何依托国家图书馆的专业化队伍、丰富的馆藏资源和国家数字图书馆建设成果，开展“中华古籍保护计划”海外中华古籍联合编目与数字化建设项目，更好地发挥国家图书馆典籍的文化教育职能，促进世界各国图书馆在资源建设中的相互了解和广泛合作，逐步树立国家图书馆在中文古籍资源建设中的主导地位，推进海外中文古籍以数字化方式回归祖国。

周和平馆长率团赴法国国家图书馆进行业务交流

为展示中华民族丰富多彩的典籍文化，国家图书馆与香港特别行政区康乐及文化事务署合作在香港中央图书馆举办“国家图书馆善本特藏展”，展品包括国家图书馆馆藏善本特藏及复制品共计 42 件。展览有力推动了两地图书馆事业的共同发展，对香港民众加深对中华古籍善本的认识，进一步强化对中华民族悠久文化的认同具有重要意义。

国家图书馆与澳门澳赣台青年交流协会合作在澳门大学图书馆举办《东方的觉醒——纪念辛亥革命一百周年珍贵照片展》，展览重温了辛亥革命的伟大精神，展示了近代中国的历史、文化、社会背景和民生面貌，弘扬了爱国主义精神，增强了澳门民众对中华民族伟大复兴道路的认知，引起澳门民众的广泛兴趣，取得了很好的社会反响。

推进《中日韩数字图书馆计划协议》的落实，举办三方工作会议，通过协商，就共享标准规范、WebOPAC 检索进行互联与对接、业务交流会议组织机制、工作组沟通机制以及项目宣传等问题达成

周和平馆长参观香港中央图书馆

了一致意见。该项目为三国国家图书馆间的合作提供了新平台和新形式，推动了亚洲文化合作的进一步发展。此外，我馆还通过世界数字图书馆项目、哈佛大学中文古籍数字化项目以及赴澳大利亚参加第三届国际移动图书馆会议等方式推进了数字图书馆建设。

有针对性地开展与国际图书馆界的务实交流，通过访问进一步密切了和美国、英国、法国、俄罗斯等重要大国国家图书馆的战略伙伴关系，通过专题业务交流活动巩固了与日本、韩国、蒙古、新加坡等周边国家图书馆的传统合作关系；充分利用参加第 19 届亚洲及大洋洲地区国家图书馆馆长会议、第 77 届国际图联大会、中美图书馆服务研讨会、中文文献资源共建共享合作会议第 5 次理事会、海峡两岸公共图书馆服务研讨会等多边或双边交流平台，提升国家图书馆的国际影响力，积极寻求服务于国家图书馆建设的国际合作项目。

詹福瑞常务副馆长赴台出席海峡两岸公共图书馆服务研讨会

在文化外交工作中继续承担国家图书馆的职责。执行政府对外文化协定，发挥我馆资源优势和专业优势，积极参与国家“文化走出去战略”，配合文化部的对外交流活动。积极推进驻外中国文化中心图书馆建设项目，继续做好“中国之窗”海外赠书项目。

加强与全球性、地区性国际组织的交流，密切我馆与国际图联的关系，做好国际图联保存保护中心中国中心的工作，发挥国际图联中文语言中心的作用；加强与澳门基金会、澳赣台青年交流协会、钟健国基金会等团体的合作关系，推进中华寻根网项目的建设，并寻求建立新的合作项目。

根据国家图书馆人才发展战略，积极做好选派人员赴外培训工作，并拓展海外培训渠道；推进外语志愿者的选拔、培训等工作，促进全馆外语人才对国际交流工作的参与。

做好出版物进口工作，做好国家图书馆进口资格年报、海关资质年审、出版物统计报表等工作。全年接受海外批量赠送共计6批15000余册，办理港台图书进口共计6批次，办理行邮渠道进口出版物若干。认真做好新闻出版总署“出版物进口实施监控系统”的调研工作。

“中国之窗”项目总结会

年度掠影

【与澳大利亚合作举办“‘光源自光’当代媒体艺术作品展”】

4 月 29 日至 7 月 4 日，由中国国家图书馆、澳大利亚驻华大使馆和亚太多媒体艺术中心联合主办的“光源自光”当代媒体艺术作品展在国家图书馆总馆北区二层举办。中国国家图书馆副馆长、党委副书记常丕军，澳大利亚大使馆代办梅耕瑞，文化部对外文化联络局美大处副处长徐彤出席开幕式。展览汇集了十位中外艺术家创作的以“光”为主题的 11 件现代艺术作品（其中 1 件在中国美术馆展出）。作品围绕图书馆是智慧之光启蒙场所这一主题，自然地融入国家图书馆的读者阅览环境中，以现代艺术形式展现图书馆传播科学，启迪民智，鼓励创造的社会使命。2009 年

常丕军副馆长与澳大利亚大使馆代办梅耕瑞出席开幕式

中澳两国政府决定于 2010 年至 2011 年在中国举办“澳大利亚文化年”，2011 年至 2012 年在澳大利亚举办“中国文化年”。“光源自光”当代媒体艺术作品展是“澳大利亚文化年”项目的组成部分，也是由文化部、国家广电总局和北京市人民政府联合主办的第十一届“相约北京”联欢活动中的重要展览。

【参加第三届国际移动图书馆会议】

5 月 9 日至 14 日，副馆长魏大威等 2 人赴澳大利亚参加第三届国际移动图书馆会议，并做了题为《中国国家图书馆的移动服务》的会议报告。此次参会加强了国家图书馆与国际图书馆界同

仁的交流，宣传了国家图书馆在此领域取得的成就，了解了世界范围内图书馆通过手机和其他移动设备提供服务的经验和国际前沿动态，对相关业务的拓展具有十分重要的意义。

【参加第十九届亚大地区国家图书馆馆长会议】

5 月 16 日至 19 日，副馆长常丕军率代表团赴韩国参加第十九届亚洲及大洋洲地区国家图书馆馆长会议。代表团与亚大地区有关国家图书馆的同仁进行了广泛的沟通与交流，对韩国国立中央图书馆的数字图书馆建设情况、出版物缴送立法工作、如何推进中日韩数字图书馆项目、海外文化中心图书馆现状及需求等内容进行了调研。

【与俄罗斯国家图书馆、俄罗斯国立图书馆开展业务交流】

6 月 27 日至 7 月 2 日，常务副馆长詹福瑞等 4 人赴俄罗斯国家图书馆和俄罗斯国立图书馆进行工作访问，此次访俄促进了中俄两国图书馆界的相互了解，达成了一系列合作意向，促进了海外古籍调查和驻外文化中心图书馆建设，取得了丰硕的成果。国家图书馆将在与俄罗斯国家、国立图书馆签署框架协议之后，配合“海外存藏中华古籍回归计划”、数字图书馆建设、中国典籍博物馆建设，尝试开展一些切实可行的合作项目，如影印出版回鹘文《大唐三藏法师玄奘传》、影印出版各种民俗画册、派遣人员赴俄开展斯卡奇科夫专藏编目、举办俄罗斯著名作家图片展等项目，扎扎实实推进中俄两国文化交流。

詹福瑞常务副馆长访问俄罗斯国家图书馆

【与韩国国立中央图书馆进行第 14 次业务交流活动】

7 月 25 日至 31 日，韩国国立中央图书馆副馆长吕渭淑一行 5 人来访，与我馆进行两馆间第 14 次业务交流活动，副馆长陈力代表国家图书馆宣读基调报告“中国国家图书馆功能与职能的提升”，吕渭淑代表韩方宣读基调报告“国家图书馆的功能与作用”。此次业务交流，着重就图书馆分类编目业务进行了深入探讨，就两馆现状与未来发展进行了充分的交流，加深了两馆在图书馆基础业务领域的相互了解。

【参加中美图书馆服务研讨会、第 77 届国际图联大会】

8 月 10 日至 12 日，副馆长陈力应美国华人图书馆员协会邀请率代表团赴美国参加在纽约举办的“中美图书馆服务研讨会”，会议主题为“全球少儿图书馆的未来发展与服务”。之后，率团赴波多黎各参加第 77 届国际图联大会，会议主题为“图书馆的自我超越——整合、创新与信息服

陈力副馆长率团参加第 77 届国际图联大会

务”。代表团分别出席了国家图书馆馆长会议年会、国家图书馆专业组、国际图联保存保护核心项目、议会图书馆及研究服务专业组、编目专业组、国际图联语言中心等专业会议。会议期间，与英国、法国、波兰、美国、韩国、新加坡等国的国家图书馆馆长会晤，就双边合作进行探讨。

【与澳门合作举办“东方的觉醒——纪念辛亥革命一百周年珍贵照片展”】

8 月 25 日至 9 月 15 日，国家图书馆在澳门大学图书馆举办“东方的觉醒——纪念辛亥革命一百周年珍贵照片展”。此次展出合作方为澳门澳赣台青年交流协会。展品以相关主题的历史照片

王军副馆长出席澳门“东方的觉醒——纪念辛亥革命一百周年珍贵照片展”

为主，重温辛亥革命的伟大精神，展现近代中国历史、文化、社会背景和民生面貌，弘扬爱国主义精神，增强澳门民众对中华民族伟大复兴道路的认知，引起澳门民众的广泛兴趣。8 月 27 日，“东方的觉醒——纪念辛亥革命一百周年珍贵照片展”开幕式在澳门大学图书馆举行，副馆长王军出席开幕式并致辞。

【国家图书馆古籍考察代表团赴英国、波兰、法国访问】

10 月 10 日至 21 日，国家图书馆馆长周和平率古籍考察代表团对英国、波兰、法国进行了工作访问。在英国期间，代表团访问了英国国家图书馆、牛津大学、伦敦大学亚非学院。周和平馆长与英国国家图书馆馆长林德丽续签了两馆合作备忘录，并建议两馆在合适的时机合作开展中文

周和平馆长率团赴英国国家图书馆考察时与该馆馆长合影

古籍的编目和数字化工作，共享数字化成果。代表团专程对位于约克郡的英国国家图书馆远程书库的选址、设计、建造及维护等进行了深入考察。在牛津大学，代表团听取了该校图书馆多位专家对该馆古籍保存保护及推广经验的详细介绍，就古籍保护方面的合作进行了初步探讨。在伦敦大学亚非学院，周和平提出，可以适时开展“中国老地图与城市记忆”数字化地图合作项目，进而带动英伦中国老地图的数字化合作。代表团在波兰期间访问了波兰国家图书馆、华沙大学、雅盖隆大学，并详细考察了波兰国家图书馆古籍修复、纸张脱酸处理程序，代表团也与华沙大学和雅盖隆大学的有关专家就古籍存藏和保护等问题进行了交流。代表团在法国期间访问了法国国家图书馆，周和平表示，在2007年签署的合作协议框架下，两馆交往与合作不断加强，高层互访频繁，合作领域不断扩展，希望通过此次工作考察深入了解法国图书馆在古籍善本保存与修复方面的先进技术和成功经验。法方对法国国家图书馆的机构设置、职能分工、馆藏情况、文献保护等进行了详细介绍，法国国家图书馆古籍保护部及其他部门的多位专家和负责人与代表团成员进行了工作会谈。代表团还对法国国家图书馆西•圣乔治书库及保护修复中心进行了实地考察。

代表团此行圆满完成了既定任务，具体包括：深入了解海外古籍存藏机构的中文古籍数量、编目与整理情况、保护与修复现状、远程书库建设情况；探讨如何依托国家图书馆的专业化队伍、丰富的馆藏资源和国家数字图书馆建设成果，开展“中华古籍保护计划”的海外中华古籍联合编目与数字化建设；了解如何通过展览与展示，更好地发挥国家图书馆典籍的文化教育职能，促进世界各国图书馆在资源建设中的相互了解和广泛合作，逐步树立中国国家图书馆在中文古籍资源建设中的主导地位，推进海外中文古籍以数字化方式回归祖国；为计划中的战略储备库建设全方位收集信息和资料。

【举办中日韩数字图书馆项目业务交流会议】

10月20日至23日，中日韩数字图书馆项目业务交流会议在国家图书馆举行，日本国立国会图书馆和韩国国立中央图书馆均派员参会。此次业务交流也是《中日韩数字图书馆计划协议草案》

参加中日韩数字图书馆项目业务交流会议的代表

签署以来三方举行的第一次工作会议。此次业务交流明确了项目的短期实施计划，对项目今后的顺利开展具有重要意义。（参见本书“国家数字图书馆工程”部分）

【参加“中文文献资源共建共享合作会议”理事会第五次会议】

11 月 3 日，“中文文献资源共建共享合作会议”理事会第五次会议在台北召开。理事会成员、国家图书馆副馆长张志清出席会议并致辞。会议对《中文文献资源共建共享合作会议理事会第四次会议》会议记录进行了确认，听取了由理事会秘书处秘书长、国家图书馆国际（台港澳）交流处处长王雪飞所作的理事会秘书处工作报告。会议讨论通过了台湾方面提出的新立项目《中文学术机构典藏联合共享平台建构计划》、《华人音乐文献集藏计划》，听取了国家图书馆关于拟开展《民国时期（1911—1949）文献的保护、开发整理与利用项目》所作的工作汇报，各方理事会成员

张志清副馆长一行赴台参加“中文文献资源共建共享合作会议”理事会第五次会议

表示强烈支持并希望能够积极参加该项目。会议还就 2012 年“第九次中文文献资源共建共享合作会议”相关事宜进行了讨论，初步确定会议在兰州举行，由国家科学图书馆承办。通过讨论，理事会成员达成了“各自发挥优势，吸引社会关注，进一步争取资金支持，建立推动项目顺利运作的机制”这一共识，并就如何争取赞助和募款，以及后期如何管理提出了各自的宝贵意见。

【与日本国立国会图书馆进行第 30 次业务交流活动】

11 月 8 日至 15 日，国家图书馆副馆长张志清等 5 人赴日本国立国会图书馆进行两馆间第 30 次业务交流。交流期间，张志清副馆长和日本国立国会图书馆长尾真馆长代表两馆分别作了《中国国家图书馆的发展与未来》和《国立国会图书馆在过去一年的主要活动》的基调报告。代表团出访期间正逢日本举办图书馆综合展，张志清一行应邀参加了开幕式并剪彩，并发表演讲《古籍保护和古籍数字化的思考》。本次业务交流对图书馆防灾减灾、海外古籍保护、古籍数字化、基于

张志清副馆长率队赴日与日本国立国会图书馆进行第 30 次业务交流活动

中韩日自动翻译功能的图书检索系统平台、图书馆立法决策服务等方面的问题都进行了深入的交流和探讨，取得了很好的成效。

【参加蒙古国家图书馆 90 周年馆庆活动】

11 月 16 日至 19 日，国家图书馆馆长助理汪东波一行 2 人代表我馆赴蒙古参加了蒙古国家图书馆建馆 90 周年庆典活动。在 18 日举行的庆典大会上汪东波代表我馆宣读了贺辞。访问期间汪东波与蒙古国家图书馆馆长喀赤拉扎布进行了会谈，双方表达了进一步加强区域合作的意愿。汪东波一行还参观了蒙古国家图书馆，详细了解了该馆古籍善本的保存情况。从中蒙两国国家文化合作的战略大局出发，从中蒙两国国家图书馆事业发展的现实需要出发，不断拓展交流范围，实现更大程度上的合作共赢成为双方的共识和今后开展合作的着力点。

【参与世界数字图书馆项目】

世界数字图书馆在互联网上免费提供源于世界各地各文化的多语种的重要原始材料，是一个重要的文化交流平台。1 月 19 日至 23 日，副馆长魏大威等出席在法国巴黎联合国教科文组织总部举行的世界数字图书馆项目执委会第一次会议。11 月 13 日至 17 日，馆长助理孙一钢等赴德国参加世界数字图书馆项目执委会会议和合作伙伴会议，就世界数字图书馆的发展规划进行探讨。此次会议确定了世界数字图书馆 2012 年的发展规划，进一步明确了今后的发展前景，对于项目的可持续性发展具有重要意义。

世界数字图书馆项目执委会会议和合作伙伴会议在德国召开

【与新加坡国家图书馆进行业务交流】

12 月 5 日至 10 日，应新加坡国家图书馆管理局邀请，国家图书馆馆长助理孙一钢率团赴新加坡国家图书馆进行业务交流，并作了题为“中国国家图书馆的服务”的演讲，介绍了我馆立法决策服务、参考咨询服务、社会公众服务、特色服务以及在数字文化建设领域取得的成就，受到广泛好评。代表团一行分别与新加坡国家图书馆管理局总裁梁宝珠、新加坡国家图书馆馆长严立初、部分中层干部和技术人员进行了交流，新加坡国家图书馆就参考咨询服务、数字化服务与创新、图书采编与物流服务、到馆读者服务、图书馆资产管理等方面举办了五场专题交流会，就相关问题进行了深入探讨。

【推进哈佛燕京图书馆古籍数字化合作项目】

根据国家图书馆与美国哈佛大学图书馆达成的合作协议，双方共同开发哈佛燕京图书馆藏中文善本古籍，实现数字化。该项目是国家图书馆在国际合作史上规模最大且历时最长的文献数字化项目，同时也是迄今为止全球图书馆界最大规模的一个双边合作数字化项目。该项目是国际图书馆事业发展中具有划时代意义的重大文化事件，具有普遍的示范意义和表率作用。2011 年度，哈佛燕京图书馆将完成的古籍数字化数据，分成八批提交给国家图书馆，部分资料已上网供读者使用。

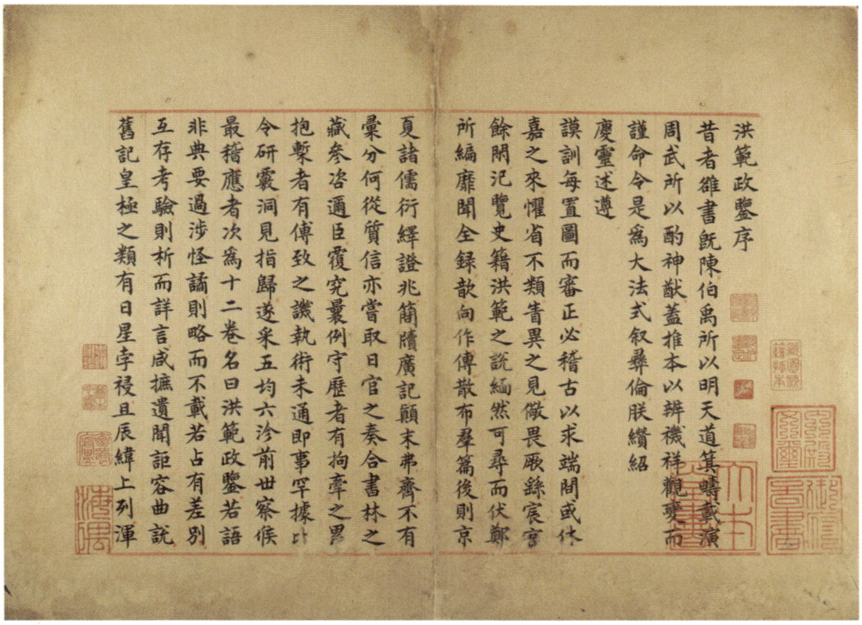
洪範政鑒序
昔者雒書既陳伯禹所以明天道箕疇載演
周武所以酌神猷蓋推本以辨禨祥觀變而
謹命令是爲大法式叙彝倫朕纘紹
慶靈述遵
謨訓每置圖而審正必稽古以求端閒或休
嘉之來懼省不類眚異之見儆畏厥繇宸宵
餘閑汎覽史籍洪範之說緜然可尋而伏鄭
所編靡聞全録歆向作傳散布羣篇後則京
夏諸儒衍繹證兆簡牘廣記顛末弗齊不有
彙分何從質信亦嘗取日官之奏合書林之
藏參咨通臣覆究彙例守歷者有拘牽之畏
抱槧者有傅致之譏執術未通即事罕據比
令研覈洞見指歸遂采五均六沴前世察候
最稽應者次爲十二卷名曰洪範政鑒若語
非典要過涉怪譎則略而不載若占有差别
互存考驗則析而詳言咸摭遺聞詎容曲説
舊記皇極之類有日星孛祲且辰緯上列渾

宋淳熙十三年内府写本《洪范政鉴》

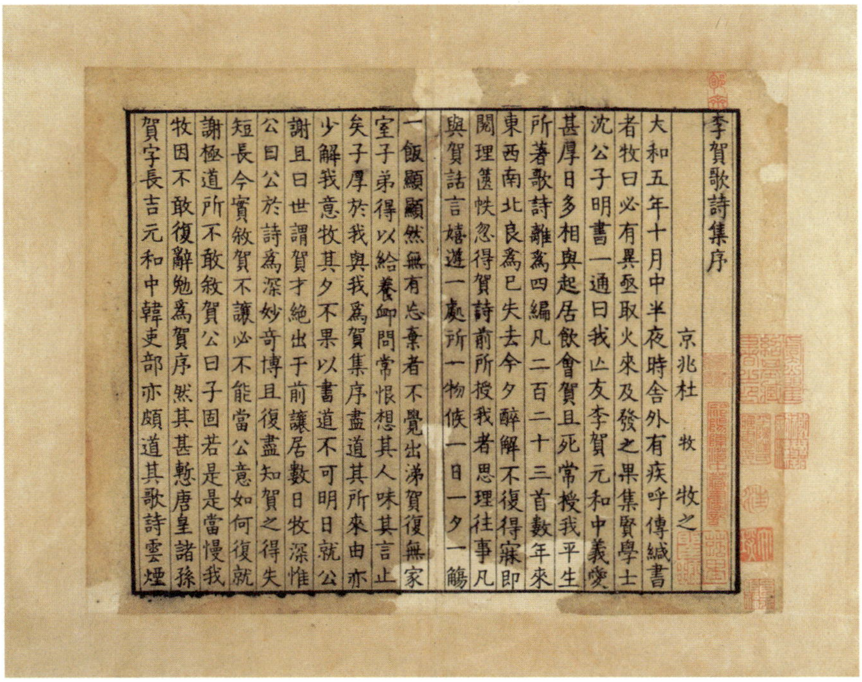
李賀歌詩集序
京兆杜　牧　牧之
大和五年十月中半夜時舍外有疾呼傳緘書
者牧曰必有異亟取火來及發之果集賢學士
沈公子明書一通曰我亡友李賀元和中義愛
甚厚日多相與起居飲會賀且死常授我平生
所著歌詩離爲四編凡二百二十三首數年來
東西南北良爲已失去今夕醉解不復得寐即
閱理篋帙忽得賀詩前所授我者思理往事凡
與賀話言嬉遊一處所一物候一日一夕一觴
一飯顯顯然無有忘棄者不覺出涕賀復無家
室子弟得以給養卹問常恨想其人味其言止
矣子厚於我與我爲賀集序盡道其所來由亦
少解我意牧其夕不果以書道不可明日就公
謝且曰世謂賀才絶出于前讓居數日牧深惟
公曰公於詩爲深妙奇博且復盡知賀之得失
短長今實叙賀不讓必不能當公意如何復就
謝極道所不敢叙賀公曰子固若是是當慢我
牧因不敢復辭勉爲賀序然其甚慙唐皇諸孫
賀字長吉元和中韓吏部亦頗道其歌詩雲煙

蒙古宪宗六年赵衍刻本《歌诗编》

机构与人员

- 内部机制改革
- 人才队伍建设
- 干部管理
- 职称评审

机构与人员

2011 年，国家图书馆坚持解放思想、开拓创新，扎实推进内部机制改革，继续加强人才培养及干部队伍建设，进一步转变工作作风，提高工作效率。

一、内部机制改革

（一）机构调整

按照“明确部门职责、理顺业务流程、提高工作效率”的原则调整内设机构。调整后，共有处级机构 27 个，科级机构 104 个。（见机构设置图）

（二）员工聘任

按照“按需设岗、择优聘用、以岗定酬、分级考核”的原则组织实施员工聘任工作。经过部门与员工双向选择，共有 1186 人受聘。

（三）分配制度

继续深化改革，注重薪酬与绩效挂钩，建立与岗位职责、实际贡献紧密联系和鼓励创新的分配激励机制。编制各业务部门 2011 年度任务书，确定分配政策并根据实际需要对相关部门分配政策进行微调。

二、人才队伍建设

（一）编制《国家图书馆“十二五”人才发展规划》

为全面推进“十二五”时期国家图书馆人才队伍建设，从战略层面规划未来五年人才发展工作，编制完成《国家图书馆“十二五”人才发展规划》。《规划》全面回顾了“十一五”时期人才发展工作的成绩，客观分析了当前存在的主要问题，提出了各领域人才队伍建设目标及主要任务，对人才发展工作体制机制建设也提出了具体的目标和任务。

（二）人才引进

在广泛调研人才需求的基础上，做好 2011 年应届毕业生的接收工作。共接收 67 名应届大学毕业生。小语种及工程类急需专业人才得到补充。

根据事业发展需要，遴选优秀外聘人员进入事业编制。注重对外聘人员工作实绩和业务能力的考核，经部门审核推荐、统一考试考查和外调等程序，共遴选23名作风扎实、工作勤勉的优秀派遣员工进入事业编制。

（三）人才培养

印发《关于进一步加强基础业务知识及基本技能培训的意见》，在全馆范围开展加强基础业务知识和基本技能培训工作。人事处、业务管理处组织全馆通识性培训，各业务部处根据自身业务实际，组织具有部门及岗位特性的专业培训，形成双基培训的长效机制。

鼓励员工参加在职学历、学位教育。继续拓展联合高等院校合作培养人才工作，加强同中国艺术研究院、南京大学、武汉大学等研究院所、高等院校的人才培养合作工作。增补中国艺术研究院博士生导师2名、硕士生导师2名；与南京大学合作培养的第一位图书馆学博士研究生顺利毕业并取得学位；与武汉大学举办图书情报硕士专业学位研究生双证班。

积极遴选专业技术人员参加国内外交流学习。全年共选派355人次参加各类交流学习，其中派往境外64人次。

三、干部管理

完善干部监督考核制度。组织开展新提任处级干部的试用期考核工作，完成24名处级干部的试用期满考核。建立健全部门班子满意度测评工作机制。完善处级干部和部门班子综合考核评价指标体系。做好处级以上领导干部申报收入工作。规范部处领导外出审批及请假备案审批制度。

组织新一届科级干部竞争上岗。经过竞争上岗，共有222人受聘为科级干部，其中新提任科组长77人。正科级人员94名，副科级人员128名，平均年龄34.01岁，大学本科以上学历209人，占94.14%。

四、职称评审

修订《国家图书馆职称评审工作暂行规定》，在评审中坚持既注重学术水平又注重工作实绩的原则，共有8人晋升正高级专业技术职务资格，78人晋升副高级专业技术职务资格，64人晋升中级及以下专业技术职务资格。

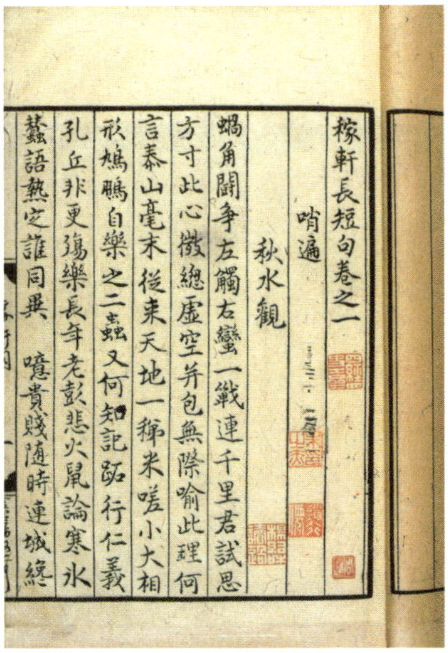

元大德三年广信书院刻本《稼轩长短句》

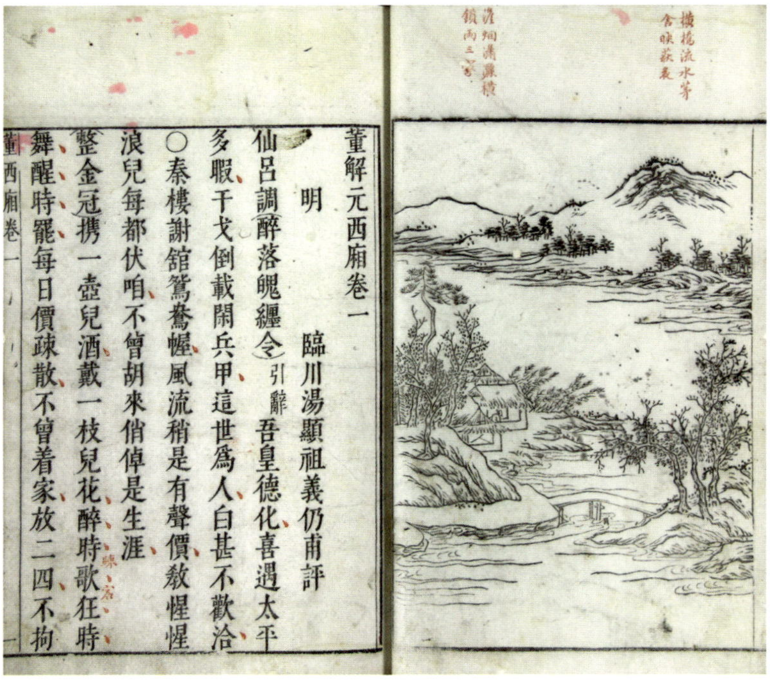

明刻套印本《董解元西厢》

馆藏珍品

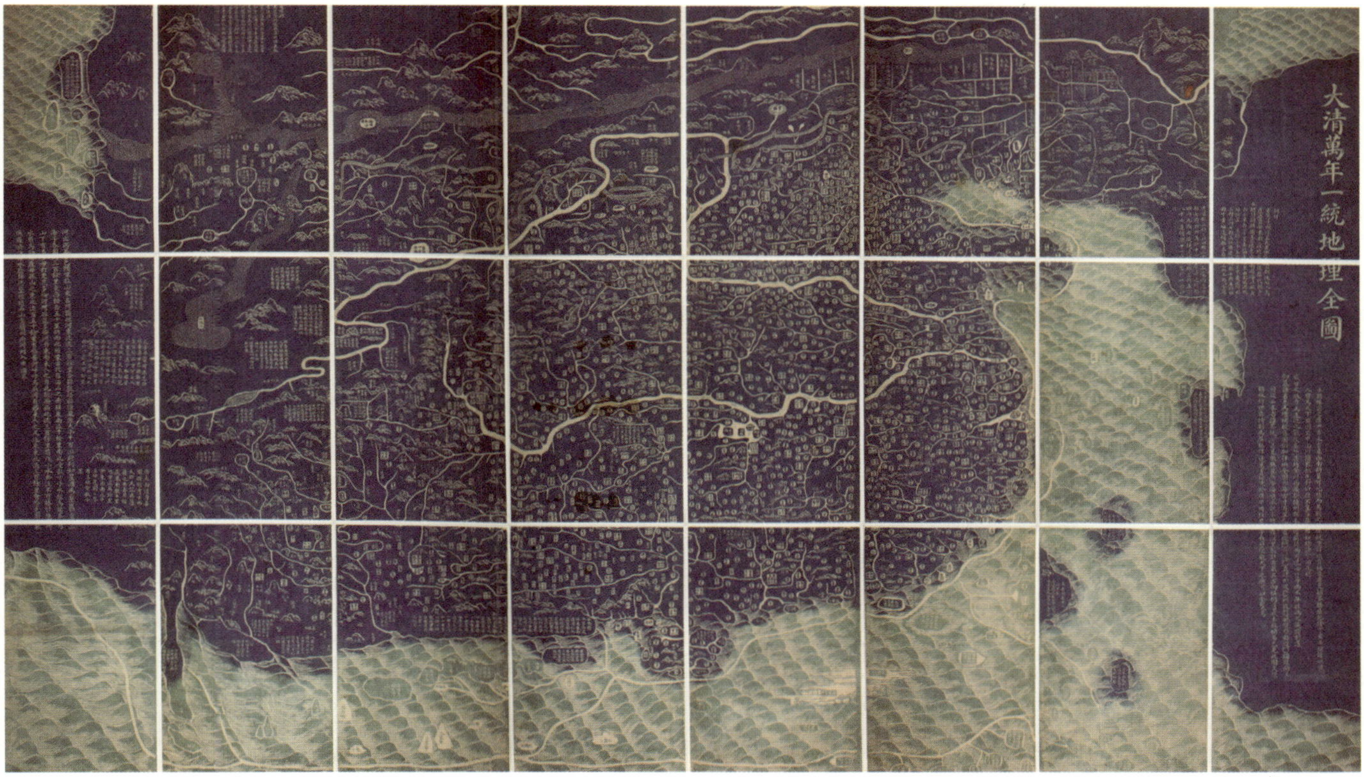

清嘉庆拓本《大清万年一统地理全图》

设施建设与安全保卫

- 总馆南区维修改造工程
- 安全保卫

设施建设与安全保卫

一、总馆南区维修改造工程

（一）工程概况

国家图书馆总馆南区（一期）维修改造工程总建筑面积 17 万余平方米，其中维修改造工程 13.8 万平方米，新建后勤服务楼 26465 平方米，报告厅 5310 平方米，包括扩建面积 1056 平方米，工程总预算 59728 万元。工程建设内容包括：11 栋建筑的装修改造工程、2 栋改扩建工程和 1 座新建工程，以及传达室、人防出入口、地下人防通道维修和室外工程。

2011 年，国家图书馆总馆南区改造工程全面展开。完成一期维修改造工程消防设计审核意见书、建设用地规划许可证、工程建筑工程施工许可证、工程园林报审、国家图书馆报告厅、后勤服务楼改扩建工程人防规划报审等行政审批手续的办理工作。2011 年 10 月，完成施工总承包单位招标工作，签订施工合同并正式开工。施工单位、监理单位进场，截至 2011 年底完成临建设施搭建及大书库分隔围挡工作。附属工程热力交换站完成主体结构及外管线施工工作，完成地下热力站主体机构封顶工程，并完成室外绿化和电缆敷设工作；招待所改造工程完成结构加固工作、水暖电改造工作、新增大厅钢结构加固工作和局部外装修工作；行政办公楼改造工程于 2011 年 3 月正式竣工并交付使用。

一期维修改造工程专家论证会

周和平馆长视察地下热交换站工地

（二）设计亮点

一期维修改造工程改造总原则为在保持原有建筑、结构不变的前提下，外观修缮见新，功能调配合力，陈旧设备更新，系统配置完善，节能改造见效，馆藏图书安全。方案将形成室内空间“三横、两纵”的系统概念；以人为主，以用为主；形成一种既有秩序又有可变性的、动态的开放性图书馆建筑空间设计。

改造方案中规划了以展示中国典籍、弘扬中华文化为主旨的中国典籍博物馆。通过常设的中华典籍通史展厅、四库全书展区各种专题展厅，以图片、文字、实物、影像和网上展览等多种媒介和展示手段，勾勒中华典籍数千年的发展轨迹，反映中华典籍在中国思想文化史上的贡献与地位，弘扬中国传统文化，彰显我国文化大国形象。

后勤服务用房是本次改造的另外一个亮点。2011年完成《国家图书馆后勤服务楼改扩建工程可行性研究报告》及《可研报告补充说明》上报工作。文化部批复面积为26465.7平方米（不含保留机房面积1564.54）。拟建设内容包括办公室、会议室、多功能厅、培训教室、屋顶花园、老干部活动中心、职工餐厅、读者餐厅、小型超市、洗衣房、健身中心、医务室、车队服务室、维修间、库房、变电机房、冷冻机房、设备机房、消防水泵房等。地上共6层，地下共3层，建筑物高度27.8米。

二、安全保卫

（一）制度建设

针对国家图书馆安全保卫工作发生的新变化、面临的新形势和办公室《关于开展“排查安全隐患　完善规章制度　加强安全管理”专项治理工作的通知》（国图办发〔2011〕28号）要求，保卫处对在全馆范围内曾经下发的规定、制度集中进行了梳理工作，最终汇总为36个规定，以《国家图书馆安全管理规定汇编》形式下发。适时制订了《国家图书馆携物出馆规定》、《国家图书馆馆藏文献搬迁安全管理规定》和《国家图书馆举办展览安全管理规定》，不仅保证了各项工作的有序开展，还提高了工作的前瞻性和主动性。

（二）一期维修改造及文献搬迁的保卫工作

在一期建筑群装修工程的前期调研工作中，专门建立了安全保障小组，通过实地考察、与基建办公室等部门协商、沟通，提出了装修工程中消防、安防技术需求。结合二期地下三层存放部分善本的情况，又提出了库房消防、安防的特殊需求，并且及时有效地启动工程实施监督、监管工作。

为确保一期馆舍维修改造工程及文献搬迁工作顺利进行，在实施文献外迁中，除选派了思想过硬、责任心强的保安队员担负装车现场的安全警卫工作，在历经40余天、388车的文献搬迁中，每天安排专职保卫干部在装车现场执行安保任务。特别是在古籍善本的搬迁过程中，不仅要同古籍馆工作人员一道确定搬迁路线，合理布置安保力量，每车还要选派一名保卫干部跟车押运，担负沿途的安保工作。

（三）重要展览、参观及重大活动期间的安全保卫工作

2011年先后完成“新疆历史文献暨古籍保护成果展”等7次大型展览的安全保卫工作和多次国家领导人参观展览的现场安保任务；完成了12次部长讲座的安全保卫工作；完成了多次论坛、讲座、会议等活动的安全保卫工作；全年共处理读者物品被盗及读者矛盾纠纷等事件42起；拣拾并及时归还读者遗失物品14件，归还现金共计1430元；发现并上报各种可疑人员530多人次，协助处理偷书问题60多次。

（四）消防安全管理工作

强化全馆防火宣传教育。积极响应北京市消防局的要求，利用摆放挂图等多种形式开展了对《北京市消防条例》等法律法规的学习、宣传；加大对重点区域、重点部位人员针对性的培训力度，如协助参考咨询部等5个单位170人开展消防安全培训；对车辆、空调机房管理人员开展灭火器、消火栓使用培训等。全年累计出了6期板报、12期《消防文摘》，宣传了烟花爆竹燃放规定、两会安全管理、建立消防“防火墙”、夏季用电安全等内容。尤其是结合大兴火灾进行警示教育，保卫处向各部处和各驻馆单位下发了《国家图书馆防火安全告知书》。按照《国家图书馆消防

监督检查记录》内容对全馆各部处进行了对照检查和提醒。

及时监督馆区施工现场，确保施工安全。全年坚持强化馆区施工明火使用审查管理，累计开具用火证 33 张。针对热力管线改造、行政楼装修、二期机房加装空调机等施工区域较多的现状，加强了对施工区域的监督管理，不断强化馆区施工明火使用审查管理、进场培训制度。为有效控制危险的发生，对施工区域吸烟、冒名动火焊接、擅自动火等违规行为现场要求整改，并约谈施工现场负责人员加强安全检查和管理。此外，针对馆内多次展览布展的施工现场，消防科进行全程跟踪，保证灭火器具在位正常，及时和展览主办方协商解决安全出口标识错误、缺少疏散引导标识等问题。

（五）系统维修保障、设备监控运行工作

全面摸清二期运行系统，明确职责划分。完成了二期建筑群水力灭火系统、防排烟系统的责任划分工作，并经馆长办公会通过；完成了四库防入侵系统工程、空调系统与消防自动报警联动改造工程等 20 余项工程的需求分析、资金预算，审查了工程方案，同时对工程执行过程进行监管。加强运行值班管理，做到有警必查。全年接到并处理消防系统火警 625 次、水警 220 次，安防系统入侵报警 60 次，接报处理电梯应急呼叫电话近千次，接报处理各系统故障信号 280 次。完善了古籍馆值班管理和交接班制度，明确了岗位职责。在全年的运行工作中，做到了有警必查，有问题及时报，有效地预防和排查了隐患。

年度掠影

【组织突发事件应急演练】

11 月 25 日下午 16 时，组织了行政办公楼地震疏散演练，在行政楼办公的全体工作人员参加了此次地震疏散演练。26 日晚上 18 时，在总馆北区二层中庭进行了国家图书馆首次消防疏散演练。此次突发事件应急演练提供了一次实战模拟训练，提高了全馆员工应急意识，熟悉火灾和地震突发情况下的紧急疏散程序，增强了员工的消防安全意识。文化部办公厅领导和本馆主要领导现场观摩了此次消防疏散演练。

【完成“西域遗珍——新疆历史文献暨古籍保护成果展”的现场安全保卫工作】

1 月 26 日— 4 月 10 日由文化部、全国古籍保护工作部际联席会议成员单位、新疆维吾尔自治区人民政府共同主办，国家图书馆（国家古籍保护中心）、新疆维吾尔自治区文化厅承办的“西域遗珍——新疆历史文献暨古籍保护成果展”在国家图书馆举办。展览展出了全国 23 家收藏单位 320 余件展品，其中超过半数为现今仅存的孤本，21 部古籍已入选《国家珍贵古籍名录》。展品中，选自国家图书馆“四大专藏”的《皇清职贡图》、《西域同文志》、《海国图志》等文献是首次与读者见面。为了保证此次展览的安全，国家图书馆在安保力量的配备上，每天派出 16 人昼夜 24 小时全程专职做好安保工作，确保了展品的安全。2 月 18 日，完成中共中央政治局常委、全国政协主席贾庆林来馆参观“西域遗珍——新疆历史文献暨古籍保护成果展”的安保任务，共派出安保警力 32 人。3 月 31 日，完成中共中央政治局常委、中央政法委书记周永康来馆参观“西域遗珍——新疆历史文献暨古籍保护成果展”的安保任务，共派出警力 25 人次。

【完成“艰难与辉煌——纪念中国共产党成立九十周年馆藏珍贵历史文献展”的现场安全保卫工作】

6 月 1 日—7 月 31 日，“艰难与辉煌——纪念中国共产党成立九十周年馆藏珍贵历史文献展”在国家图书馆举办。展览共展出国家图书馆收藏的珍贵革命历史文献 400 种，超过一半展品为首次展出。展览期间，每天派出专职执勤警力 18 人，圆满完成了展览的安保任务。6 月 24 日，中共中央政治局委员、国务委员刘延东，全国人大常委会副委员长华建敏、司马义・铁力瓦尔地，以及来自中央国家机关等单位的数十位部级领导干部参观展览，保卫处加强警力部署，共派出 36 人次执勤，做好现场的安全警卫工作。6 月 29 日，完成原中共中央政治局常委、国家副主席曾庆红来馆参观展览的现场安保工作，共派出执勤警力 26 人次。7 月 14 日，完成原中共中央政治局常委、国务院副总理李岚清来馆参观的现场安保工作，派出执勤警力 26 人次。

清内府彩绘本《升平署脸谱》：状元

党建与员工文体活动

- 党建工作
- 反腐倡廉
- 工会工作
- 共青团工作

党建与员工文体活动

2011 年是“十二五”规划的开局之年，是中国共产党成立 90 周年和辛亥革命 100 周年，也是我馆的“创新年”。国家图书馆党委坚持以邓小平理论和“三个代表”重要思想为指导，认真贯彻党的十七届四中、五中、六中全会精神，深入学习胡锦涛同志“七一”讲话精神，紧紧围绕科学发展观这条主线，结合我馆中心工作，充分发挥党组织、工会、共青团的作用，以创先争优活动为统领，全面推进党的思想、组织、作风、制度建设和反腐倡廉建设，引导广大党员和干部员工为推动我馆各项业务工作建设和事业发展，增强凝聚力和创造力提供了思想和组织保障。

一、党建工作

（一）成功组织召开国家图书馆第二次党代会

按照 2011 年党委工作部署，3 月 29 日，成功组织召开中国共产党国家图书馆第二次代表大会。此次党代会全面回顾了 16 年以来的各项主要工作，选举产生了新一届中共国家图书馆委员会和纪律检查委员会，明确了今后一个时期馆党委、纪委的任期目标和工作任务，是国家图书馆

中国共产党国家图书馆第二次代表大会召开

在事业发展的关键时期召开的一次重要会议。此次大会进一步完善和加强了国家图书馆各级党组织建设，对于团结和带领广大党员充分发挥基层党组织战斗堡垒作用和党员的先锋模范作用，推动国家图书馆各项事业的发展，具有重要的意义和作用。

国家图书馆庆祝建党 90 周年书画摄影作品展

（二）以“红旗颂”为主题，组织开展建党 90 周年系列活动

纪念建党 90 周年是今年党和国家政治生活中的一件大事，也是国家图书馆党委今年的一项重要工作。自 4 月份起，结合我馆第九届员工艺术节陆续开展了软笔、硬笔书法比赛，歌唱比赛，摄影比赛，舞台艺术比赛等形式多样的纪念活动。

7 月 1 日举行了庆祝建党 90 周年“两优一先”表彰大会，对 2009 年以来在工作中表现突出的先进党支部、优秀共产党员和优秀党务工作者进行表彰。授予典藏阅览部党支部等 6 个党支部“国家图弓馆先进党支部”荣誉称号，授予侯宁等 58 名同志“国家图书馆优秀共产党员”荣誉称

庆祝建党 90 周年“红旗颂”文艺展演——大合唱

“两优一先”表彰大会

号；授予辛璐等 19 名同志“国家图书馆优秀党务工作者”荣誉称号。馆党委积极组织广大党员干部深入学习贯彻胡锦涛总书记“七一”讲话精神，并邀请党史专家李忠杰作了题为《从党的历史中汲取营养和智慧》的专题辅导报告，从馆领导班子到科级干部 220 余人参加了专题报告会。

（三）全面加强政治理论学习，进一步推进学习型党组织建设

1. 按照年初制定的《国家图书馆理论中心组 2011 年学习计划》，馆党委继续加强和改进中心组学习，以建党 90 周年和十七届六中全会为契机，学习了胡锦涛总书记“七一”重要讲话、《中央领导关于向杨善洲同志学习的重要批示》相关文件和杨善洲同志的先进事迹；学习了第十七届

“两优一先”先进事迹报告会

专题讲座“广播电视数字化”

中央纪委第六次会议精神和文化部2011年党风廉政建设工作会议精神，并通过组织观看廉政教育录像等方式不断加强党风廉政建设；结合十七届六中全会精神，组织召开了座谈会和专题扩大学习会；邀请国家广播电影电视总局副局长张海涛作了题为“广播电视数字化”的讲座。

2. 4月，党委办公室制定了《国家图书馆2011年培训计划》和《国家图书馆2011年培训手册》，截至11月底，共举办培训54场，约5453人次参加了培训。培训内容丰富，寓意深刻，深入浅出，受到了员工的好评。

3. 根据中央组织部、中央宣传部、中央创先争优活动领导小组《关于认真学习贯彻胡锦涛同志重要批示精神　广泛开展向杨善洲同志学习活动的通知》以及中央国家机关工委、文化部直属机关党委的要求，馆党委及时下发了学习通知，全馆各级领导干部、广大党员通过召开专题民主生活会、中心组学习、座谈交流、观看影片、撰写心得体会等多种形式，认真开展了学

在职党员培训班

党员培训班学员赴《没有共产党就没有新中国》歌曲诞生地纪念馆参观

习活动。

4. 根据文化部直属机关党委 2011 年党建工作部署，馆党委于 6 月 15 日—17 日举办了我馆第三、四期在职党员培训班，187 名党员参加了此次培训。国家图书馆副馆长、党委副书记常丕军作了题为《加强党风廉政建设　做合格共产党员》的开班动员讲座，中央党校党建部主任梁妍慧教授作了《加强党性修养　弘扬优良作风》的专题讲座，参加培训的党员集中学习了文化部党员培训文件和参考材料。

5. 党的十七届六中全会召开后，党委办公室及时向各党支部下发了《关于认真学习贯彻党的十七届六中全会精神的通知》，向各部处发放了《中共中央关于深化文化体制改革　推动社会主义文化大发展大繁荣若干重大问题的决定》和《中国共产党第十七届中央委员会第六次全体会议公报》等相关文件。11 月初召开了学习十七届六中全会精神动员大会，并邀请文化部文化产业司司长刘玉珠作了十七届六中全会精神学习辅导报告。

（四）以窗口单位“为民服务、创先争优”为核心内容，深入开展创先争优活动

按照中央创先争优领导小组和文化部党组的相关文件精神，我馆开展了窗口单位“为民服务、创先争优”活动。各党支部按照“传承中华文明、发展先进文化、提高服务水平、加强基层组织”的总体要求，紧紧围绕文化发展、服务群众、加强组织、改进作风、文化惠民等重点工作，深入开展窗口单位“为民服务、创先争优”活动。本着夯实基础、加强一线的工作准则，在为民服务

学习十七届六中全会精神动员会

创先争优中，通过围绕“三亮”、“三评”、“三创”全面提升服务水平。

11 月，根据中央国家机关妇女工作委员会《关于在中央国家机关女干部职工中开展“为民服务巾帼争先”活动的通知》，按照“党建带妇建”的原则，馆党委制定了“为民服务巾帼争先”活动方案，在广大女员工中开展巾帼争先活动，将全馆创先争优活动引向深入。

（五）组织开展党员公开承诺活动

按照文化部直属机关党委相关文件要求，我馆于 2011 年 5 月至 7 月间，自上而下开展了党员公开承诺活动。活动中，各党支部结合专题生活会，组织党员干部和群众代表，进行了民主评议，并将评议结果通过办公自动化系统、党支部会议和张贴等方式及时在党员群众中公开。党员公开承诺活动的开展对于加强我馆党员干部队伍建设，完善干部监督机制，倡导民主作风具有积极意义。

（六）组织召开 2011 年度民主生活会

按照文化部党组《关于开好 2011 年度党员领导干部民主生活会的通知》要求，结合“坚持以人为本执政为民、发扬密切联系群众优良作风”的会议主题和我馆工作实际，馆党委就如何开好本年度民主生活会进行了认真研究和部署。会前，以党支部为单位认真组织广大党员领导干部学习了党的十七大和十七届三中、四中、五中全会精神，学习了胡锦涛总书记“七一”讲话和在十七届中央纪委第六次全会上的重要讲话等文件精神，为开好民主生活会奠定了坚实的思想基础；向干部群众通报了 2010 年度民主生活会整改措施落实情况。同时，广泛征求干部、群众对馆领导班子及班子成员的意见和建议，并及时向各位馆领导进行了反馈。民主生活会上，馆领导班子成员围绕会议主题，结合我馆的建设和发展，坦诚地开展了批评与自我批评，并针对干部、群众提出的意见，进行了认真梳理和反思，找出工作中的不足，制定了整改措施，明确了努力方向。

（七）组织开展党建工作调查研究

积极参加中央国家机关组织的创先争优征文活动和文化部直属机关党委的党建工作论文征集活动，馆党委在充分实践的基础上注重结合各支部的创新方法进行调研总结，切实从实践中进一步进行理论升华，将我馆的党建工作理论化、系统化，完成并上报了“思想政治工作研究报告”、“思想政治工作创新论文”、“党建征文”等 15 篇专题研究报告，其中两篇论文获得“中央国家机关党建研究会 2011 年度调研课题优秀奖”。

（八）围绕中心工作积极举办各种活动

举办“2011 年国家图书馆宣传及党建信息工作会议”，对 2010 年党建信息报送工作中表现优秀的集体和个人进行了表彰。按照中央国家机关工委、文化部直属机关党委的要求，积极贯彻落实文明单位创建各项指示精神，开展了中央国家机关文明单位复查工作，并取得了中央精神文明建设指导委员会办公室颁发的 2011 年“全国文明单位”复查合格证书。完成了我馆首都文明单位标兵的申报工作。

二、反腐倡廉

国家图书馆党风廉政建设与反腐败工作有序开展。制定下发《关于加强廉洁自律与厉行节约工作的通知》，确保馆内良好风气，开展《廉政准则》专项自查，有序开展工程建设招投标与政府采购监督，深入开展重点专项治理，加强行业作风建设，开展反腐倡廉教育活动，做好纪检监察信访举报调查核实，全馆党风廉政建设得到进一步加强。

（一）组织反腐倡廉教育和学习

2 月，在馆领导通气会和党支部书记工作会议上传达了中纪委六次全会精神和蔡武同志、李洪峰同志在文化部党风廉政建设会议上的讲话，并部署相关部门做好会议精神的落实。4 月向驻部纪检组监察局报送《国家图书馆关于贯彻落实文化部 2011 年党风廉政建设工作会议精神情况的报告》。8 月 5 日，组织党员领导干部廉政警示教育活动，按部监察局要求组织党员领导干部观看《当前职务犯罪的趋势及其对策》，并为两委委员、支部书记及中层干部发放《重点领域和关键环节腐败案例剖析》一书，馆领导詹福瑞、常丕军、王军、汪东波出席教育活动。

（二）组织开展多项重点治理

6 月，按照文化部部署，国家图书馆组织开展了清理和规范庆典、研讨会、论坛活动工作，在 2010 年摸底基础上制订了实施方案，成立了常丕军任组长、孙一钢任副组长的清理和规范庆典、研讨会、论坛工作领导小组，组织有关部门开展自查自纠，对 2011 年举行的 39 项活动情况进行了梳理，并按要求向文化部上报《国家图书馆关于清理和规范庆典、研讨会、论坛活动的情况报告》。此外，还积极组织开展了小金库治理回头看、公务用车治理等专项工作。

文化部党组成员、中纪委驻文化部纪检组组长李洪峰同志率检查组对我馆“廉政准则”贯彻落实情况进行督导检查

（三）扎实推进各项廉政专项工作

2 月，按照文化部要求部署“党风廉政建设和反腐败工作任务分工”落实，并于年底就全馆党风廉政建设分工完成情况进行总结并向文化部汇报。6 月 10 日，召开“提高安全意识，加强安全责任”专题会，党委书记、常务副馆长詹福瑞作讲话，结合机房漏水事故处理，提出要切实提高安全意识，强化安全责任，提高应急处置能力。

8 月 15 日，在文化部召开的全国文化系统行业作风建设工作会议上，国家图书馆作为唯一的部直属单位作大会交流发言，副馆长、党委副书记、纪委书记常丕军作题为《加强行业作风建设营造风清气正环境》的交流发言，国家图书馆行业作风建设得到与会领导的充分肯定。11 月 23 日，文化部党组成员、中纪委驻文化部纪检组组长李洪峰率检查组对国家图书馆贯彻执行《中国共产党党员领导干部廉洁从政若干准则》（简称《廉政准则》）情况进行专项检查，周和平馆长主持召开专题汇报会并作重要讲话。检查组对国家图书馆《廉政准则》贯彻执行情况予以充分肯定，李洪峰同志对下一步廉政建设工作提出了要求。12 月 28 日，在文化部 2011 年基建廉政工作会议上，国家图书馆作大会交流发言，馆内基本建设领域廉政工作受到文化部肯定。

（四）做好法律事务处置

法律顾问全年审阅合同 690 份，提出修改意见和建议 1301 余条，解答各类咨询 62 人次（不含非到馆服务时间接受的电话咨询），书面出具法律意见书 7 份，参与了岗位聘任合同、电子资源法律风险分析、工程专项合同审核、涉法事项委托办理、经济合同范本、采购方式论证会、718 交通事故等专项事项。国家图书馆法律顾问工作的有序开展较好控制了各项活动法律风险，进一步提高了管理工作的合法性与规范性。在法律事务处置方面，日本内田洋行株式会社诉国家图书馆（第二被告）家具侵权案已结案，国家图书馆胜诉。此外完成中联肉类公司欠款案的破产清偿款收回工作。

三、工会工作

12 月 15 日，国家图书馆工会第三次代表大会暨第二届职工代表大会隆重召开。国家图书馆馆长周和平出席大会并作重要讲话。文化部直属机关工会主席蔡秀雯莅临大会指导。国家图书馆党委书记、常务副馆长詹福瑞致开幕词，副馆长、党委副书记常丕军代表第二届工会委员会作工作报告。大会选举产生了国家图书馆第三届工会委员会和工会经审委员会，圆满完成了会议各项任务，进一步加强了工会组织建设。

国家图书馆第三次工会会员代表大会暨第二届职工代表大会

第九届员工艺术节

馆工会以建党90周年为契机，以“红旗颂”为主线，以摄影、书法、舞蹈、大合唱、曲艺小品、舞台艺术等为主要活动形式，成功举办了国家图书馆第九届员工艺术节。此外，馆工会先后三次组织员工共400余人赴国家博物馆参观了大型展览《复兴之路》。

2011年元旦春节开展送温暖活动，走访慰问了我馆困难职工14人，发放了慰问金4万余元，及时将党的温暖送到了困难员工手中；“三八”节前夕，举办妇女健康专题讲座，并为全体女员工发放节日慰问金；组织召开了“调整员工停车收费问题”意见征集会和“改善食堂服务水平”座谈会，充分发挥了“职工之家”的作用。

2011年，国家图书馆工会获得了“全国教科文卫体系统模范之家”荣誉称号，并在文化部直属机关工会组织的各项比赛中赢得了荣誉，获得了表彰。

四、共青团工作

工会组织参观国家博物馆《复兴之路》展览

12月16日，共青团国家图书馆第八次代表大会在国家图书馆文会堂隆重召开。国家图书馆馆长周和平出席大会并讲话。国家图书馆党委书记、常务副馆长詹福瑞致开幕词。文化部直属机关团委书记白海天出席大会并讲话。国家图书馆副馆长、党委副书记常丕军，党群工作办公室主任郝守真应邀参加了大会，馆团委书记、党群工作办公室副主任张红霞代表第七届团委向大会作报告。大会

共青团国家图书馆第八次代表大会

以无记名投票差额选举的方式选举了第八届共青团国家图书馆委员会。

积极响应向杨善洲同志学习的号召，组织团员青年参加文化部青年学习杨善洲精神演讲比赛；围绕我馆“解放思想，开拓创新”讨论活动的精神主旨，组织开展了“解放思想，开拓创新——之我见”业务创意交流活动；为激发广大青年员工干事创业的工作热情，积极为青年成才搭建学习平台，组织我馆团员青年参加中国图书馆学会第五届青年学术论坛活动。

国家图书馆团委获得“五四红旗团组织”荣誉称号

为进一步加强交流，开阔视野，馆团委组织我馆青年员工参加文化部第一届青年硬笔书法比赛；参加文化部 2009—2010 年度五四评优表彰活动和“2009—2010 年度全国青年文明号和中央国家机关青年文明号”评选活动，我馆一批先进集体和个人受到了表彰，中文采编部台港澳文献采编组获得“中央国家机关青年文明号”。

中文采编部台港澳文献采编组荣获 2009—2010 年度中央国家机关青年文明号

年度掠影

【召开职能部门、中层干部“深入基层、转变作风”动员会】

9月14日下午，副馆长、党委副书记常丕军主持召开“深入基层、转变作风”动员会，各部处中层干部参加会议。此次“深入基层、转变作风”动员会是在全国新闻战线深入贯彻落实中宣部等五部门联合下达的“走基层、转作风、改文风”的重要指示的大背景下提出的，是加强国家图书馆基础业务工作的必须之举，常抓不懈地开展好此项活动必将对推进国家图书馆事业的可持续发展大有裨益。

【组织完成本选区人大代表换届选举工作】

2011年是北京市区人大代表换届选举的年份。国家图书馆作为紫竹院街道第4选区的组长单位，在整个换届选举过程中，党群工作办公室严格按照换届选举的各项要求，紧张有序地开展各阶段工作，圆满完成了区人大代表换届选举工作任务，副馆长、党委副书记常丕军当选海淀区第十五届人大代表。

组织2011年北京市区人大代表换届选举工作

【举办员工养生保健系列讲座】

1月20日，国家图书馆员工养生保健系列讲座第三讲在总馆南区多功能厅开讲，由中国中医科学院西苑医院针灸主治医生李智女士主讲，题目是“智慧养生”。副馆长、党委副书记常丕军主持讲座。中层干部、科组长、部分员工和离退休老同志200余人现场聆听了讲座。2011年，根据员工不同群体需求，共举办员工养生保健系列讲座四讲，近700人聆听了讲座。

【国家图书馆合唱团参加“歌颂祖国 歌唱党”主题歌咏比赛】

6月15日—16日，由文化部直属机关党委主办、部直属机关工会和团委承办的“歌颂祖国 歌唱党”主题歌咏比赛在中央歌剧院剧场隆重举行。国家图书馆合唱团凭借《把一切献给党》和《毛主席是各族人民心中的红太阳》两首参赛曲目获得了文化部歌咏比赛一等奖。

参加“歌颂祖国　歌唱党”主题歌咏比赛

【举办庆“八一”复转军人座谈会】

8月1日，国家图书馆在员工活动中心举办庆“八一”复转军人座谈会，来自全馆10个部处的近30名复转军人参加了此次座谈会。座谈会为我馆复转军人搭建了共叙战友之情、互相交流与沟通的平台。

庆“八一”复转军人座谈会

【国家图书馆工会举办员工踢毽子团体赛】

为丰富和活跃广大员工的业余文化生活，国家图书馆工会于2月25日在员工活动中心举办了员工踢毽子团体赛。此次踢毽子比赛以各分工会为单位组队，共有11支代表队参赛。外文采编部分工会摘得此次比赛桂冠，中文采编部分工会获得亚军，典藏阅览部分工会获得季军。

员工踢毽子团体赛

【组队参加文化部羽毛球比赛】

11 月 17 日，文化部直属机关职工“优畅杯”羽毛球赛在首都体育馆开拍。国家图书馆工会选派 15 名运动员组成代表队参加了比赛。比赛过程中，国家图书馆运动员团结协作，奋力拼搏，获得了青年组单项第二名和第五名及团体总分第一名的好成绩，并包揽了中年组五项比赛的全部冠军和两个亚军。

组队参加文化部羽毛球比赛

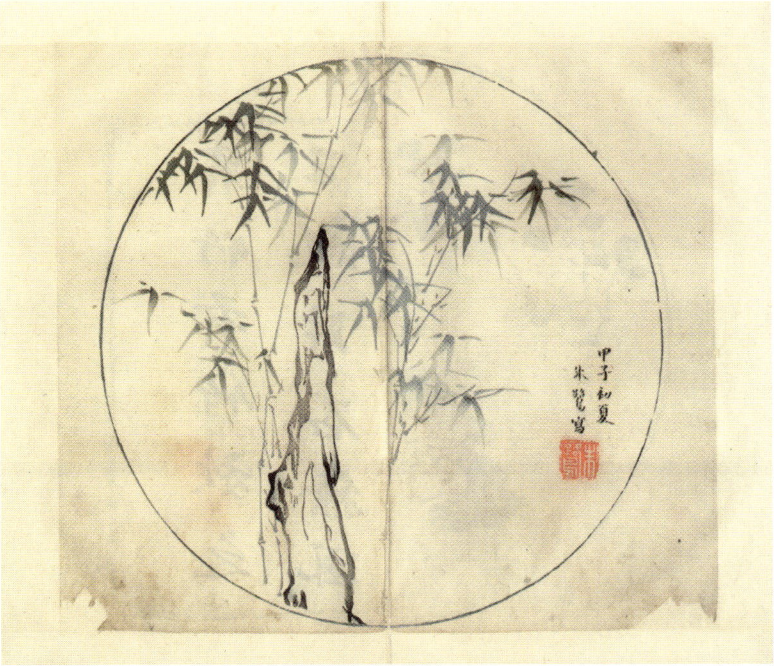

明崇祯胡氏十竹斋刻套印本《十竹斋画谱》

统计资料

- 年度购书经费情况
- 年度业务统计数据
- 科研立项和成果
- 人员统计
- 馆外奖励
- 重要出访、来访统计
- 部分会议、培训、讲座、展览统计
- 馆史档案资料统计

统计资料

一、年度购书经费情况

单位：元

<table>
<tr><th>项 目</th><th>经 费</th><th colspan="2">项 目</th><th>经 费</th></tr>
<tr><td>中文书</td><td>14742796.75</td><td rowspan="3">电子出版物</td><td>中文</td><td>10725419.00</td></tr>
<tr><td>西文书</td><td>49225047.63</td><td>外文</td><td>13412378.00</td></tr>
<tr><td>东文书</td><td>5183926.58</td><td>合计</td><td>24137797.00</td></tr>
<tr><td>俄文书</td><td>2083036.33</td><td colspan="2">中文资料</td><td>298824.73</td></tr>
<tr><td>交换书</td><td>3516324.81</td><td colspan="2">中文刊</td><td>2440620.99</td></tr>
<tr><td>港台书</td><td>5203433.67</td><td colspan="2">外文刊</td><td>50860993.90</td></tr>
<tr><td>善本特藏</td><td>207904.43</td><td colspan="2">港台刊</td><td>84529.39</td></tr>
<tr><td>学位论文</td><td>241496.10</td><td colspan="2">中文报</td><td>406424.85</td></tr>
<tr><td>视听资料</td><td>401557.11</td><td colspan="2">港台报刊</td><td>949474.84</td></tr>
<tr><td>联合国资料</td><td>799924.27</td><td colspan="2">其他书</td><td>58461.17</td></tr>
<tr><td>图书装订费</td><td>1312900.50</td><td colspan="2">地方文献</td><td>2689284.26</td></tr>
<tr><td>合 计</td><td>164844759.31</td><td colspan="3"></td></tr>
</table>

二、年度业务统计数据

1. 2011 年我馆各类文献登记总量 674918 种，2506994 册（件），登记册（件）与 2010 年相比，增加 10.25%。

2. 2011 年各类文献编目加工总量为 440487 种，1039242 册（件），编目加工种数与 2010 年相比，减少 39.94%。

3. 2011 年我馆正式入藏各类文献为 436222 种，987674 册（件），正式入藏册（件）与 2010 年相比，减少 19.88%；非正式入藏各类文献 584474 册（件），非正式入藏册（件）与 2010 年相比，增加 17.31%。

4. 2011 年我馆剔除馆藏各类文献 23738 册(件)。

5. 至 2011 年底，馆藏总量为 29943139 册（件）。

6. 2011 全年共接待到馆读者 4470421 人次，与 2010 年相比，减少

16.13%。

7. 2011 年全馆流通书刊 25771966 册次，与 2010 年相比，减少 8.82%。

8. 2011 年访问国图网站 74223.4 万人次，与 2010 年相比，减少 10.60%。

9. 2011 年各类咨询 54.89 万件，与 2010 年相比，增加 3.23%。

10. 2011 年办理读者证卡 19.11 万个，与 2010 年相比，减少 9.35%。

11. 2011 年培训、讲座、参观、展览等各项活动共接待读者 60. 72 万人次，与 2010 年相比，增加了 53.93%；其中开办公益性讲座 158 场，共计 4.08 万人次；组织业界培训 37 期，共计 0.29 万人；接待参观 456 场，共计 0.97 万人次；举办展览 60 场，共计 41.18 万人次；举办其他活动 210 场，共计 14.20 万人次。

12. 截至 2011 年底，我馆数字资源总量已达 561.3TB，与 2010 年底相比，增加了 16.9%。主要来源为电子报纸呈缴 4.3TB、外购数据库 71TB、馆藏特色资源数字化 458TB、征集数字资源 8.8TB、网络导航和网络资源采集 19.2TB。

13. 截至 2011 年底，我馆外购数据库共计 222 个，包括中文 106 个，外文数据库 116 个。

14. 截至 2011 年底，我馆数字资源发布总量达 473.4TB，占数字资源建设总量的 77.9%。数字资源发布总量与 2010 年底相比，增加了 22.1%。

注：(1) 自 2011 年 5 月 10 日起国家图书馆总馆南区闭馆进行维修改造，受此影响，读者到馆数量、文献流通册次、网站访问量、读者卡办理数量均有一定量下降。(2) 总登记量报纸按单件统计，入藏量按合订册统计。(3) 因上年硕士论文编目加工回溯外包量较大，今年文献编目加工与入藏量比去年同期都有较大减少。

各类文献入藏明细表（正式馆藏）

	文献类别	种　数	册（件）数	上年册（件）数	增长率 %
图书	中文普通书	181045	395393	336101	17.64
	台港图书	18375	18693	18219	2.60
	盲文图书	435	1081	0	--
	线 装 书	82	6998	491	1325.25
	中文图书总计	199937	422165	354811	18.98
	西文图书	35829	38892	38483	1.06
	俄文图书	6000	6054	6032	0.36
	日文图书	13330	14440	14997	-3.71
	东文图书	2031	2128	2115	0.61
	外文图书总计	57190	61514	57778	6.47
	图书总计	257127	483679	412589	17.23

（续表）

	文献类别	种 数	册（件）数	上年册（件）数	增长率 %
期刊	中文期刊	10887	209302	210492	-0.57
	台港期刊	665	9250	8817	4.91
	中文期刊总计	11552	218552	219309	-0.35
	西文期刊	4697	45049	37687	19.53
	日文期刊	1527	12543	12137	3.35
	俄文期刊	943	8174	9253	-11.66
	东文期刊	129	1668	1544	8.03
	外文期刊总计	7296	67434	60621	11.24
	期刊总计	18848	285986	279930	2.16
报纸	中文报纸	1256	5407	1143	373.05
	台港报纸	96	0	0	--
	中文报纸总计	1352	5407	1143	373.05
	外文报纸总计	95	0	1691	-100.00
	报纸总计	1447	5407	2834	90.79
特藏专藏	善 本	2	13	4912	-99.74
	外文善本	114	115	3849	-97.01
	新 善 本	61	110	331	-66.77
	精装精印	14	36	34	5.88
	金石文献	1276	1829	1118	63.60
	手 稿	9	97	249	-61.04
	舆 图	680	846	3912	-78.37
	画 片	0	0	0	--
	照 片	0	0	272	-100.00
	民语文献	1650	2892	4271	-32.29
	学位论文	143483	143483	454362	-68.42
	敦煌资料	253	302	702	-56.98
	地方文献	2641	3121	3606	-13.45
	图书馆学资料	285	1000	310	222.58
	联合国资料	3485	4305	3803	13.20
	中文资料	6531	7011	16839	-58.36
	特藏专藏总计	160484	165160	498570	-66.87

（续表）

文献类别		种　数	册（件）数	上年册（件）数	增长率 %
缩微	缩微平片	7988	13923	15561	-10.53
	缩微胶卷	230	3446	4131	-16.58
	缩微文献总计	8218	17369	19692	-11.80
视听文献	录像带	0	0	0	--
	VCD	1614	4001	4943	-19.06
	DVD	3904	10293	6403	60.75
	LD	0	0	0	--
	视频文献总计	5518	14294	11346	25.98
	录音带	258	832	791	5.18
	CD	3124	5615	3578	56.93
	MP3	255	488	455	7.25
	声频文献总计	3637	6935	4824	43.76
	视听文献总计	9155	21229	16170	31.29
电子	电子文献总计	1523	8844	2873	207.83
其　他		0	0	20	-100.00
正式入藏文献总计		456802	987674	1232678	-19.88

* 1 因学位论文 2010 年回溯加工入藏量较大，今年全馆正式入藏文献册（件）数较上年下降；

2 项目“其他”指傅熹年先生随捐文物，含书画、扇、书案。

各类文献入藏表（非正式馆藏）

文献类别	册（件）数	上年册（件）数	增长率 %
中文书（借阅复本）	339341	270296	25.54
中文期刊（借阅本）	243737	224360	8.64
民语书（阅览本）	1079	3562	-69.71
非正式入藏文献总计	584157	498218	17.25

编目加工统计表

文献类型	种 数	册（件）数	上年种数	增长率 %
中文图书	181045	735061	155789	16.21
台港图书	18375	18693	18219	0.86
盲文图书	435	1081	0	--
线 装 书	82	6998	398	-79.40
西文图书	35829	38892	34171	4.85
俄文图书	6000	6054	6000	0.00
日文图书	13330	14440	13589	-1.91
东文图书	2031	2128	2052	-1.02
中文期刊	498	--	461	8.03
台港期刊	53	--	103	-48.54
外文期刊	731	--	297	146.13
外文报纸	0	--	2	-100.00
中文报纸	73	--	73	0.00
台港报纸	6	--	3	100.00
学位论文	143483	143483	454362	-68.42
敦煌资料	253	302	509	-50.29
联合国资料	3485	4305	3182	9.52
地方文献	2641	3121	2825	-6.51
善 本	2	13	75	-97.33
新 善 本	61	110	164	-62.80
精装精印	14	36	8	75.00
手 稿	9	97	28	-67.86
金石文献	700	--	778	-10.03
舆 图	3271	4955	3533	-7.42
画 片	0	0	0	--
照 片	1003	1049	1013	-0.99
民语文献	1650	3971	2356	-29.97
缩微平片	7988	13923	8436	-5.31
缩微胶卷	230	3446	115	100.00
音像资料	9155	21229	8848	3.47
电子出版物	1523	8844	1927	-20.97
中文资料	6531	7011	14056	-53.54
其 他	0	0	20	-100.00
总 计	440487	1039242	733392	-39.94

*项目“其他”指傅熹年先生随捐文物，含书画、扇、书案。

到馆读者人次、文献流通册次统计表

	人 次	册 次		人 次	册 次
1 月	429550	2040318	7 月	379162	2604813
2 月	339866	1715563	8 月	391130	2582705
3 月	502830	2722828	9 月	321651	2017210
4 月	451095	2368154	10 月	336228	2132580
5 月	390027	2157617	11 月	311156	1892184
6 月	326410	1806557	12 月	291316	1731437
合 计	（人次）4470421		（册数）25771966		

各阅览室与服务点接待读者人次统计表

阅览室及服务点名称	读者人次	阅览室及服务点名称	读者人次
国际组织与外国政府出版物阅览	1377	外文文献第四阅览室/日本出版物	32239
室海外中国学文献研究中心	2193	文库阅览室/北区三层北	
法律参考阅览室	3482	中文图书外借室	340092
OPAC 检索（南区）	42840	中文图书区（北区）	1990526
OPAC 检索（北区）	56799	经典图书区（北区）	50423
复制（南区）	78959	艺术与设计资料区（北区）	25440
复制（北区）	26278	工具书区（北区）	123181
复制（南区自助）	4552	中文期刊区（北区）	155092
复制（北区自助）	82786	中文报纸区（北区）	149994
保存本阅览室	30364	数字共享空间（北区）	775188
缩微阅览室	22553	善本阅览室	4709
基藏书刊阅览出纳台	120108	中国少数民族语文阅览室	1697
基藏外文图书外借出纳台	47995	敦煌吐鲁番资料研究中心	1660
工具书阅览室	17083	普通古籍阅览室（古籍馆区）	12894
中国年鉴阅览室	11841	清史文献中心（古籍馆区）	800
学位论文阅览室	24693	地方志家谱阅览室（古籍馆区）	3868
台港澳文献阅览室	13101	地方文献阅览室（古籍馆区）	6840
外文文献第一、二阅览室/北区三层西	50459	复制、扫描服务（古籍馆区）	2173

（续表）

阅览室及服务点名称	读者人次	阅览室及服务点名称	读者人次
外文文献第二阅览室	7311	图书馆学资料室	452
外文文献第三阅览室 / 北区三层南	56518	少年儿童图书馆	91861
总　计	4470421		

＊ 1. 2010 年 7 月 19 日，地方文献第一阅览室与地方文献第二阅览室合并为地方文献阅览室；

2. 受南区维修改造影响，国际组织与外国政府出版物阅览室、海外中国学文献研究中心、法律参考阅览室、中文图书外借室、中国少数民族语文阅览室、敦煌吐鲁番资料研究中心、地方志家谱阅览室以及南区的复制、OPAC 查询等服务暂停，统计数据截至 2011 年 6 月（含）；

3. 外文文献第一、二阅览室合并迁入北区三层西、外文文献第三阅览室迁入北区三层南、外文文献第四阅览室 / 日本出版物文库阅览室迁入北区三层北继续提供服务。

基藏库书刊入库统计表

文献类型		年累计入库数	
		种　数	册　数
图书	中文图书	366695	380444
	西文图书	6689	7302
	俄文图书	3331	3348
	日文图书	2872	3192
	东文图书	2029	2118
	民族语文图书	2951	3107
	台港图书	15119	15119
	内部图书	188	297
	学位论文	152193	152193
	光　盘	17725	17725
	其　他	0	0
	合　计	569792	584845
期刊	中文期刊（合订本）	–	58772
	外文期刊（合订本）	–	28897
	内 部 刊（合订本）	–	3441
	合　计	–	91110

咨询工作统计

单位：件

	一般咨询	代检索课题	编制文献	年累计
党和国家领导	0	5	94	99
中央国家机关	34	73	1454	1561
重点科教单位	7576	1632	2725	11933
一般读者	533547	859	867	535273
年 累 计	541157	2569	5140	548866

国际交换工作统计

国家和地区 118 个 交换单位 554 个				
类 别	收到书刊资料		寄出书刊资料	
	种	册（份）	种	册（份）
图 书	4680	4741	13258	22046
期 刊	1522	9014	897	34860
报 纸	0	0	36	43020
平 片	1738	5493	--	--
光 盘	396	889	--	--
磁 盘	0	0	--	--
音 像	0	0	--	--
舆 图	4	4	--	--
胶 卷	0	0	--	--
总 计	8340	20141	14191	99926

国际互借工作统计表

项 目	借出资料	借入资料
人 次	1827	850
册 次	1827	850
复印（件）	1065	641
拒绝（件）	66	117

读者证卡统计

单位：个

证卡名称		本年证卡	总计（2000/4/12 起）
人工办证	贵宾卡	60506	1326672
	嘉宾卡		
	成人读者卡		
	少儿读者卡	5269	
自助办证	读者卡	125275	
合　计		191050	

*不含临时卡。

三、科研立项和成果

（一）立项统计表

类　型	课题名称	申请人	研制时间	备　注
国　家	馆藏资源元数据的语义描述及关联网络构建研究	成　全	2011.7—2014.12	社科基金
部　级	全国少年儿童阅读推广服务平台	汪东波	2011—2013.6	文化部提升计划
部　级	数字图书馆云平台建设及其在公益性数字文化建设中的应用研究	李志尧	2011—2013.12	文化部创新项目
部　级	古籍纸张近红外光谱无损检测系统研究	李际宁	2011—2013.3	文化部创新项目
部　级	缩微文献长期保存保护研究	李　健	2011—2013	文化部创新项目

（二）结项统计表

类　型	课题名称	申请人	鉴定时间
馆　级	书画修复技术规范与质量要求	杜伟生	2011.12.2
馆　级	古籍修复案例分析	张　平	2011.12.2
馆　级	国家图书馆网络用户需求分析	宋丽荣	2011.11.9
馆　级	图书馆讲座策划研究	金　龙	2011.9.15
馆　级	国家图书馆文献传递与馆际互借绩效评估研究	唐　晶	2011.8.18
馆　级	网络环境下博硕士论文资源建设与服务研究	姚　蓉	2011.7.27
馆　级	纳米光触媒技术在图书馆的应用研究	周崇润	2011.7.26
馆　级	文献保护相关标准进展与研究	田周玲	2011.5.19
馆　级	国家图书馆藏敦煌遗书专题研究	林世田	2011.5.17
馆　级	面向读者行为的数据采集与分析技术研究	牛现云	2011.3.22
馆　级	简单知识组织系统 (SKOS) 及其应用研究	喻　菲	2011.3.11
馆　级	元《大德毗陵志》《泰定毗陵志》辑佚	杨印民	2011.3.10
馆　级	国家数字图书馆音像出版物数字化及服务模式研究	肖　红	2011.1.14
馆级重点	国家数字图书馆服务框架研究	李春明	2011.1.12

四、人员统计

（一）2011 年馆领导名单

周和平	馆长（副部长级）	
詹福瑞	党委书记、 常务副馆长	
常丕军	副馆长、党委副书记	
陈　力	副馆长	
张志清	副馆长	
魏大威	副馆长	
王　军	副馆长	2011 年 11 月试用期满，转正（文人函 [2012]205 号）
孙一钢	馆长助理	
汪东波	馆长助理	

（二）2011 年处级干部名单

办公室	主　任	孙一钢	2011 年 1 月兼任
	副主任	辛　璐	2011 年 1 月试用聘任；7 月试用期满，转正
	副主任	王雁行	2011 年 8 月聘任
人事处	处　长	王青云	2011 年 1 月试用聘任；7 月试用期满，转正
	副处长	荣　杰	2011 年 1 月试用聘任；7 月试用期满，转正
财务处	处　长	张　军	2011 年 1 月试用聘任；7 月试用期满，转正
	副处长	郝丽萍	2011 年 1 月试用聘任
	总会计师（副处级）	李红霞	2011 年 1 月试用聘任；7 月试用期满，转正
党群工作办公室（2011 年 1 月更名）	主　任	郝守真	2011 年 1 月聘任
	副主任	张红霞	2011 年 1 月试用聘任；7 月试用期满，转正
纪检监察处（2011 年 1 月更名）	处　长	魏　崇	2011 年 1 月试用聘任；7 月试用期满，转正
离退休干部处	处　长	苏品红	2011 年 1 月聘任
	副处长	孙　乐	2011 年 1 月试用聘任；7 月试用期满，转正
业务管理处	处　长	高　红	2011 年 1 月聘任
	副处长	孙伯阳	2011 年 1 月试用聘任；7 月试用期满，转正
	副处长	谢　强	2011 年 1 月试用聘任；7 月试用期满，转正
国际交流处（台港澳交流处）	处　长	王霄飞	2011 年 1 月试用聘任
	副处长	王雁行	2011 年 1 月试用聘任；7 月试用期满，转正；8 月解聘
	副处长	马　静	2011 年 8 月试用聘任
国有资产管理处	处　长	安　洁	2011 年 1 月试用聘任；7 月试用期满，转正
	副处长	吕淑萍	2011 年 1 月试用聘任；7 月试用期满，转正
保卫处	处　长	赵建国	2011 年 1 月聘任
	副处长	张明亮	2011 年 1 月试用聘任；7 月试用期满，转正
行政管理处（2011 年 1 月设立）	处　长	王　军	2011 年 1 月兼任
	副处长	王六长	2011 年 1 月试用聘任；7 月试用期满，转正

（续表）

研究院	院 长	汪东波	2011年1月兼任
	副院长（正处级）	索传军	2011年1月聘任；9月调离
	副院长（正处级）	申晓娟	2011年1月试用聘任；7月试用期满，转正
	《文献》常务副主编（副处级）	张廷银	2011年8月试用聘任
	《国家图书馆学刊》常务副主编（副处级）	卓连营	2011年8月试用聘任
中文采编部	主 任	毛雅君	2011年1月试用聘任；7月试用期满，转正
	副主任	刘 瑛	2011年1月聘任
	副主任	王 洋	2011年1月聘任
外文采编部	主 任	顾 犇	2011年1月聘任
	副主任	张艳霞	2011年1月聘任
	副主任	罗 翀	2011年1月试用聘任；7月试用期满，转正
典藏阅览部	主 任	王志庚	2011年1月聘任
	副主任	黄 洁	2011年1月聘任
	副主任	刘博涵	2011年1月试用聘任；7月试用期满，转正
立法决策服务部	主 任	卢海燕	2011年1月聘任
	副主任	王 磊	2011年1月聘任
	副主任	张 洁	2011年1月聘任
参考咨询部	主 任	方自金	2011年1月聘任
	副主任	陈荔京	2011年1月聘任
	副主任	葛艳聪	2011年1月试用聘任；7月试用期满，转正
数字资源部	主 任	李晓明	2011年1月聘任
	副主任	李春明	2011年1月聘任
信息网络部（2011年1月更名）	主 任	魏大威	2011年1月兼任
	副主任	邢 军	2011年1月聘任
缩微文献部	主 任	曹 宁	2011年1月聘任
	副主任	张 阳	2011年1月试用聘任；7月试用期满，转正
社会教育部（2011年1月更名）	主 任	汤更生	2011年1月聘任
	副主任	仲 岩	2011年1月试用聘任；7月试用期满，转正

（续表）

古籍馆	馆　长	张志清	2011年1月兼任
	副馆长（正处级）	陈红彦	2011年1月聘任
	副馆长（副处级）	林世田	2011年1月聘任
	副馆长（副处级）	谢东荣	2011年1月试用聘任；7月试用期满，转正
国家古籍保护中心办公室	主　任	张志清	2011年1月兼任
	副主任	李翠薇	2011年1月聘任
中国图书馆学会秘书处	秘书长	严向东	2011年1月聘任
	副秘书长	霍瑞娟	2011年1月聘任
	《中国图书馆学报》编辑部副主编	蒋　弘	2011年1月聘任
后勤服务部（2011年1月设立）	主　任	曹　伟	2011年1月试用聘任；7月试用期满，转正
	副主任	文立新	2011年1月聘任
基建工程办公室	主　任	李昌明	2011年1月聘任
天竺周转库管理中心（2011年8月设立）	主　任	王六长	2011年8月兼任
国家图书馆出版社	社　长	郭又陵	
	总编辑	徐　蜀	
	副社长	姜　红	
	副主编	贾贵荣	

（三）人员结构

截至 2011 年年底，国家图书馆在编员工 1390 人，离退休人员 886 人。

人员增减情况	
2011 进馆总人数	119
2011 年离馆人数	82
退休	67
调离	12
死亡	3

性别结构	
男	588 人
女	802 人

年龄结构	
20～30 岁人员	385
31～40 岁人员	273
41～50 岁人员	424
51 岁以上人员	308

处级、科级干部统计	
处级干部人数	63
科级干部人数	215

学历结构	
博士	59
硕士	445
本科	463
本科以下	423

专业技术职务结构	
正高级职称	39
副高级职称	236
中级职称	684
初级职称	241

专业技术资格任职资格评聘情况	
图资系列	
研究馆员	7
副研究馆员	69（其中 2 人转任）
馆员	54（其中 3 人转任）
助理馆员	4
工程系列	
高级工程师	6
工程师	1
助理工程师	3
出版系列	
编审	1
副编审	2
技术编辑	2（其中 1 人转任）
卫生系列	
副主任护师	1

五、馆外奖励

获奖者	奖项名称	授予单位
国家图书馆	2011 年度文化信息工作先进单位	文化部
国家图书馆	2010 年度海淀区人口和计划生育工作先进集体	北京市海淀区人民政府
国家图书馆	首都绿化美化花园式单位	北京市海淀区人民政府绿化委员会
国家图书馆	北京市爱国卫生红旗单位	北京市爱国卫生运动委员会
国家图书馆	全国教科文卫体系统模范职工之家	中国教科文卫体工会全国委员会
国家图书馆	2005 至 2009 年度文化部直属机关先进工会组织奖	文化部直属机关工会
国家图书馆	2009 至 2010 年度文化部五四红旗团组织	共青团文化部直属机关委员会
国家图书馆	2011 年中国图书馆学会年会征文活动组织奖	中国图书馆学会
国家图书馆	2011 年 Balis 馆际互借服务特殊贡献奖	Balis 馆际互借中心
国家图书馆	北京市西城旧城保护和居民住房改善工程感谢证书	西城旧城保护和居民住房改善工程指挥部
国家图书馆	文化部庆祝中国共产党建党 90 周年“歌颂祖国歌唱党”歌咏比赛一等奖	中国共产党文化部直属机关委员会
国家图书馆	2011 年文化部直属机关职工围棋比赛优秀组织奖	文化部直属机关工会
国家图书馆	2011 年文化部直属机关职工“优畅杯”羽毛球比赛团体总分第一名	文化部直属机关工会
国家图书馆	2011 年文化部直属机关职工“优畅杯”羽毛球比赛优秀组织奖	文化部直属机关工会
人事处	2011 年度文化部直属单位人事部门创先争优活动“先进人事部门”称号	文化部人事司
保卫处	2011 年度紫竹院地区安全生产工作先进集体	海淀区紫竹院街道办事处安全生产委员会
中文采编部台港澳文献采编组	中央国家机关团工委青年文明号	中央国家机关团工委
典藏阅览部党支部	中央国家机关先进基层党组织	中共中央国家机关工作委员会
参考咨询部团支部	2009—2010 年度文化部优秀团支部	共青团文化部直属机关委员会
数字资源部团支部	2009—2010 年度文化部优秀团支部	共青团文化部直属机关委员会
中国图书馆学会秘书处	中国科协 2010 年全国学会统计年报一等奖	中国科协计划财务部

（续表）

获奖者	奖项名称	授予单位
中国图书馆学会秘书处	2011 年度中国科协优秀调研报告二等奖	中国科学技术协会
《部级领导干部历史文化讲座—资政卷（图文全本）》（国家图书馆出版社）	2011 年度全行业优秀畅销品种	中国书刊发行业协会
《中国图书馆分类法（第五版）》（国家图书馆出版社）	2011 年度全行业优秀畅销品种	中国书刊发行业协会
《史记十五讲》（国家图书馆出版社）	2010 年度“全国优秀古籍图书奖”普及读物奖	中国出版工作者协会、古籍出版工作委员会
《清文海》（国家图书馆出版社）	2010 年度“全国优秀古籍图书奖”一等奖	中国出版工作者协会、古籍出版工作委员会
《地方志灾异资料丛刊•第一编》（国家图书馆出版社）	2010 年度“全国优秀古籍图书奖” 二等奖	中国出版工作者协会、古籍出版工作委员会
《自庄严堪善本书影》（国家图书馆出版社）		
《国家图书馆藏钞稿本乾嘉名人别集丛刊》（国家图书馆出版社）		
国家图书馆	全国文明单位	中央精神文明建设指导委员会办公室
国家图书馆	紫竹院地区 2011 年度综治工作先进集体	紫竹院街道社会治安综合治理委员会

六、重要出访、来访统计

（一）重要出访

1月19日—22日	副馆长魏大威、中国图书馆学会秘书处秘书长严向东、信息网络部孟庆海等3人赴法国参加世界数字图书馆执委会第一次会议。
1月19日—29日	国家图书馆出版社社长郭又陵、总编辑徐蜀2人赴肯尼亚、埃及洽谈合作并参加2011年开罗书展。
5月9日—14日	副馆长魏大威、业务管理处副处长谢强2人赴澳大利亚参加第三届国际移动图书馆会议。
5月16日—19日	副馆长常丕军、研究院副院长申晓娟2人赴韩国参加亚大馆长会议。
6月3日—8月31日	外文采编部李吉子赴韩国国立中央图书馆研修。
6月8日—6月29日	中国图书馆学会秘书处秘书长严向东赴美国参加“中美图书馆员专业交流•图书馆行业组织专题交流项目”。
6月26日—7月2日	党委书记、常务副馆长詹福瑞、国际交流处处长王雷飞、古籍馆副馆长林世田、外文采编部李金涛4人赴俄罗斯国家图书馆和俄罗斯国立图书馆进行业务交流。
6月29日—7月21日	人事处处长王青云赴美国参加文化部第四期全国文化艺术管理机构人力资源管理境外培训班。
6月29日—7月6日	中国图书馆学会秘书处副秘书长霍瑞娟随团中央团组赴日本考察。
7月26日—31日	业务管理处处长高红、国际交流处副处长王雁行、业务管理处雷亮3人赴台湾考察民国文献存藏。
8月10日—19日	副馆长陈力、中国图书馆学会秘书处秘书长严向东、外文采编部主任顾犇、立法决策服务部主任卢海燕、国际交流处副处长王雁行、国际交流处郝金敏、立法决策服务部毛瑞、业务管理处李丹、数字资源部李鹏云、学会秘书处张章等一行10人赴美国参加中美图书馆服务研讨会及赴波多黎各参加第77届国际图联大会。
8月26日—30日	副馆长王军、国际交流处李晨光、古籍馆白鸿叶、古籍馆孙俊4人赴澳门参加“东方的觉醒——纪念辛亥革命一百周年珍贵照片展”。
9月18日—27日	国家图书馆出版社社长郭又陵、副社长姜红2人赴加拿大、美国进行业务交流。
10月10日—21日	馆长周和平、文化部社文司副司长张永新、山西省图书馆馆长李小强、国际交流处处长王雷飞、基建工程办公室主任李昌明、古籍馆赵大莹6人赴英国、法国、波兰进行海外古籍考察。

（续表）

11月2日—4日	副馆长张志清、国际交流处处长王霄飞、业务管理处副处长孙伯阳3人赴台湾参加中文文献会议第五次理事会。
11月6日—12月3日	社会教育部副处长仲岩、中文采编部崔云红2人赴新加坡国家图书馆管理局进行业务交流。
11月8日—15日	副馆长张志清、立法决策服务部副主任王磊、数字资源部龙伟、国家古籍保护中心办公室王红蕾、外文采编部王薇5人赴日本国立国会图书馆进行业务交流。
11月13日—17日	馆长助理孙一钢、国际交流处处长王霄飞2人赴德国参加世界数字图书馆执委会会议和合作伙伴会议。
11月16日—19日	馆长助理汪东波、外文采编部那亚等2人赴蒙古参加蒙古国家图书馆馆庆活动。
11月20日—26日	党委书记、常务副馆长詹福瑞、中国图书馆学会秘书处副秘书长霍瑞娟2人赴台湾参加“2011年海峡两岸公共图书馆服务研讨会”。
11月30日—12月3日	国家古籍保护中心办公室副主任李翠薇赴日本参加日本国立国会图书馆保存保护研讨会。
12月5日—10日	馆长助理孙一钢、国有资产管理处处长安洁、国际交流处副处长马静、典藏阅览部副主任黄洁、参考咨询部副主任葛艳聪5人赴新加坡国家图书馆管理局进行业务交流。
12月5日—11日	古籍馆程佳羽、古籍馆贾双喜一行2人赴香港布置“国家图书馆善本特藏展”。
12月6日—10日	馆长周和平、古籍馆副馆长陈红彦、办公室副主任王雁行、馆长秘书刘明杰4人赴香港参加“国家图书馆善本特藏展”开幕式。

注：以上共24批，70人次。

（二）重要来访

2月15日	澳大利亚驻华大使馆新闻文化参赞吉尔·柯林斯（Jill Collins）一行4人来访。
3月5日	澳门特别行政区行政长官崔世安一行40余人来我馆参加“中华寻根网”开通仪式，馆长周和平、党委书记、常务副馆长詹福瑞、副馆长张志清出席仪式。
3月7日	俄罗斯乌克兰图书馆界代表团一行35人来访。
3月9日	美国犹他家谱学会艾伦·希思（Alan Heath）一行4人来访。
3月10日	日本国会图书馆盐崎亮来访。
3月17日	马其顿共和国驻华使馆大使奥利维尔·沙姆贝夫斯基（Oliver Shambevski）一行3人来访，副馆长陈力会见了客人。
3月29日	加拿大图书馆协会代表团团长凯伦·亚当（Karen Adams）一行13人来访。
3月31日	法国国家出版商联合会主任阿依达·迪亚波（Aida Diab）一行20人来访。
4月6日	英国爱墨瑞得出版社主席马丁·福伊特（Martin Fojt）和首席执行官理查德·贝文（Richard Bevan）来访，副馆长陈力会见了客人。
4月7日	韩国标准协会代表团一行24人来访。
4月27日	印尼众议院第十委员会海里·艾哈迈德（Heri Akhmadi）一行28人来访。
4月29日	澳大利亚大使馆代办梅耕瑞一行5人来我馆参加“光源自光”当代媒体艺术作品展开幕仪式，副馆长常丕军出席仪式。
5月9日	泰国宋卡王子大学代表团一行20人来访。
5月19日	美国众院民主党党团主席拉森一行5人来访，副馆长张志清会见客人。
5月23日	美国图书馆协会主席罗伯塔·史蒂文斯（Roberta Stevens）一行2人来访，副馆长陈力会见客人。
5月23日	韩国忠南大学图书馆一行4人来访。
6月7日	美国世哲（SAGE）出版公司董事局高层管理人员一行11人来访。
6月13日	美国犹他家谱学会艾伦·希思（Alan Heath）一行4人来访。
6月22日	美国康涅狄格州立大学图书馆系师生一行6人来访。
7月5日	台湾传统艺术中心秘书室科长詹美芬等一行3人来访。
7月12日	台湾汉学研究中心副主任吴英美等一行3人来访，馆长周和平、副馆长张志清会见客人。

（续表）

7月14日	由阿盟国家文化领域政府官员组成的阿拉伯国家图书馆高级管理人员研修班一行30人来我馆参观访问，馆长周和平会见该代表团并授课。
7月19日	乌克兰使馆文化信息中心主任兼参赞伟利奇科（Valentyn Velychko）来访。
7月25日	菲律宾华侨庄长江及其家属一行8人来我馆出席“两塗轩藏书捐赠仪式”，馆长周和平出席仪式并讲话，副馆长张志清主持仪式。庄长江将其父庄万里两塗轩藏书，共计25部4148册捐赠给我馆永久保存。
7月25日至31日	韩国国立中央图书馆副馆长吕渭淑一行5人来我馆进行第14次业务交流，馆长周和平、副馆长陈力、副馆长张志清、馆长助理孙一钢等分别会见客人。
7月26日	美国哈佛大学图书馆馆长郑炯文等一行2人来我馆商谈合作事宜，馆长周和平、副馆长陈力等会见客人。
7月29日	台湾汉学研究中心原主任顾敏先生来访，党委书记、常务副馆长詹福瑞、副馆长张志清会见客人。
8月4日	美国芝加哥大学图书馆东亚图书馆馆长周原来我馆商谈合作事宜，副馆长张志清会见客人。
8月4日	美国犹他家谱学会艾伦•希思（Alan Heath）一行5人来访。
8月31日	法国少儿数字出版社弗朗索瓦兹•普雷特等一行3人来访。
9月2日	英国伦敦大学亚非学院图书馆谢惠兴来访。
9月5日	塞浦路斯Manshop出版社麦吉斯来访。
9月9日	德国柏林大学图书馆专家一行2人来访。
9月14日至28日	新加坡国家图书馆管理局交换馆员庄致颖等一行4人来我馆进行业务交流。
9月16日	德国国家博物馆代表团一行15人来访。
9月17日	“古籍成像、收集和处理研讨会”参会人员一行60人来访，副馆长张志清会见客人。
9月18日至20日	捷克国家图书馆馆长托马斯•波曼来访，馆长周和平会见客人。
9月19日	香港中央图书馆郑学仁一行4人来访。
9月26日	罗马尼亚文化部长顾问、公共文化机构专家卡门•克罗多鲁一行2人来访，党委书记、常务副馆长詹福瑞会见客人。
9月27日	美国图书馆和信息科学代表团卡米拉•艾莱尔博士等一行20人来访。

（续表）

10月18日	台湾音乐中心主任苏桂芝等一行4人来访，党委书记、常务副馆长詹福瑞、副馆长张志清会见客人。
10月18日	韩国忠南大学校图书馆馆长李万镐等一行4人来访。
10月19日	以色列艾利贝斯公司新任亚太区副总裁兹伍一行2人来访，副馆长魏大威会见客人。
10月20日	文莱文化部代表团一行3人来访。
10月21日	美国密歇根大学本特利历史图书馆馆长布劳因等一行4人来访。
10月21日	日本国会图书馆总务部主任参事原田久义 (HISAYOSHI Harada)、关西馆主任司书柴田昌树 (SHIBATA Masaki) 和韩国国立中央图书馆、数字企划部高级研究员朴振虎（Jin Ho PARK）、信息技术课副课长洪承演（Seung Yeon Hong）、数字企划部馆员朴一心 (Il Sim PARK) 一行5人来我馆参加中日韩数字图书馆项目业务交流会。
10月21日	韩国国立釜山大学、韩国庆星大学文献图书情报系师生一行14人来访。
10月27日	亚太数字图书馆年会境外参会人员一行15人来访。
10月28日	新加坡国家图书馆管理局信息处助理处长纪祥福等一行5人来访。
11月3日	美国公共图书馆界代表团一行32人来访。
11月4日	新加坡国家图书馆管理局郭俊杰来访。
11月7日	美国加利福尼亚大学洛杉矶分校善本学校校长苏珊•艾伦（Susan Allen）一行2人来我馆古籍馆参观访问。
12月13日	韩国国会图书馆馆长刘载一一行5人来访，馆长周和平会见客人。

注：以上共53批，499人次。

七、部分会议、培训、讲座、展览统计

（一）会议

时　间	会议名称	地　点	备　注
1月11日	《清文海》暨清史资料出版座谈会	北京	
1月13日	碑帖拓本定级标准讨论会	北京	
1月18日	敦煌遗书、佛教古籍定级标准讨论会	北京	
2月15日	古地图定级标准讨论会	北京	
3月8—10日	中国图书馆学会2011年秘书长联席会议暨《中国图书馆年鉴》编纂工作会议	景德镇	中国图书馆学会联办
3月21日	《古籍保护条例》（征求意见稿）修订研讨会	北京	
3月24日	《任继愈文集》编纂工作会议	北京	
3月29日	中国共产党国家图书馆第二次代表大会	北京	
4月8日	敦煌遗书、佛教古籍定级标准修订讨论会	北京	
4月23日	全国残疾人阅读指导委员会成立大会暨“牵手残疾人，走进图书馆”活动	北京	
5月16日	民国时期文献保护工作座谈会	西安	陕西省图书馆协办
5月23日	全国古籍普查和《中华古籍总目》（分省卷）编纂工作专家讨论会	北京	
7月17—23日	2011年全国古籍评审工作会议	北京	
8月2—3日	《古籍保护条例》暨古籍保护人才培养工作座谈会	北京	国家图书馆（国家古籍保护中心）承办
8月13日	图书馆古籍保护与资源建设工作会议	兰州	
8月22—26日	第四批“国家珍贵古籍名录”复审工作会议	北京	
8月23日	甲骨入选“国家珍贵古籍名录”专家座谈会	北京	
8月	汉文古籍特藏藏品定级标准修订会	北京	
9月2日	《全国古籍普查登记工作实施细则》座谈会	北京	
9月8日	数字图书馆推广工程工作会议	北京	文化部主办，国家图书馆承办
9月8日	第四批“国家珍贵古籍名录”收录甲骨专家座谈会	北京	
9月14日	《关于开展全国古籍普查登记工作的通知》（征求意见稿）专家座谈会	北京	
9月14日	《上海图书馆藏稀见方志丛刊》发布会暨地方志文献整理出版座谈会	上海	上海图书馆、上海市古籍保护中心联办

（续表）

时 间	会议名称	地 点	备 注
9月23日	2011年全国古籍评审工作会议——甲骨文评审会	北京	
9月23日	第四批“国家珍贵古籍名录”外文文献专家评审会议	北京	
10月19日	藏文古籍分类标准讨论会	北京	
10月19—21日	《中国图书馆藏古籍珍本丛刊》编纂座谈会	北京	
10月21日	中日韩数字图书馆项目业务交流会	北京	
10月26—27日	2011年中国图书馆年会暨中国图书馆学会年会	贵阳	文化部主办，中国图书馆学会、国家图书馆等承办
11月13—15日	2011年全国公共图书馆讲座联盟省级成员馆工作会议	太原	山西省图书馆联办
11月16—18日	第三届全国馆际互借与文献传递研讨会	昆明	云南省图书馆协办
11月16—17日	藏文古籍二级类目及著录规则讨论会	北京	
11月18—19日	第十三届全国省、自治区、直辖市、较大城市图书馆馆长联席会议	南宁	广西壮族自治区图书馆承办
11月	《图书馆古籍特藏书库基本要求》国家标准修订讨论会	北京	
12月15日	国家图书馆工会第三次代表大会暨第二届职工代表大会	北京	
12月16日	共青团国家图书馆第八次代表大会	北京	
12月22日	国家图书馆部委分馆馆长联席会议暨立法决策服务平台服务年会	北京	
12月23日	全国图书馆标准化技术委员会2011年工作会议	北京	
12月27日	“中国之窗”年度工作会议	北京	国务院新闻办公室主办、国家图书馆承办
12月28日	《中华医藏》编纂出版工作专家会议	北京	

（二）培训

时 间	培训名称	主讲人	地 点	备 注
1月4—9日	中国图书馆分类法（第五版）培训班	朱 芊	杭州	浙江省图书馆联办
1月4—14日	第六期全国古籍鉴定与保护高级研修班		大连	大连图书馆联办
2月28日—4月29日	第二期全国古籍修复技术提高班		北京	
3月5日—4月9日	北京市图书资料系列中级、初级专业技术资格考试考前辅导培训班	富 平 朱 芊 刘小玲	北京	
3月7日—4月1日	第一期古籍普查与《中华古籍总目·分省卷》编纂研修班	刘小玲	北京	
3月14—18日	中国文献编目规则在机读目录格式中的应用培训班	贺 燕 刘 峥	北京	
3月21—25日	文献分类与主题标引实例讲习培训班	曹玉强	北京	
4月6—22日	第二期古籍普查与分省卷编纂研修班		北京	
4月11—22日	第二十七期全国古籍普查培训班		贵阳	贵州省图书馆联办
4月11—15日	新版中国机读目录格式使用手册持证上岗证书培训班	富 平	北京	
4月18—22日	中国图书馆分类法（第五版）培训班	卜书庆	北京	
4月25—29日	地方文献的采访、编目与服务培训班	王 荟	北京	
5月4日—7月1日	第三期全国古籍修复技术提高班		北京	
5月7—15日	第二十八期全国古籍普查培训班		重庆	重庆图书馆联办
5月9—27日	第三期古籍普查与分省卷编纂研修班		北京	
5月9—13日	西文文献的编目与管理培训班	吴晓静 罗 翀	北京	
5月16—20日	西文连续出版物的编目与管理培训班	曹 迁	北京	
5月23—27日	现代图书馆参考咨询馆员业务能力培训班	赵 红 唐 晶	北京	
5月30日—6月3日	信息时代图书馆读者服务工作培训班	马 涛 唐 晶 乔 欢	北京	
6月13—17日	中文连续出版物的编目与管理培训班	马 静 杨 静	北京	
6月13—17日	中国图书馆分类法（第五版）培训班	卜书庆	郑州	河南省图书馆联办
6月20—24日	馆藏说明标准与馆藏MARC格式培训班	贺 燕	北京	
6月20—24日	中国图书馆分类法（第五版）培训班	曹玉强	武汉	武汉图书馆联办
6月22日—8月12日	第二期全国西文修复技术培训班		广州	中山大学图书馆联办

（续表）

时　间	培训名称	主讲人	地　点	备　注
6月27日—7月1日	中文图书高级编目培训班	曹　宁 卜书庆 刘小玲	北京	
7月4—8日	中国图书馆分类法（第五版）培训班	曹玉强	贵阳	贵州省图书馆联办
7月11—15日	图书馆数字资源的采集、整合与服务培训班	李春明等	北京	
7月17—22日	2011年图书馆员工入职培训	汤更生 方自金 富　平 刘小玲 朱　芊 金龙等	北京	
7月25—29日	多载体文献资源的编目与管理培训班	贺　燕 刘小玲 刘　峥	北京	
8月1—10日	全国中医古籍普查与保护培训班		合肥	安徽中医学院联办
8月5—13日	第二十九期全国古籍普查培训班		乌鲁木齐	新疆自治区图书馆联办
8月7—14日	中国图书馆分类法（第五版）培训班	朱　芊	承德	承德市图书馆学会联办
8月22—26日	电子资源著录规则与电子资源机读目录格式培训班	刘　峥	北京	
9月19—23日	中国图书馆分类法（第五版）培训班	朱　芊	北京	
9月19—23日	第一期全国古籍普查平台系统维护人员培训班		武汉	华中师范大学联办
9月26—29日	新版中国机读目录格式使用手册持证上岗证书培训班	富　平	北京	
10月10—14日	信息时代图书馆读者服务工作培训班	马　涛 张秀兰 田　丽	大连	大连图书馆联办
10月17—21日	移动数字图书馆技术应用与服务培训班		北京	
10月24—28日	数字图书馆建设与服务培训班		北京	
10月29日—11月4日	第三十期全国古籍普查培训班		石家庄	河北省图书馆联办
12月12—16日	全国省级公共图书馆决策咨询服务理论与实务培训班	曹　珊 贾慧松	北京	

（三）讲座

时间	讲座名称	主讲人	备注
1月1日	当前经济形势分析	厉以宁	文津讲坛
1月7日	毛泽东访苏轶闻	沈志华	
1月8日	贝多芬交响曲综述与赏析	卞祖善	文津讲坛
1月8日	昆曲在北京	张卫东	
1月8日	联合国改革	王学贤	
1月8日	诗中“物”与“物”中诗	扬之水	中国典籍与文化系列
1月9日	敦煌学及其他	郝春文	文津讲坛
1月9日	说京剧脸谱	徐城北	
1月9日	美国政府与辛亥革命	崔志海	
1月15日	京味儿地理漫谈	陈　溥	
1月15日	辛亥革命与经济发展	李志英	
1月22日	苦难辉煌——对国家和民族命运的思索	金一南	部级领导干部历史文化讲座
1月23日	宗教、人生与和谐	叶小文	文津讲坛
1月29日	中国大运河的保护与申遗	罗哲文	文津讲坛
2月7日	春节礼俗与古代中国人的和谐理念	何星亮	文津讲坛
2月12日	马小跳的童年意义	杨红樱	文津少儿讲坛
2月12日	中国书籍的起源及其形制的演变（上）	李致忠	文津讲坛
2月13日	中国书籍的起源及其形制的演变（下）	李致忠	文津讲坛
2月19日	一个苦闷的灵魂——曹禺创作揭秘	田本相	文津讲坛
2月19日	一体多元，美轮美奂——新疆非物质文化遗产简介	马迎胜	
2月20日	清代的翰林院与翰林	邸永君	
2月20日	辛亥：摇晃的中国	张　鸣	
2月26日	司马迁笔下的明君贤臣与开明政治思想	张大可	部级领导干部历史文化讲座
2月26日	变革时代的联合国和全球治理的新架构	陈　健	
2月26日	圣母艺术形象的演变	杨道圣	
2月27日	汉陵寝制度文化	刘庆柱	
2月27日	当前文化建设的若干重要问题	陈漱渝等	
2月27日	中国人的时间制度和传统节日	刘魁立	文津讲坛
3月5日	中国族谱学的若干思考	常建华	文津讲坛
3月5日	毛泽东在中央苏区的风雨历程	黄少群	
3月5日	历史上的北京镖局	方　彪	
3月5日	唐代宫廷女性面面观之二	蒙　曼	

（续表）

时间	讲座名称	主讲人	备注
3月6日	当下女性面临的诸种困境	张红萍	
3月6日	女性常见病的预防及保健	关　铮	
3月12日	瓷器鉴定之九方五法——以洪武瓷为例	王启泰	文津讲坛
3月12日	殷墟：人类文明的宝库	王宇信	
3月12日	走进世界的中国电影	尹　鸿	
3月18日	辛亥：改革与革命赛跑	雷　颐	
3月19日	清朝历史中的民族特色	张永江	
3月19日	饮食有节，身必无灾——食物是最好的药物	赵　霖	
3月19日	儿童文学和童年	梅子涵	文津少儿讲坛
3月20日	中国古文献学与诠释学	孙钦善	文津讲坛
3月20日	孔子的六张面孔	王德岩	
3月20日	博弈兴邦如何可能？——以劳资关系为例	柯华庆	
3月26日	中西科技错位发展四百年	张柏春	部级领导干部历史文化讲座
3月27日	明中叶以降知识人的讲学活动	赵　园	文津讲坛
3月27日	哲学与人生	李超杰	
3月27日	北京中轴线的形成及其历史文化渊源	朱祖希	
4月7日	中国经济转型与山西的综合试验	华如兴	
4月9日	儒学的历史命运与未来	牟钟鉴	儒学知识系列讲座第一讲
4月9日	民乐纵横谈——徐阳教授带您走近神秘又时尚的古老乐种阮	徐阳等	
4月9日	从世袭社会到选举社会	何怀宏	文津讲坛
4月10日	谱牒：记录中华历史文化的又一宝藏	栾成显	文津讲坛
4月10日	全球变暖面面观	方修琦	
4月10日	休闲：文化传统与当代价值	马惠娣	
4月16日	西方基督宗教社会思想与民生观	彭小瑜	部级领导干部历史文化讲座
4月16日	西方雕塑史上的三座高峰	陈　芳	
4月16日	中国音乐素描	宋　瑾	
4月17日	中国文化早期在欧洲的传播——以波兰来华传教士卜弥格为中心	张西平	文津讲坛
4月17日	元上都——拥抱着文明的废墟	魏　坚	
4月17日	古代的选举和科举制度	许树安	
4月23日	阅读之旅：北京中轴线——文津读书沙龙特别活动	朱祖希	
4月23日	从千雯之舞谈起	张之路	文津少儿讲坛
4月23日	龟兹石窟	赵　莉	中国典籍与文化系列

（续表）

时　间	讲座名称	主讲人	备　注
4月24日	海瑞廉洁反贪典型的再思考	南炳文	文津讲坛
4月24日	积极领导力与职业心理健康	张西超	
4月24日	中国申报世界遗产热的思考	吕　舟	
4月30日	社交礼仪与有效沟通	金正昆	
5月7日	浅谈国民经济核算的相关问题	许宪春	
5月7日	阅读与生命的智慧	王渝生	
5月7日	天工清新说宋瓷	杨士林	
5月7日	心灵的自由与诗的发现	吴思敬	文津讲坛
5月8日	古典文明与现代西方文明	郭小凌	文津讲坛
5月8日	清廷的礼仪与影视再现的误解——从清代不喊皇上“万岁”说起	李宝臣	
5月8日	云中仙雀鸣天地听空音——欣赏中国琴歌芳华 漫步中国古典主义艺术	俞伯荪 黄明康等	
5月14日	科技时代应如何看科学	刘大椿	文津讲坛
5月14日	环境与健康	孙　英	
5月20日	基于长期发展客观看待当前的经济运行	华如兴	
5月21日	哲学入门途径的选择——重新研究德国古典哲学	叶秀山	部级领导干部历史文化讲座
5月21日	《黄帝内经》与《本草纲目》选读会一：李时珍与《本草纲目》	郑金生	中华珍贵医药典籍展配合讲座
5月21日	阅读在当代中国的意义	郭英剑	
5月23日	人和书的亲情	梁晓声	
5月28日	浅论青铜器铭文	杜廼松	文津讲坛
5月28日	在砥砺中成长	潘叔明	
5月28日	中华孝道与社会和谐	李宝库	
5月28日	从追求成功到追求幸福——更新我们的教育理想	杨东平	
5月28日	阅读与生命的智慧	王渝生	
6月1日	《黄帝内经》与《本草纲目》选读会二：黄帝内经与养生	孟庆云	中华珍贵医药典籍展配合讲座
6月2日	经络养生——畅通母亲河的养生之道	程　凯	中华珍贵医药典籍展配合讲座
6月4日	中共建党的若干问题与第一次国共合作	牛大勇	
6月6日	临琼听琴——古琴名家名曲赏析会	丁承运 傅丽娜等	
6月7日	刮痧拔罐保健	杨金生	中华珍贵医药典籍展配合讲座
6月9日	我国民族医药的发展现状与趋势	黄福开	中华珍贵医药典籍展配合讲座
6月9日	活字印刷术的发明及西传	肖东发	文津讲坛

（续表）

时 间	讲座名称	主讲人	备 注
6月11日	礼与中国人文精神	彭 林	文津讲坛
6月11日	孙中山与辛亥革命	周铁农	
6月11日	春色如许——昆曲的美丽与忧伤	丛兆桓 刘 静	
6月12日	图画怎么变成了文字——中国西南濒危文字文化解读	赵丽明	文津讲坛
6月13日	《黄帝内经》与《本草纲目》选读会三：从李时珍和他的《本草纲目》浅谈养生保健	张月生	中华珍贵医药典籍展配合讲座
6月16日	中医信息学与中医古籍保护与整理研究	崔 蒙	
6月17日	《黄帝内经》与《本草纲目》选读会四:《黄帝内经》医学理论的临床应用	张家玮	中华珍贵医药典籍展配合讲座
6月18日	科学技术史告诉了我们什么？	董光壁	部级领导干部历史文化讲座
6月18日	《掩不住的阳光》——揭开尘封50年的记忆	乔泰阳 张 鹰	
6月19日	承载与记载——“册府琳琅·根脉相承——中华典籍与非物质文化遗产特展”观后	李致忠	文津讲坛
6月22日	《黄帝内经》与《本草纲目》选读会五:《黄帝内经》对人体的认识与疾病防治	曹洪欣	中华珍贵医药典籍展配合讲座
6月23日	《黄帝内经》与《本草纲目》选读会六：从《黄帝内经》走近中医	马晓北	中华珍贵医药典籍展配合讲座
6月26日	重建我们的“好生活”理念	陶东风	文津讲坛
6月27日	中医古籍的整理与传承	柳长华	中华珍贵医药典籍展配合讲座
6月29日	民族医药学的传承	诸国本	中华珍贵医药典籍展配合讲座
6月30日	中医阴阳五行学说的再认识	高思华	中华珍贵医药典籍展配合讲座
7月2日	中国共产党革命气运下的文化创新	朱志敏	
7月3日	从考古发现看中华文明的起源	王 巍	文津讲坛
7月9日	李大钊爱国主义思想的特点与中国共产党的创建	朱成甲	文津讲坛
7月9日	从书生到领袖——瞿秋白	陈铁健	
7月16日	百年锐于千载：辛亥革命反思	章开沅	部级领导干部历史文化讲座
7月17日	宫廷文房清供	张淑芬	文津讲坛
7月17日	毛泽东、邓小平与中国经济长远发展战略	杨凤城	
7月23日	国际共产主义运动的历史反思	韩冬雪	
7月23日	中国共产党辉煌历程与基本经验	王炳林	

（续表）

时 间	讲座名称	主讲人	备 注
7月23日	敬惜字纸	白化文	中国典籍与文化系列
7月26日	飞天之路	杨利伟	文津少儿讲坛
7月30日	大炮与银两：晚明的军事改革	李伯重	文津讲坛
7月30日	中国共产党波澜壮阔的九十年	黄少群	
7月30日	七七事变前后的山西	薄小莹	
7月31日	中国社会的文明转型与中国共产党的九十年	蔡 霞	
8月6日	万里同风：明代青花瓷的崛起与西传	万 明	文津讲坛
8月6日	中轴线的文物保护与申遗	李建平	
8月9日	阅读点亮人生	保冬妮	文津少儿讲坛
8月13日	泰山、阎魔与地狱、酆都城	白化文	中国典籍与文化系列
8月14日	听方掬芬奶奶讲故事	方掬芬	文津少儿讲坛
8月20日	了解儿童心理特征，帮助儿童健康发展	蔡景昆	文津少儿讲坛
8月20日	南海问题的若干观察与分析	李国强	部级领导干部历史文化讲座
8月21日	顾炎武的遗民心态与清初社会文化	郭英德	文津讲坛
8月27日	蒋介石的个性与国民党的党性	王奇生	文津讲坛
9月4日	俄罗斯汉文古籍的收藏与研究	波波娃	文津讲坛
9月10日	佛寺对佛经装帧的特殊要求	白化文	中国典籍与文化系列
9月11日	文明的共存与世界秩序的重建 ——费孝通文化自觉思想再阐释	方李莉	文津讲坛
9月17日	两宋香炉源流	扬之水	文津讲坛
9月18日	儒学与科技发展	王渝生	
9月18日	雪冷血热——东北抗联十四年苦斗记	张正隆	
9月24日	孙中山的民生主义思想及其当代价值	杨天石	部级领导干部历史文化讲座
9月24日	丰子恺漫画中的人文关怀	王九成	
9月24日	东北抗日联军斗争历程	王建学	
9月25日	短暂辉煌——明宣宗的作为及其影响	赵中男	文津讲坛
9月25日	阅读南宋——对一个时代的理解	包伟民	文津讲坛
10月1日	辛亥革命四大问题的再探讨	杨天石	文津讲坛
10月6日	每个人心中的童话——阅读与写作	翌 平	文津少儿讲坛
10月15日	唐诗中的生命超越之路	过常宝	
10月16日	《西厢记》的经典意义	张燕瑾	文津讲坛
10月20日	父亲母亲和我	冯忆罗	

（续表）

时　间	讲座名称	主讲人	备　注
10月22日	宋明理学的兴起与流变	李存山	部级领导干部历史文化讲座
10月22日	重展历史长卷再现文明之光——“数字圆明园”成果展示	郭黛姮等	
10月23日	敦煌艺术经典的数字影片阐释——以莫高窟第254窟短片序列为例	陈海涛 陈　琦	中国典籍与文化系列
10月29日	《周易》与中华智慧	余敦康	
10月29日	辛亥革命百年的纪念与反思	王开玺	文津讲坛
10月30日	从宪政领袖到帝制余孽——清末民初大变局中的杨度	左玉河	文津讲坛
11月5日	忽必烈、朱元璋、朱棣与元明社会变迁	李治安	文津讲坛
11月5日	《西游记》中的佛与道	陈　洪	中国古今经典小说研究系列讲座第一讲
11月5日	阅读的快乐	安武林	文津少儿讲坛
11月6日	审美与人生	王旭晓	
11月12日	儒学与人生	张立文	
11月12日	《聊斋》与道德宿命意识	冷成金	
11月13日	中苏关系与中国科技发展	张柏春	文津讲坛
11月19日	张居正与万历新政	熊召政	部级领导干部历史文化讲座
11月19日	世间只有情难诉：冯梦龙“三言”言情小说举隅	郭英德	
11月19日	小镇上的娜拉——重读王安忆的中篇小说《妙妙》	程光炜	
11月20日	试解明史研究中的悖论	刘志琴	文津讲坛
11月20日	关于贾平凹、阎连科的长篇小说	孙　郁	
11月20日	女性的心理素质提升与职业发展——以机关公务员为例	石秀印	
11月26日	《红楼梦》在韩国	崔溶澈	中国典籍与文化系列
11月26日	说《水浒传》	刘世德	
11月26日	音乐与人生	王立平	
11月26日	小说的超越意识与文学的不朽追求——从西部文学中的大手印文化说起	雪　漠	
11月26日	学会在书海中冲浪——让课外阅读更有效、有趣、有益	李东华	文津少儿讲坛
11月27日	在传统与现代之间：我们生活中的法文化	张小也	文津讲坛
11月27日	从塑造英雄到挖掘人性——释读《西游记》的小说史定位	丁　夏	
11月27日	《红楼梦》是怎样写成的	张庆善	
11月28日	同享阅读快乐——文津读书沙龙特别活动		

（续表）

时　间	讲座名称	主讲人	备　注
12月3日	一花一世界，一草一天堂——管理与人际沟通心理学解读	陈绍建	文津讲坛
12月3日	儒学与中国传统节日	李汉秋	
12月3日	在民族复兴中升腾	张颐武	
12月4日	亲社会行为及其培养	周　郢	
12月4日	从工艺美术中比较中法人文观念	贾金莉	
12月4日	十七届六中全会精神解读	陈漱渝	
12月4日	当前国际形势与中国周边安全	王逸舟	
12月10日	《三国志演义》——妄说还是史诗	胡小伟	
12月10日	《在酒楼上》的欣赏	商金林	
12月17日	文艺复兴——欧洲由衰及胜的转折	朱孝远	部级领导干部历史文化讲座
12月24日	治学——读书与藏书	杨成凯	文津讲坛
12月25日	与卢浮宫相望——重建东方美的核心价值	朱青生	文津讲坛

（四）展览

时 间	展览名称	地点	备 注
1月26日—4月10日	西域遗珍——新疆历史文献暨古籍保护成果展	北京	文化部、教育部、新疆维吾尔自治区人民政府等主办，国家图书馆（国家古籍保护中心）、新疆维吾尔自治区文化厅承办
1月28日—2月18日	新春佳节展	北京	
2月24日—3月2日	石景宜书画展	北京	
3月15日—4月23日	国图广角摄影展	北京	
3月28日—11月7日	“汉字：文化津梁　中国奇迹”展览巡展	温州 张家口 佛山 珠海	温州市图书馆、河北北方学院图书馆、佛山市图书馆、珠海市图书馆联办
4月20日—5月10日	阅读之旅•山西古戏台摄影展	北京	
4月22—24日	佳能第二届“感动典藏”摄影大赛展	北京	
4月26日—5月8日	《周韶华全集》捐赠仪式暨周韶华新作展	北京	
4月29日—7月4日	“光源自光”澳大利亚新媒体艺术展	北京	
5月18日—6月30日	中华珍贵医药典籍展	北京	文化部、国家中医药管理局主办，国家图书馆（国家古籍保护中心）、中国中医科学院（全国中医行业古籍保护中心）承办
6月1日—8月4日，	艰难与辉煌——纪念建党九十周年	北京	
6月28日—7月30日	国家图书馆馆藏珍贵文献展	武汉	武汉图书馆联办
6月1—30日， 10月25日—12月15日	让经典伴随我们成长——穿越儿童文学的浪漫密林巡展	太原 东莞	山西省图书馆、 东莞图书馆联办
6月8日—	册府琳琅·根脉相承——中华典籍与非物质文化遗产特展	北京	
6月22日—7月15日	国家图书馆庆祝建党九十周年书画摄影作品展	北京	
7月5日—	大众篆刻——李岚清篆刻书法艺术展	北京	
8月20—30日	红色记忆——延安儿女书画、摄影、集邮作品联展文献展	北京	
9月15日—10月31日	东方的觉醒——纪念辛亥革命一百周年馆藏珍贵历史文献展	北京	

（续表）

时　间	展览名称	地点	备　注
9月16—30日	白山黑水铸忠魂——纪念九一八事变八十周年馆藏东北抗日联军珍贵文献暨冯仲云手稿展	北京	
9月20—22日	艺术与文明的对话——中法文化交流展	北京	
10月12日—10月20日	《祖国颂》——“金秋影友”摄影作品联展	北京	
11月5—13日	感恩伟大祖国　建设美好家园——玉石之乡和田摄影展	北京	
11月15—18日	炎黄文化研究会成立二十周年书画成果展	北京	
11月20—24日	花开盛世——庆祝建党九十周年苏留英牡丹画展	北京	
11月30日—12月13日	2011年文化部艾滋病防治知识图片展	北京	

八、馆史档案资料统计

国家图书馆一百年来的档案，真实记载了图书馆的发展历程。国家图书馆现有文书、基建档案 60 余万页，实物档案 400 余件，多媒体档案近 1 千小时。

(一) 馆史档案概述

1909—1949 年，国家图书馆仅有档案 61 卷 17753 页。国民党统治时期的 1947 年是档案归档最多的一年，也只有 122 件，其中包括文津街建馆的 60 件图纸档案。

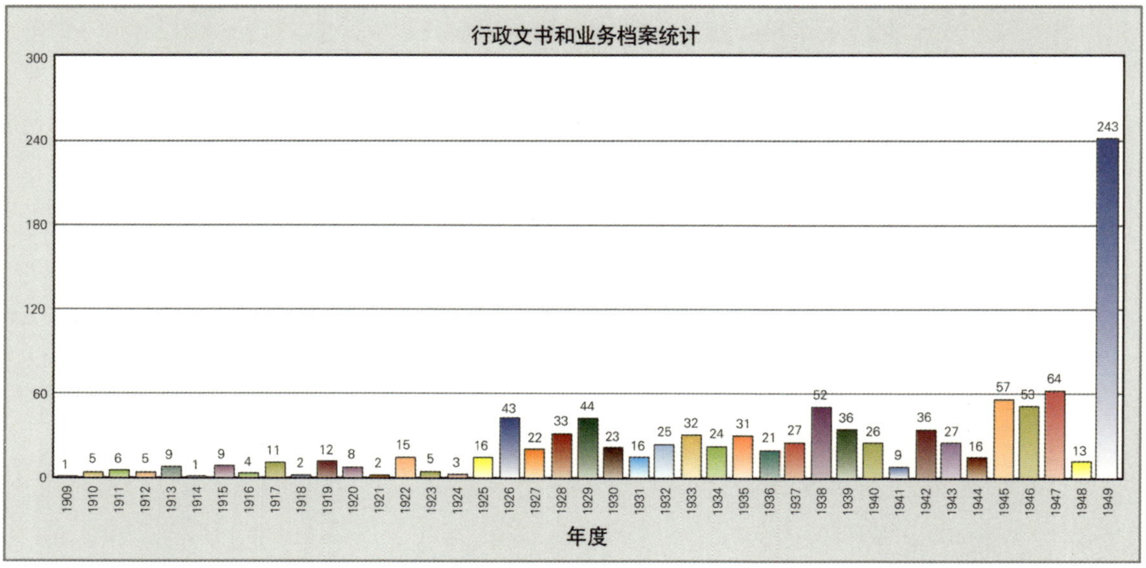

新中国成立之初，随着我国经济建设、文化建设的发展，国家图书馆的馆务工作、业务工作都得到一定程度的发展，档案工作也稳步提升。

1950—1965 年：

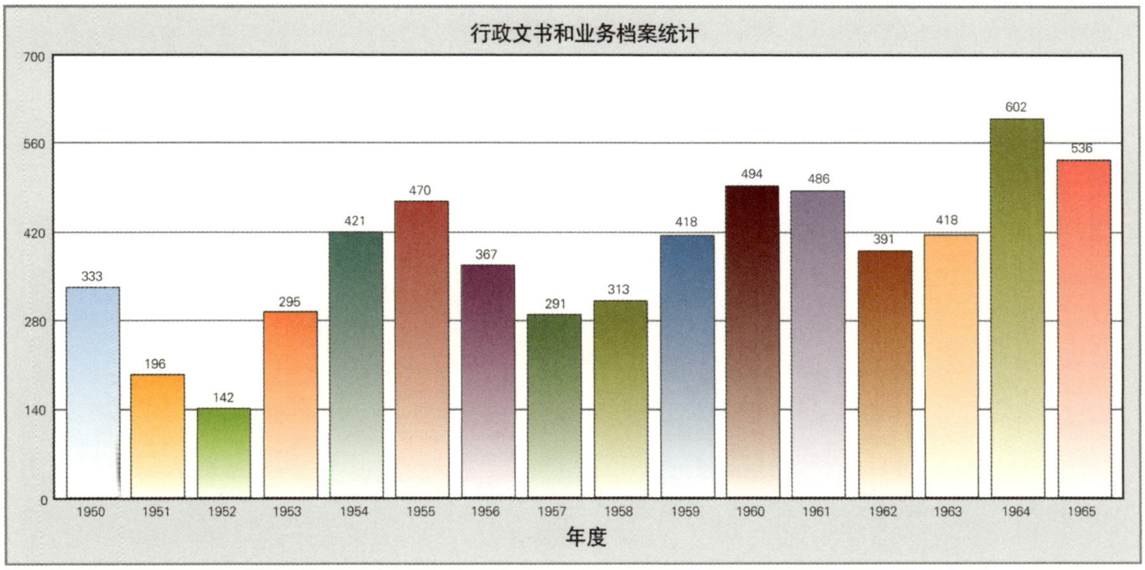

1966—1978 年：

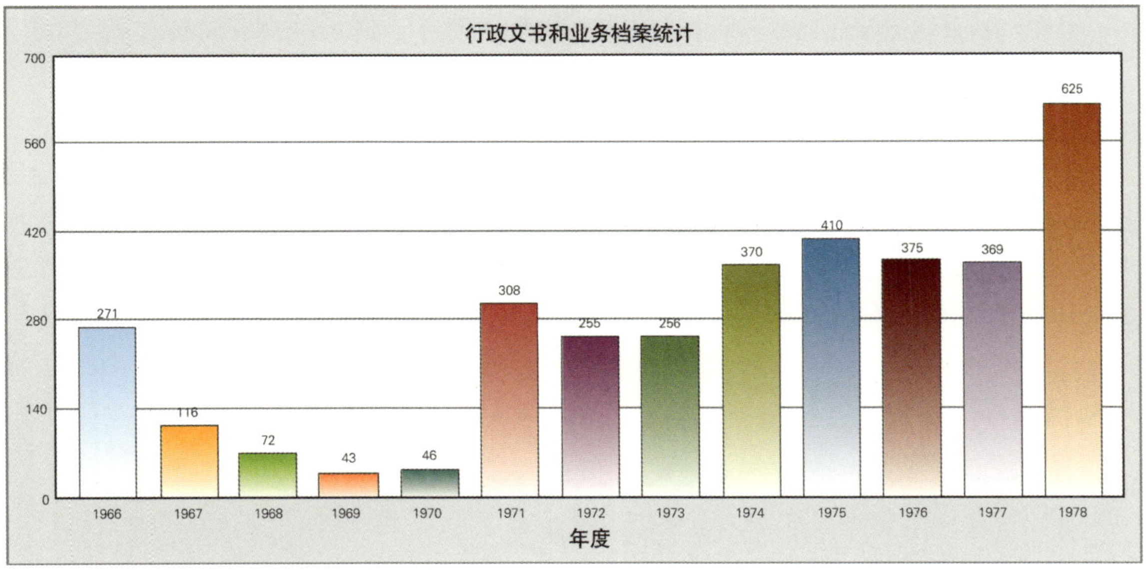

改革开放以后，图书馆事业得到迅猛发展，国家图书馆的档案真实地记载了这段历史。周恩来总理生前批准的白石桥新馆建设，以及后来的二期工程暨国家数字图书馆工程建设、国家图书馆改革历程在档案中都得到了真实完整记录。

1979—2007 年：

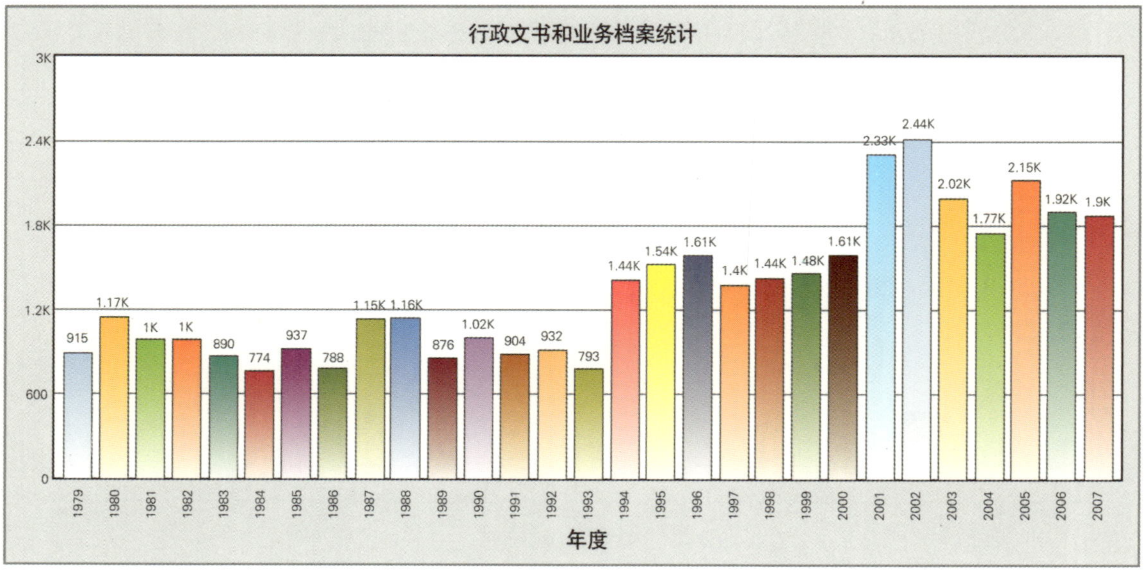

2008 年，国家图书馆档案工作有了突破性进展，开始进行数字化工作，并朝着数字档案馆的方向努力。2008 年底完成了 53 万页档案数字化工作，同时开始运行档案综合管理软件，各部处开始从网上进行档案管理，结束了手工立卷归档的历史。

（二）2011 年度档案工作情况

2011 年，国家图书馆出台了新的《国家图书馆档案管理办法》。继续推进档案数字化工作，完成 40000 页二期工程（土建部分）档案资料和图纸档案 1500 张的数字化工作。完成音像档案数字化项目的立项并开始进入实施阶段。2011 年度共完成 1992—2010 年 800 个节目 715 小时的音像档案数字化工作，新的档案综合管理软件完成初验。完成档案库房的搬迁工作。共运往天竺库房铁皮档案柜 373 个，纸箱 285 个，底图柜 6 个，文件柜 7 个，目录柜 1 个，美术作品 20 件。档案合计 60 万页。

（三）各部处移交 2010 年度档案统计

办公室	305（件）
人事处	8
财务处	22
党群工作办公室	237
纪检监察处	8
离退休干部处	16
业务管理处	411
国际交流处	110
国有资产管理处	149
保卫处	52
行政管理处	157
研究院	66
中文采编部	241
外文采编部	67
典藏阅览部	345
立法决策服务部	70
参考咨询部	170
数字资源部	262
信息网络部	96
缩微文献部	58
社会教育部	107
国家图书馆古籍馆	244
国家古籍保护中心办公室	187
中图学会秘书处	379
基建工程办公室	52
国图出版社	9
合计	3838

（四）2003 年以来档案分类统计

文书档案 8842 件；基建档案 223 件；业务档案 370 件；国际交流档案 523 件；重大活动档案 137 件；实物档案 101 件。

重要文献选编

- 馆发文件目录
- 重要文件选编

重要文件选编

一、馆发文件目录

◇ 关于印发《国家图书馆 2011 年工作要点》的通知
国图办发［2011］1 号
◇ 关于设立国家数字图书馆建设领导小组、创收工作领导小组的通知
国图人发［2011］2 号
◇ 关于国家图书馆人才发展工作委员会等 3 个协调机构职责及人员调整的通知
国图人发［2011］3 号
◇ 关于公示部处主任（处长）助理拟聘任人选的通知
国图人发［2011］4 号
◇ 关于部处内设机构调整的通知
国图人发［2011］5 号
◇ 关于职能部门编制调整的通知
国图人发［2011］6 号
◇ 关于科级干部竞争上岗的通知
国图人发［2011］7 号
◇ 关于印发《国家图书馆档案管理办法》的通知
国图办发［2011］10 号
◇ 关于成立国家图书馆一期维修改造工程领导小组的通知
国图人发［2011］11 号
◇ 国家图书馆关于表彰 2010 年度先进集体的决定
国图人发［2011］12 号
◇ 国家图书馆关于表彰 2010 年度创新奖项目的决定
国图人发［2011］13 号
◇ 国家图书馆关于表彰 2010 年度服务标兵的决定
国图人发［2011］14 号
◇ 国家图书馆关于向在馆工作满三十年员工颁发纪念章及证书的决定
国图人发［2011］15 号
◇ 国家图书馆关于在全馆开展“解放思想、开拓创新”讨论活动的通知
国图办发［2011］16 号

◇ 关于 2011 年员工聘任工作的通知
国图人发［2011］17 号
◇ 关于进一步减免部分读者服务项目收费的通知
国图业发［2011］18 号
◇ 国家图书馆关于 2010 年度科研成果奖励的决定
国图业发［2011］19 号
◇ 关于调整绩效工资系数标准的通知
国图人发［2011］20 号
◇ 国家图书馆关于表彰 2010 年度 安全保卫工作先进集体、先进个人的决定
国图保发［2011］21 号
◇ 关于印发《国家图书馆 2011 年“小金库”专项治理工作实施方案》的通知
国图财发［2011］22 号
◇ 关于印发《国家图书馆博士后科研工作站管理意见》的通知
国图研发［2011］23 号
◇ 关于王青云等 7 人任职转正的通知
国图人发［2011］24 号
◇ 关于辛璐等 17 人任职转正的通知
国图人发［2011］25 号
◇ 关于印发《国家图书馆突发事件应急预案》的通知
国图办发［2011］26 号
◇ 关于下发《国家图书馆举办展览安全管理规定》的通知
国图保发［2011］27 号
◇ 关于开展“排查安全隐患　完善规章制度　加强安全管理”专项治理工作的通知
国图办发［2011］28 号
◇ 关于王雁行职务聘任的通知
国图人发［2011］29 号
◇ 关于《文献》、《国家图书馆学刊》常务副主编岗位级别的通知
国图人发［2011］30 号
◇ 关于国际交流处（台港澳交流处）副处长等 3 个副处级岗位竞争上岗的通知
国图人发［2011］31 号
◇ 关于设立天竺周转库管理中心的通知
国图人发［2011］32 号
◇ 关于调整国家图书馆重点工程领导小组人员的通知
国图人发［2011］33 号

◇ 关于对“7.18 交通事故”有关责任人员处理情况的通报

国图监发［2011］34 号

◇ 关于公示国际交流处（台港澳交流处）副处长等 3 个副处级岗位拟聘任人选的通知

国图人发［2011］35 号

◇ 关于王六长职务聘任的通知

国图人发［2011］36 号

◇ 关于马静等 3 人职务试用聘任的通知

国图人发［2011］37 号

◇ 关于 2011 年度职称评审工作的通知

国图人发［2011］38 号

◇ 关于龙睿挂职的通知

国图人发［2011］39 号

◇ 关于高红职务聘任的通知

国图人发［2011］40 号

◇ 关于业务管理处加挂“民国时期文献保护工作办公室”牌子的通知

国图人发［2011］41 号

◇ 关于后勤服务部设立车队的通知

国图人发［2011］42 号

◇ 关于公示 2011 年度高级专业技术职务任职资格评审结果的通知

国图人发［2011］43 号

◇ 关于郭又陵等 4 人职务续聘的通知

国图人发［2011］44 号

◇ 关于北京北图文化发展中心总经理、北京国图酒店管理有限公司总经理岗位竞争上岗的通知

国图人发［2011］45 号

◇ 关于进一步加强基础业务知识及基本技能培训的意见

国图人发［2011］46 号

◇ 关于试用聘任北京北图文化发展中心等 3 个企业总经理的通知

国图人发［2011］47 号

◇ 关于委派郝丽萍出任馆属公司执行董事的通知

国图人发［2011］48 号

◇ 关于 2011 年度部处领导班子及全员年度考核工作的通知

国图人发［2011］49 号

◇ 关于设立中国典籍博物馆筹备组的通知

国图人发［2011］50 号

◇ 关于立法决策服务部内设机构调整的通知

国图人发［2011］51 号

◇ 关于下发《国家图书馆公共租赁住房配租办法》的通知

国图行发［2011］52 号

◇ 关于方自金等 5 人职务聘任的通知

国图人发［2011］53 号

◇ 关于印发《国家图书馆"十二五"科研工作规划》的通知

国图业发［2011］3 号

二、重要文件选编

国家图书馆 2011 年工作要点

2011 年是实施“十二五”规划的开局之年，是国家图书馆“创新年”。国家图书馆要深入学习贯彻党的十七大和十七届三中、四中、五中全会精神，以邓小平理论和“三个代表”重要思想为指导，深入贯彻落实科学发展观，按照“加强管理，完善机制，强化基础，创新服务”的总要求，稳步推进我馆事业发展，为实现“十二五”时期国家图书馆发展目标，促进公共文化服务体系建设作出新的更大的贡献。

一、加强国家文献资源总库建设，为经济社会发展提供文献保障和支持

从全国文献资源保障体系建设的战略高度构建国家图书馆文献资源体系。加强应缴出版物的管理工作，全面提高出版物样本缴送率；扩大文献收藏范围，进行缺藏文献补藏；结合学科发展，创新性开展古籍特藏文献的采访征集；进一步加快古籍特藏文献和民国文献的缩微数字化进度，完成文献拍摄抢救工作；加大数字资源建设力度，完成 120TB 数字资源建设任务，年底数字资源总量达到 600TB。

加强文献信息资源的整合与揭示，启动国家书目编制工作；完善数字资源门户；依据网站管理系统平台，进一步优化和完善国家图书馆网站；完善外购数字资源评估机制；积极开展数字资源征集及公益阅读的数字版权征集工作，以多种方式收集国内外数字资源信息，建立资源导航库；构建中华传统文化知识库，打造“华夏记忆”等知识服务品牌；加强古籍特藏文献、民国文献保护与修复工作；从国家信息资源战略保存高度，推进国家文献战略储备库立项工作。

二、全力推进国家数字图书馆工程建设，实施“国家数字图书馆推广工程”，着手建设覆盖全国的数字图书馆服务网络

按照调整后的国家数字图书馆工程建设方案，加强项目管理，全力推进工程建设，年内完成国家数字图书馆工程主体建设任务，为迎接国家验收做好各项准备工作。完成文献数字化系统、数字资源组织系统、数字资源发布与服务系统、数字资源长期保存系统、文津搜索系统等软件系统的开发；完成数字资源集中采集与管理系统运行平台、集群系统等硬件平台的建设；完成知识组织系统、数字资源长期保存规范、专门元数据规范等数字图书馆标准规范的研制；进行系统联调联试，并开展试运行；完成工程档案的整理等国家验收的各项前期准备工作。

大力推进传统业务与数字图书馆业务的融合；进一步规范基于数字资源生命周期管理的业务流程；建立国家数字图书馆体验区，利用多种技术手段和现代展示方式，增强社会各界对国家数字图书馆的认知度。

实施“国家数字图书馆推广工程”，使全国分散异构的数字图书馆系统连接为一个超大型数字图书馆，催生网络环境下新的文化服务业态。在东、中、西部地区选择相应省份，加快推进国家数字图书馆推广工程实施；基本完成各级资源建设中心、资源保存中心和资源服务中心的软件平台建设；在具备条件的地区，建立基于数字电视、手机、手持阅读器的国家数字图书馆新媒体服务平台。

三、强化立法决策服务，建设多层级立法决策服务工作网络，全面提升为国家立法决策服务能力和水平

加强立法决策服务相关文献的收集与整理工作，建设面向立法决策服务的文献信息保障基地；着手建设中外法律文献和中国学文献收藏、研究与服务中心，启动中国学网站服务、中国法律法规信息服务系统；完善国情咨询团队的管理与运行机制，积极建立并推广信息联络员制度；建立政府立法决策服务工作网络，扩大分馆在中央国家领导机关的覆盖范围，建设部委分馆示范馆；依托国家图书馆立法决策服务平台，与各部委政务网合作，将服务延伸到全国；完善全国省级公共图书馆立法决策服务协作平台，联合业界，构建全国立法决策服务体系。

四、以用户需求为导向，完善多层次的服务体系，为创新公共文化服务作出贡献

加大为重点教育科研与生产单位提供专业服务力度。从跟踪国家重大战略领域和重点建设项目的需求入手，提供专业化、个性化信息咨询服务；探索以行业专家参与指导形式，开展深层次服务；深入挖掘用户需求，探索建立企业分馆。

创新读者服务。提升到馆读者精细化服务水平；进一步提高读者信息检索查询以及获取馆藏资源的便捷性；建立网络学习社区，着手建设公民终身学习平台；推进优质数字资源通过互联网、手机、交互式网络电视（IPTV）等新媒体平台向更广泛的社会公众提供服务；加强手持阅读器、平板电脑在馆区的应用；开展古籍特藏分层服务和精细服务；继续策划实施馆藏资源与服务推介项目。

探索提升少儿服务。加强未成年人适用的数字资源建设；创立实施“文津少儿图书奖”；继续举办“文津少儿讲坛”；开展形式多样的少儿阅读活动；研究和制定少儿服务相关标准，筹备制定《少儿图书馆（室）基本藏书目录》，引领与推动全国图书馆少年儿童服务事业的发展。

为特殊人群提供专门服务。探索为残障人士提供方便有效的信息与知识服务的新途径，建设中国残疾人数字图书馆。

进一步拓展社会教育职能。继续办好“部级领导干部历史文化讲座”和“文津讲坛”，不断丰富全国公共图书馆讲座联盟的内容，提高影响力；建立名家专藏馆；按照典籍博物馆的思路，策划固定陈列和专题展览，形成展线；策划纪念建党九十年、辛亥革命一百年系列展览、讲座活动；创新影视制作模式，深入挖掘馆藏，生产更多优质文化产品；继续做好“文津图书奖”评选工作；以丰富多彩的社会教育活动形式，促进全民阅读，催生新的服务业态。

根据社会经济发展的需要，积极策划选题，加强文献整理出版工作；启动“《中华古籍总目》国图卷编纂出版”、“甲库善本藏书”、“馆藏民国书总目”编辑出版工作；加强对馆藏老照片、缩微制品、音像制品、舆图和数字资源等的整理开发力度，使馆藏文献更好地服务于当代，服务于社会。

五、做好图书馆业界服务，扩大行业影响力，引领与协调全国公共图书馆事业发展

继续开展以“引领业务、开放资源、主动服务、合作共赢”为特色的图书馆业界服务，与全国图书馆行业系统、区域系统建立广泛合作，引领全国图书馆共建共享，推动业界人员培训和学术研究工作，增强行业凝聚力和影响力。

实施基层图书馆服务行动、基层资源分发与点播系统、全国图书馆联合编目新系统、联合虚拟参考咨询服务、政府公开信息整合服务联盟、全国图书馆信息服务无障碍联盟等业界服务项目，并做好服务的评估与整合工作。探索建立全国参考咨询合作协作网；着手建设联合目录及联合馆藏揭示体系；构建全国缩微文献联合目录；实现对全国图书馆编目数据免费下载。结合发挥中国图书馆学会作用，加强对基层图书馆、中西部地区图书馆建设的支持。

六、加快实施“中华古籍保护计划”，全面提升我国古籍保护工作水平

推进《中华古籍总目》分省卷的编撰工作，部分省和古籍藏量超过百万的大馆要完成中华古籍总目首卷的出版任务；做好《中华再造善本续编》工作；继续推进古籍普查工作，全面启动中华海外古籍调查工作；做好国家珍贵古籍和全国古籍重点保护单位申报；加强少数民族文字古籍、外文古籍、民国文献保护工作；做好西藏和新疆古籍保护专项工作；加强古籍保护制度、标准、规范建设和科学研究，使古籍保护全面均衡发展；加强古籍专业人才队伍建设；进行国家级古籍保护专家的认定工作；加强古籍的开发利用，逐步实现“中华古籍资源库”的建设目标；搞好新疆和西藏历史文献暨古籍保护成果展、中华医藏展。

七、继续深化改革，实现管理体制和运行机制和谐高效，探索建立适合公益性文化单位特点的激励与约束机制

根据中央、文化部及我馆关于文化体制改革的相关要求，继续深化内部机制改革。按照岗位管理的要求，做好“三定”工作，进一步细化职能，理顺关系；强化分级管理，建立职责明晰、运转顺畅、责权利相统一的管理体制和运行机制；启用新办公自动化系统，进一步提高工作效率和管理水平；加强监管，有序推进外包工作；调整和优化馆属企业产业结构；完成国家图书馆出版社转企改制工作。

八、加快国际化进程，推进与国际图书馆界交流与合作，进一步扩大在国际图书馆事务中的话语权与影响力

有针对性地开展与国际图书馆界的务实交流，制订外事工作三年规划；继续实施中美图书馆员专业交流项目，推进中华寻根网、世界数字图书馆、中日韩亚洲数字图书馆、海外古籍回归、哈佛大学古籍数字化等合作项目；继续实施中美图书馆员交流工作；参与中文文献资源共建共享会议，进一步扩大资源共享的广度与深度；积极组织和参与国际图书馆界双边或多边业务研讨和交流活动，寻求有实质性内容的国际性合作项目；积极参与国际图联等国际组织的工作与活动，发挥国际图联中文语言中心和国际图联保存保护中心中国中心的作用。

在中国驻外文化中心建立图书馆、举办展览等，宣传中国优秀传统文化；继续推进实施“中国之窗”对外赠书项目；配合海外古籍调查，开展古籍修复与保护等重点领域的国际交流。

九、加强科研工作，促进科研成果转化，为事业发展提供理论与技术支撑

围绕事业发展，策划带动全馆，乃至全国图书馆行业的重大科研项目；召开全馆科研工作会议，下发《进一步加强科研管理工作的意见》；加大科研支持保障力度，建立与研究型图书馆相适应的科研工作体制机制，努力形成科研与业务相互促进的良性互动格局，切实将科研成果转化为实际生产力。

充分发挥研究院和各业务部门等专兼职研究机构的作用，通过博士后工作站进站人员、国外访问学者、馆外协作科研团队等科研力量提升科研能力，增加科研产出；加强图书馆事业发展政策研究队伍建设，提升我国图书馆事业发展政策研究能力；开展行业发展趋势研究与新技术应用研究，申报和制订相应的国家标准。

十、加快人才培养，加强员工队伍建设，为事业发展提供人才保障

以科组长竞争上岗和全员聘任为重点，加强干部和人才队伍建设；在深入调研我馆人才队伍现状和发展需要的基础上，形成《国家图书馆2011—2015年人才发展规划》，努力建设一支结构合理、素质优良、富于创新的人才队伍。

创新专业技术人才队伍培养模式，积极参与全国宣传文化系统“四个一批”经营管理人才和专门技术人才候选人员、享受政府特殊津贴人员、国家文化名家工程、新世纪百千万人才工程国家级人选、文化部优秀专家等高级人才的培养与遴选工作，充分利用重大文化工程的人才聚集效应，提升我馆专业人才整体实力。

加强高层次人才和紧缺人才的培养与引进工作；开展好专业梯队建设；拓展与高校、科研院所联合办学的渠道，调整和优化员工继续教育政策，鼓励员工岗位进修；在实施咨询馆员制度的基础上，探讨试行学科馆员制度；加强管理干部与后备管理干部建设，做好与省市图书馆管理干部的双向交流培养工作。

十一、大力推进总馆南区维修改造工程，建设综合服务用房，为图书馆事业发展创造更加良好的硬件环境

按照“修旧如初、提升功能、改善环境”的基本原则，做好总馆南区全面维修改造的设计和相关论证工作，争取年内开工。

进一步完善国家图书馆后勤服务保障设施。按期完成市政热力工程外线及热力交换站主体工程建设，按期拆除锅炉房，为综合服务楼改扩建工程建设创造条件；进一步优化综合服务楼设计方案并按期开工建设；年内完成招待所改造工程。

充分论证、精心设计、合理安排现有业务，调整服务方式和手段，将南区维修改造对读者服务工作的影响降到最低；结合少年儿童馆、名家专藏馆、中文资源全面入藏等重大新业务的开展，改善善本特藏库的保护设施和装具，改善馆藏文献保存保护条件，营造更具吸引力的公共文化空间。

十二、继续提高综合保障能力，为全馆事业更好更快发展提供有力支持

加强预算执行力度；将业务专项经费作为编制预算的重点，积极争取经费，保证事业发展；同时广开经费来源渠道，在坚持不断扩大公益性服务范围的前提下，提高创收能力，拓宽创收途径；加强对馆属企业的管理。

按照“管办分离”的原则，继续推进后勤服务社会化，做好对物业公司的全面监管，完善后勤管理体制和运行机制，提高后勤保障能力和服务水平。

继续完善以各级安全岗位责任制为核心的管理制度和各项应急预案，坚持落实定期检查和日常防范相结合的安全巡视工作制度，加大对消防“四个能力”建设的宣传、教育和实施力度，着手建设馆区全覆盖的现代技防设施。

十三、努力做好党建工作，为事业发展提供思想和政治保障

认真贯彻落实党的路线方针政策，深入学习和实践科学发展观，继续开展“创先争优”活动，进一步巩固和扩大活动成果；加强基层党组织建设，发挥党组织战斗堡垒作用和党员的模范带头作用；继续推进学习型组织建设，提高干部队伍素质；继续推进我馆以完善惩治和预防腐败体系为重点的反腐倡廉建设，加大制度的建设与执行力度，加强审计监督，提高防腐拒腐能力，建立并拓宽群众监督渠道，为国家图书馆各项事业发展保驾护航。

进一步健全完善党政工团立体推进工作的机制，适时召开“国家图书馆第二届党员代表大会”、“国家图书馆第二届职工代表大会”和“国家图书馆第八届团员代表大会”，做好换届选举工作；开展职工代表培训工作，提高综合素质和参政能力；加强共青团工作，增强妇女工作活力，进一步做好统战工作；举办“国家图书馆第九届艺术节”等健康向上、群众喜闻乐见的文体活动，丰富和活跃员工文化生活；落实好离退休员工的相关政策，关心离退休员工的生活，为离退休老同志做好服务；注重发挥各界人士、离退休老专家的作用。

国家图书馆档案管理办法

第一章 总 则

第一条 为加强本馆档案业务工作的建设，逐步实现档案工作规范化、制度化，提高科学管理水平，根据《中华人民共和国档案法》和文化部有关规定，特制定本办法。

第二条 本办法所称档案是指记载和反映本馆主要活动的、具有查考利用保存价值的各种文字材料、图表、声像、照片、磁带、光盘、实物等不同载体形式的历史记录。

第三条 本馆形成的档案实行集中统一管理，达到完整、系统、安全和有效利用。

第二章 档案管理工作要求

第四条 档案工作是我馆工作的有机组成部分，是维护本馆历史真实面貌的一项重要事业。全馆档案工作由办公室领导，档案科负责具体档案管理工作。其主要职责是：

（一）贯彻执行国家关于档案管理的法律法规和方针政策，建立馆档案工作规章制度；

（二）负责将档案工作纳入我馆的整体发展规划和年度工作计划，促进档案工作与我馆其他工作同步协调发展；

（三）推进我馆档案事业的建设与发展，解决档案工作中出现的重要问题；

（四）负责接收（征集）、整理、鉴定、统计、保管我馆的各类档案及有关资料；

（五）组织实施档案信息化建设和电子文件归档工作；

（六）对各部处的档案工作进行监督和指导，开展对兼职档案管理人员的业务培训；

（七）做好档案的开放和利用工作，适时利用档案举办馆史展览，开展多种形式的宣传教育活动，充分发挥档案的文化教育功能。

第五条 各部处应加强对本部处档案管理工作的领导，明确一名主任或副主任分管本部处档案工作，保障兼职档案人员完成档案工作必需的工作时间和条件，并作为年度工作考核的一项重要内容。

第六条 各部处兼职档案员应当保持相对稳定，并负责做好本部处不同载体文件材料的收集、整理和立卷归档，确保归档文件材料的完整性、准确性和系统性。主动接受馆档案科的业务指导和督促检查。

第七条 各部处退休和调离人员在离馆前，应将与本职工作有关的档案移交本部处，经部处审核后向办公室档案科移交。

第八条 凡本馆在各项活动中形成、具有查考利用保存价值的文件材料，必须按规定向办公室档案科移交。涉密档案，保密期间接受档案科的监督检查。

第三章 立卷归档范围

第九条 凡是反映本馆各项工作，具有查考利用保存价值的一切办理完毕的文字、图表等材料，反映各类工作活动的照片、录音带、录像带、光盘和实物均属归档范围。

第十条　办公自动化所形成的纸质文档和电子文档 。电子文档的归档范围与纸质文档相同。

第十一条　一切与本馆工作、活动有关的内部资料、刊物等。

第四章　立卷归档要求

第十二条　立卷时应遵循文件材料的形成规律和特点，保持文件之间的有机联系，区别不同价值，以便保管利用。

第十三条　各部处每年应根据本部处工作计划制定案卷，随时将已处理完毕的文件材料整理立卷，并认真填写归档文件目录。OA以外的归档文件，自行扫描上传到档案管理系统中，并将纸质档案与扫描文件一一对应后归档。

第十四条　档案一般按年度、组织机构、问题特征或文件材料的不同价值分别组卷。归档文件材料应区别不同情况进行排列，可按事由、时间、重要程度排列。实物档案应列移交清单归档，由档案科统一编号排列。

第十五条　归档文件目录应填写年度、类别、分类号、文书处理号、主题词、页数、责任者、成文日期、保管期限、密级、归档日期、整理人、检查人、备注。其中“责任者”项以印章为准，书信以签名为准。没有年、月、日的文件材料要考证清楚，填入有关项内，如确实查找不到应在备考表中说明情况。会议记录应填写每次会议的时间和主要内容。归档文件目录用A4纸打印。

第十六条　案卷封面应按规定逐项填写。标题要简明，并能确切反映卷内文件材料内容。

第十七条　归档文件材料需要说明的情况，应逐项填写于备考表内，整理人和检查人在备考表内签字并填上归档时间，放置卷尾。

第十八条　归档文件材料要去掉金属物（如合订本、成册装订除外），破损的文件材料应加以修裱。

第十九条　涉密档案单独立卷归档，解密之前严格按照相关文件管理。

第二十条　归档文件保管期限的具体划分见第四十八条。

第五章　归档和移交时间

第二十一条　各部处在工作中所形成的文件材料，应以自然年度为归档时间，次年6月30日前完成上一年度档案的移交工作。

第二十二条　专项业务工作形成的文件材料，以业务活动的结束时间为归档时间，并在三个月内完成移交工作；科研项目以课题完成并通过鉴定验收后为归档时间，并在三个月内完成移交工作。

第二十三条　重大建设项目档案在档案验收和工程竣工验收合格，结算、审计工作结束6个月内，一般建设项目在竣工验收合格3个月内，分别完成项目档案的归档和移交工作。

第二十四条　主办或承办大型会议和重要活动的部处应在重大活动结束之后30日内向办公室档案科移交重大活动档案；特殊情况需要延期移交档案的，须经办公室同意。

第二十五条　联合承办大型会议和重要活动的由牵头部处负责相关档案移交工作。协办部处在活动结束10日内向牵头部处移交。负责宣传报道工作的部处或科组，在重大活动结束之日后10日内向承办部处移交相关档案。

第二十六条　实物档案的归档时间按实物档案形成时间，即形成即归档，最迟不超过一个自然年度（由于特殊原因，应移交的实物确需在有关部处保留一段时间的，可在办理移交手续后，再办理档案相应的借用手续）。

第二十七条　涉密档案，保密期满后1个月内移交。

第六章　电子文件管理

第二十八条　电子文件是指在数字化设备中生成的我馆公务活动记录，依数码形式存储在磁带、磁盘、光盘、硬盘等载体，依赖计算机数字设备阅读处理，在通讯网络上传送文件。

第二十九条　电子文档签发后，属待归档文件，任何个人不得擅自修改，必须保持与纸质文件相一致。在计算机网络上，在不改变原存储方式和位置的条件下首先进行逻辑归档，然后将电子文件下载到脱机保存的载体上，实现物理归档。归档的电子文件必须确保其真实性、完整性、安全性和可识别性。电子文件的收发登记、机读目录、相关软件、其他说明等由计算机与网络系统部刻录成光盘归档。

第三十条　各类电子文档归档应使用通用格式。文字型电子文件采用XML、RTF、TXT；视频多媒体电子文件采用MPEG、AVI；音频电子文件采用WAV\MP3；扫描文件采用JPEG、TIFF作为通用格式。对非通用格式电子文件如不能进行格式转换，应将相应软件、使用条件等数据材料一并移交。

第三十一条　电子文件及其元数据应同时归档。电子文件在归档、移交、导入档案管理系统时应填写《电子文件登记表》（见国家档案局2003年6号令《电子文件归档与管理规范》附录A、B、C）。

第三十二条　物理归档的文件资料拷贝二套，法人签署后移交档案科。

第七章　实物档案管理

第三十三条　归档的实物在移交后，由办公室档案科负责拍照，照片与实物一同归档管理，两者之间要建立准确、可靠的标识关系。

第三十四条　实物档案的分类：归档实物可按物品种类，以件为单位整理（成套实物为一件）分类。

第三十五条　实物档案的排列：归档实物可按种类结合时间进行排列，也可按归档时间顺序排列。

第三十六条　实物档案的编号：归档实物应按分类方案和排列顺序逐件编档号，并在不影响实物品相的合适位置粘贴标签，填写档号。档号一般由类别号、件号组成。

第三十七条　实物档案的目录的编制：归档实物应按分类方案和档号顺序编制实物档案目录。目录设置档号、题名、实物来源、形成日期、实物类别、实物数量、保管期限、存放地点、互见号、备考等项目。

第八章　重大活动档案管理

第三十八条　本办法所称重大活动是指：

（一）党和国家领导人出席我馆主办、承办或协办的各项活动；

（二）国家元首、政府首脑、政党领袖、议会领导人等外国政要，国际组织及其负责人，外国对华友好团体和著名友好人士参加我馆主办、承办或协办的活动；

（三）我馆举办、承办或协办的具有一定影响的政治、经济、科技、文化、外事等活动或会议；

（四）具有一定影响的公共卫生事件、社会安全事件、自然灾害、事故灾难等的处置活动；

（五）各部委、市（区）政府主要负责人来馆参加的公务活动；

（六）我馆主要负责人参加市（区）以上行政区域以及各省市图书馆举办的具有重大影响的庆典、纪念、会展等活动。

第三十九条　重大活动档案管理工作实行统一领导、分级管理的原则。办公室加强对重大活动档案管理工作的领导，协调解决档案管理工作中出现的问题。办公室档案科应确定人员负责重大活动档案的监督指导，加强与承办重大活动的部处的联系，及时掌握重大活动的有关情况，督促、指导、协调组织承办单位收集、整理重大活动档案。

第四十条　承办部处应在活动确定后 3 个工作日内及时告知办公室档案科。

第四十一条　办公室档案科应建立重大活动档案资料目录，编纂有关史料，加强档案信息化工作，提高重大活动档案的利用水平。

第九章　音像档案管理

第四十二条　记载和反映我馆各种类型活动的、具有查考利用保存价值的各种录音带、录像带、光盘等不同载体形式的音频和视频制品，必须按规定归档并向馆档案科移交。

第四十三条　归档音像资料使用的材质（磁带、光盘、视盘等）应符合国家标准。

第四十四条　归档音像档案一事多盘或多事一盘应将不同事件、活动内容区分并标注清楚。标注：类型、主题、人物、内容、时间、拍摄者、制作者、盘数及规格、格式等。

第十章　基建档案管理

第四十五条　基建档案应根据国家制定的有关标准和建设项目的特点、管理要求进行立卷归档。重点建设项目依据《国家重大项目文件归档要求与档案整理规范》，一般建设项目依据《建筑工程资料管理规程》。

第四十六条　基建档案保管期限参照《国家重大建设项目文件归档要求与档案整理规范》和《建筑工程资料管理规程》中的相关要求。

第四十七条　项目档案验收按照文化部转发办机档函[2006]366号《关于转发国家档案局、国家发展和改革委员会关于〈重大建设项目档案验收办法〉的通知》和《建筑工程资料管理规程》文件精神执行。

第十一章　档案的保管与利用

第四十八条　根据国家档案局有关文件规定，本馆档案保管期限定为永久、30年和10年三种。

（一）凡是反映本馆主要职能活动和基本历史面貌，需要长远利用的文件材料，均列为永久保管；

（二）凡是在相当长时间内对本馆有查考利用保存价值的文件材料，列为30年保管；

（三）凡是在较短时间内对本馆有参考利用价值的文件材料，列为10年保管。

第四十九条　档案必须进行科学管理，存放有序，方便查找和利用。

第五十条　严格执行安全保密制度。

第五十一条　档案库房要保持适当的温度、湿度，达到防火、防潮、防光、防尘、防虫、防高温、防盗、防有害生物、防磁等要求。

第五十二条　我馆档案主要供本馆各部处使用，原则不对外开放。

第五十三条　借阅人员要爱护档案原件，不能任意拆卷、抽取、自行复印、涂改、损毁或转借他人。

第五十四条　各部处因工作需要，借阅本部处的档案，经部处领导批准并在国家图书馆档案借阅申请单上签字后到档案科查阅或外借。

第五十五条　各部处因工作需要查阅人事处以外部处的档案，应填写国家图书馆档案借阅申请单，说明案卷内容及用途，经办公室主任审批后到档案科查阅或外借。查阅人事处档案需经人事处处长审批，查阅涉密档案需经主管馆长审批。

第五十六条　外单位需要查阅或外借本馆档案时，应持本单位介绍信，详细说明用途，经办公室主任批准后方可查阅或外借；属重要及机密的档案，经主管领导批准后方可查阅或外借。

第五十七条　数字化档案的查阅手续与纸质相同。

第五十八条　实物档案设专库或专柜保管，确保实物档案完好无损。因举办展览等确实需要使用实物档案原件，须办理借用审批手续。珍贵的或不易搬动的实物档案，提供实物档案照片使用。

第十二章　档案的鉴定与销毁

第五十九条　本馆档案科所保存的档案根据保管期限定期进行鉴定，其保管期满后，由档案工作人员会同有关业务人员进行鉴定，提出处理意见。

第六十条　声像档案已到保存期限的，经由技术专家鉴定，确实失去影像及声音而无保存价值的原始声像档案，从中选择部分有代表性、能够反映我馆业务工作发展过程的录音、录像带、磁盘、光盘及所附带的设备，将其转化为实物档案永久保存。其他无保存价值的按销毁档案办理。

第六十一条　需销毁的档案，应编造销毁清册，提交主管领导审查批准。销毁时要有两人监销，监销人应在销毁清册上签名归档保存。

第十三章　奖惩办法

第六十二条　凡按要求认真做好部门文书立卷归档工作且成绩突出的适当予以奖励。

第六十三条　凡逾期未完成立卷归档工作或私自留存重要文件资料不向档案室移交，以及遗失、损坏档案资料的，视情况予以通报批评，并取消部处当年评优资格。问题严重者，追究负责人行政责任。

第六十四条　对无偿捐赠档案者，视其捐赠的数量和价值给予表彰奖励，颁发荣誉证书和收藏证书，并保证捐赠者对所捐档案有优先利用权。

第十四章　附则

第六十五条　凡此前本馆印发的有关档案管理文件与本办法不一致的，以本办法为准。

第六十六条　本办法经 2010 年第 38 次馆务会议通过，自 2011 年 1 月 1 日起施行。

第六十七条　本办法由办公室负责解释。

国家图书馆博士后科研工作站管理意见

为加强国家图书馆博士后科研工作站（以下简称工作站）工作的管理，参照人力资源和社会保障部及全国博士后管理委员会有关规定，提出以下意见。

第一章　机构与职责

第一条　国家图书馆馆务会负责对工作站的领导工作；馆学术委员会代行工作站专家委员会，负责博士后进站申请审查以及对博士后学术水平、科研能力和在站科研项目的评审工作。

第二条　国家图书馆博士后科研工作站办公室（简称博士后办公室）负责工作站的日常工作。其主要职责是：

（一）协助各主管部门落实馆务会议的相关决定；

（二）起草并发布博士后招收计划，办理博士后进、出站手续；

（三）协助人事处与合作导师对博士后人员的科研工作进行监督、检查及考核工作；

（四）负责博士后在站期间的科研工作与日常生活的管理；

（五）其它有关的工作。

第二章　博士后人员招收

第三条　已完成博士后流动站或工作站科研工作的博士后和在国内外已取得博士学位，品学兼优，身体健康，年龄在40岁以下的人员（特别优秀的博士后人选可适当放宽），均可申请到工作站从事博士后工作。

第四条　工作站本着公平、公正、公开、竞争的原则，组织专家对申请人的科研能力、学术水平和科研成果进行评议审核，形成意见，报馆务会议批准，录取博士后人员。博士后办公室按有关规定办理进站和落户手续，并呈报全国博士后管理委员会办公室备案。

第五条　申请博士后人员需提交下述材料：

（一）博士后申请表；

（二）博士学位证书原件、复印件（应届毕业生提交通过答辩同意授予博士学位的证明）；

（三）本学科领域两位博士生导师的推荐信；

（四）如申请人为再次进站者，需提交以前在站经历评价材料；

（五）培养单位鉴定表；

（六）如申请人为留学博士，还需提供我国驻外使领馆的推荐信；

（七）体检证明。

第六条　博士后办公室每年3月底之前发布招收博士后人员公告。

第七条　根据国人部发〔2006〕149号文件关于在职人员不得兼职从事博士后研究工作的相关规定，委托培养、定向培养、在职工作以及具有现役军人身份的人员申请从事博士后研究工作，应当向我馆提交其委托单位、定向培养单位、工作单位或者所在部队同意其脱产从事博士后研究工作的证明材料。

第三章　博士后人员在站管理

第八条　博士后进站时需与工作站签订工作协议。

第九条　博士后进站后，在合作导师的安排下，开展国家图书馆有关的工作项目或科研项目。

第十条　博士后在站期间应作1—2次学术报告；在站期间至少以国家图书馆为第一署名单位在相关核心期刊发表2篇学术论文；在站期间至少承担或参与1项科研项目，博士后在站期间的研究成果归国家图书馆所有。

第十一条　博士后在站期间，根据研究项目的需要，经国家图书馆批准，可以安排出国参加国际会议或进行短期交流活动，时间一般不超过15天。

第十二条　博士后在站工作期限一般为两年。承担国家重大项目，获得国家自然科学基金、国家社会科学基金等国家基金资助项目或中国博士后科学基金特别资助项目的博士后人员，根据研究项目的需要，可适当延期，延期时间不超过1年。其程序是：本人提出申请，合作导师签署意见，博士后办公室审核，报馆领导批准。

第十三条　博士后进站满一年进行一次中期考核，考核内容除包括博士后的学术水平和科研能力外，还要考察其思想品德、敬业精神和团结协作意识等各项素质。对中期考核成绩突出、表现优秀的，工作站将给予表彰和奖励，考核结果存入在站档案；对于中期考核不合格的博士后人员，予以劝退和解约。

第十四条　博士后在站期间，有下列情形之一的，经馆务会讨论后将予以退站：

（一）考核不合格且责令整改仍不合格的；

（二）受警告以上行政处分的；

（三）无故旷工连续15天或一年内累计旷工30天以上的；

（四）因患病等原因难以完成研究项目的；

（五）出国逾期不归超过30天的；

（六）在学术上弄虚作假、影响恶劣的；

（七）其他情况应予退站的。

退站的博士后人员，不享受国家对期满出站博士后人员规定的相关政策。

第四章　经费

第十五条　博士后在站期间，其工资参照人事部、财政部文件国人部发〔2006〕112号《关于调整博士后日常经费标准的通知》规定执行，每人每年5万元，其中90%用于博士后生活福利，10% 用于工作站对在站人员的奖励。

第十六条　博士后进站后，我馆按照研究项目情况，配备一定数额的科研经费，用于开展研究、参加学术交流、出版学术成果等。

第十七条　我馆与相关单位联合招收博士后，我馆支付合作单位每人每年 1 万元合作培养费。

第十八条　对完成指导任务的博士后合作导师给予适当的指导津贴。具体标准为：同一年度内，指导 1 名博士后，合作导师津贴为 1000 元 / 月；每增加指导 1 名博士后，增加合作导师津贴 500 元 / 月。

第十九条　为保障工作站工作的正常运转，我馆按照实际在站人数、参照馆内在编人员办公经费标准拨付办公经费。

第五章　博士后人员生活福利待遇

第二十条　博士后进站后，由博士后办公室协助办理我馆工作证、借书证、餐卡等相关证件，其中借书证参照馆内副研究馆员级别办理。

第二十一条　根据我馆房屋情况，工作站酌情提供博士后公寓房以及其他必要的生活条件和科研条件。如无法提供住房，由我馆予以发放租房补贴。租房补贴标准参照本馆在编员工副高职称无房补贴执行。

第二十二条　档案关系调入我馆的博士后，由我馆负责医疗保险；档案关系未调入我馆的博士后，由档案所在单位负责医疗保险。

第二十三条　博士后配偶、子女待遇：

（一）我馆不承担为随站流动的博士后配偶安排工作；

（二）我馆不承担博士后随站流动的未成年子女入托、入学等问题，但可在博士后本人联系好学校的前提下协助开具介绍信、证明信；

（三）博士后配偶为军队干部且与博士后两地分居，可按照国务院军转办公室、公安部、人事部、总政治部〔1993〕政联字第 4 号文件的规定，报经总政治部批准，协助将其调到设站单位所在地驻军单位工作；

（四）人事关系（含档案）未迁入我馆的博士后不予办理上述协助事宜。

第六章　出站与就业

第二十四条　博士后研究期满，须向工作站提交《博士后研究报告》和《博士后研究人员期满登记表》，研究报告要严格按照格式编写。博士后出站时，工作站将会同馆内相关专家对其工作进行考评，形成书面材料，归入其个人档案。考评主要内容包括：

（一）研究成果的学术水平；

（二）研究成果的社会效益和经济效益；

（三）工作表现，解决实际问题和组织管理的能力等。

第二十五条　根据人事部、全国博士后管委会《博士后管理工作规定》(国人部发〔2006〕149号)精神，博士后人员期满出站时，国家图书馆可以根据其本人在站期间的科研能力、学术水平、工作成果，按照我馆相关规定为其评定专业技术任职资格或提出专业技术职务任职建议。

第二十六条　博士后工作期满，应及时出站，除协议约定外，实行双向选择，自主择业。

第二十七条　对考核合格的出站博士后，颁发由人力资源和社会保障部、全国博士后管理委员会监制的《博士后证书》。

第七章　博士后合作导师

第二十八条　我馆在职人员中具备下列条件之一者，可由本人向工作站提出申请或由工作站推荐，经馆务会讨论通过，聘为博士后合作导师：

(一)具有博士生导师资格的人员；

(二)主持省部级以上科研课题或馆内重大科研与工作项目，经费充足的正高级职称人员。

第二十九条　博士后合作导师有下列权利和义务：

(一)指导博士后制定和实施研究方案；

(二)指导博士后申报中国博士后科学基金项目，或为博士后提供科研经费；

(三)博士后科研工作的管理和思想教育等工作。

第三十条　博士后合作导师有权决定合作研究成果知识产权的分配比例，有权向工作站提出辞退不执行工作协议的博士后人员。

第三十一条　工作站每年对博士后合作导师(指有博士后在站者)进行考核，对于考核合格的合作导师，按照相关规定发放博士后指导津贴；对考核不合格的合作导师，取消其合作导师资格。

第八章　附则

第三十二条　本意见由国家图书馆博士后科研工作站办公室负责解释。

第三十三条　本意见自通过之日起实施。

国家图书馆“十二五”科研工作规划

“十二五”时期是我国全面建设小康社会的关键时期，是加快转变经济发展方式、实现科学发展的攻坚时期，是推动文化大发展大繁荣、提升国家文化软实力、基本建成公共文化服务体系的重要阶段，是国家图书馆事业发展的重要战略机遇期。为进一步贯彻十七届六中全会精神，以实施国家文化科技提升计划为契机，做好今后五年我馆科研工作，满足新时期事业发展的新要求，强化科研对业务工作和人才培养的支撑，发挥我馆在业界的科研引领作用，制定本科研规划。

一、科研工作现状和“十二五”时期面临的形势与任务

（一）科研成果逐年增加，科研氛围已经形成

改革开放以来，国家图书馆始终将科研工作作为一项重要工作内容，大力组织、倡导并积极开展科研活动。在“十一五”期间，我馆承担部级以上项目21项，获得资助经费1498万元，其中承担国家科技支撑计划项目、科技基础性工作专项项目、国家质检总局公益性科研专项项目及国家哲学社会科学基金项目等国家级项目11项，经费1393万元。同时，继续投入资金支持馆内科研工作，“十一五”期间资助馆级科研项目118项，资助经费237万元，涉及国家图书馆事业发展研究、信息资源建设、文献整理与文献学研究、文献保护开发和利用研究以及数字图书馆研究等图书馆业务工作的方方面面。通过科研活动，为我馆业务工作开展提供了强有力的技术、服务手段及理论支撑，推动了事业发展。

（二）国内外学术交流不断拓展，影响力进一步扩大

积极组织和参与国际敦煌项目会议、中文善本古籍保存保护国际研讨会、数字图书馆国际研讨会、中美图书馆合作会议等国内外重要业界研讨和学术交流活动，把握行业发展趋势，寻求有实质性内容的国际性合作项目；积极参与国际标准的制定；推动特色资源走出国门，实现不同国家文献资源的共享互补，极大促进了图书馆业务发展。

（三）规章制度逐步完善，科研管理水平明显提高

进行内部管理体制和运行机制改革，结合我馆实际，制、修订《国家图书馆科研项目管理办法》、《国家图书馆科研项目经费管理办法》、《国家图书馆青年科研基金实施办法》、《国家图书馆文津出版基金资助实施办法》、《国家图书馆科研奖励暂行办法》和《国家图书馆学术道德规范》等系列科研管理规章制度；逐年加大科研经费投入，从2004年起大幅度提高科研经费投入，此后以10%的比例逐年递增，保障科研工作顺利开展。一个有利于科研工作开展和创新能力提高的政策环境和氛围正在形成，科研工作逐步呈现良性发展态势。

（四）“十二五”时期科研工作面临的形势与问题

“十二五”时期是我国工业化、信息化、城镇化、市场化、国际化深入发展的重要

时期，伴随世界科技发展新趋势，学科交叉和技术融合加快，创新要素和创新资源在全球范围内流动加速，科学技术正孕育着新的突破。网络和信息技术加速渗透和深度应用，将引发以智能、泛在、融合和普适为特征的新一轮信息产业变革，图书馆科研事业面临新的挑战与机遇。

刚刚结束的十七届六中全会要求文化科研工作发挥文化和科技相互促进作用，深入实施科技带动战略，增强自主创新能力和文化产业核心竞争力，建立国家级文化和科技融合示范基地，把重大文化科技项目纳入国家相关科技发展规划和计划，健全文化技术创新体系，支持产学研战略联盟和公共服务平台建设，对图书馆科研事业提出了新的更高要求。

面对新的形势和任务，虽然我馆科研工作取得了较明显的成绩，但必须清醒地认识到，制约科研工作可持续发展与快速发展的新老问题还较为突出，主要表现在：一是与经济社会发展的要求相比，科研创新能力还不强，结构、质量与效益需进一步优化和提高；二是承担促进事业发展的国家级重大课题少，科研工作对图书馆事业发展的促进与指导作用尚未充分发挥，我馆在业界的科研引领作用没有充分体现；三是科研工作还不能很好地与业务工作和人才培养相结合，科研人才队伍与研究性图书馆的要求不相适应，科研整体规划与阶段实施目标不清；四是科研成果应用转化机制还不健全，服务社会的能力和水平需要进一步提升；五是经费投入依然不足，布局还不够科学合理，使用效率需进一步提高。这些问题，需要认真研究并采取有力措施加以解决，否则，将影响我馆事业的整体发展。

二、科研工作的指导思想和方针原则

高举中国特色社会主义理论旗帜，以邓小平理论和“三个代表”重要思想为指导，深入贯彻落实科学发展观，把握社会主义先进文化的前进方向；坚持传承文明、服务社会的服务宗旨；坚持理论联系实际，推进理论创新，进一步增强科学研究的战略性和前瞻性；坚持统筹兼顾、协调发展；坚持立足我馆、面向全国，立足当代、面向未来；坚持以科研工作、人才培养与业务实践紧密结合和协调发展，建立与国家图书馆事业发展相适应的科研工作保障机制，最大限度地发挥科研工作在事业发展、队伍建设中的推动作用，确保国家图书馆事业可持续发展。

三、科研工作总体目标和主要任务

（一）总体目标

“十二五”时期是我馆科研工作大有作为的重要发展阶段，科研工作进入了开拓创新、提升质量的新阶段，迫切需要不断拓展研究领域、丰富研究内容，努力提高创新能力和科研质量。

“十二五”时期，我馆科研工作的总体目标是，依据国家图书馆“十二五”规划发展纲要，立足国家图书馆核心业务与图书馆事业的发展，积极开展图书馆建设的新理论、新技术和新方法研究，重视图书馆领域的边沿科学研究，强化科研工作对事业发展的支撑作用；明确我馆科研方向与重点研究领域，围绕我馆及全国图书馆事业发展的重大问题，整合各方面科研力量，组织科研团队与人才梯队，形成一批在国内乃至国际有影响的学术成果，同时，有效地促进科研成果的应用和转化，引领和带动全国图书馆事业的发展；切实加强对科研工作的组织管理，进一步促进科研工作、人才培养与业务工作的有机结合，实现三者的良性互动和协调发展，努力培养一批具有较强研究能力和扎实业务功底的图书馆专业技术骨干，促进我馆业务工作发展与人才队伍建设，发挥国家图书馆在业界的科研引领作用。

（二）主要任务

1. 图书馆事业发展研究

图书馆事业发展研究是国家图书馆亟待开展科学研究的重要领域，主要包括面向全国图书馆和我馆自身事业发展的法律制度研究、宏观政策研究、战略发展研究以及图书馆管理研究等方向。

2. 馆藏资源建设

从构建全国文献资源保障体系建设的战略高度开展国家图书馆文献资源体系建设的研究，推进国家总书库建设。重点开展馆藏发展政策研究、馆藏资源结构分析与优化研究、馆藏资源建设绩效评估研究、数字馆藏建设研究以及合作馆藏与资源共享研究等领域的应用研究工作，在新的信息环境下，进一步丰富和拓展国家图书馆馆藏文献资源类型，加强馆藏资源建设的科学性，完善馆藏资源服务。

3. 信息资源组织

以适应数字化、网络化、智慧化环境为目标，结合多年来的研究和实践积累，利用资源描述、资源组织的成型标准、规范和工具，重点开展网络环境下文献编目规则研究、文献资源揭示与整合研究、信息组织方法研究、书目规范控制和知识组织系统及应用研究等工作。

4. 图书馆用户与服务研究

以用户需求为导向，“十二五”期间，继续加强图书馆用户与服务研究，利用技术分析等手段结合心理学等理论研究读者行为，推动个性化图书馆服务建设；加强立法决策服务研究、文献信息服务与保障机制研究、新型服务模式研究、基层图书馆服务研究、数字图书馆分馆推广服务研究、社会教育职能拓展研究，以推动图书馆服务的精细化与创新。

5. 文献与文献学研究

以“传承文明，服务社会”为目标，继续探索对馆藏资源的有序开发整理。开展文献学研究，包括文献的特点与功能研究、文献类型研究、文献及文献学发展历史研究、文献流研究等，重点开展面向馆藏古典文献、近现代文献、外文文献的深入研究，提高馆藏文献收集、管理和开发利用水平。

6. 文献保护研究

以保护与利用并重为原则，在“十二五”期间，继续开展中华古籍和民国时期文献保护工作。围绕文献保护工作，开展文献的保存保护技术研究、耐久性无酸纸及其应用研究、古纸样本库建设与分析研究、文献脱酸处理技术与应用研究、文献修复保护技术研究等，进一步提升文献保护修复的科学化水平，促进现代技术与传统手段的结合。同时结合文献战略储备库建设工作，着重开展储备式书库建设、管理和服务应用方面的研究。

7. 数字图书馆研究

以应用为导向，加强数字图书馆核心技术研究，重点开展包括信息技术应用研究、新媒体技术应用研究、数字资源推广与服务研究、数字资源长期保存研究、文献资源数字化研究等方面的应用研究。结合新一代宽带无线移动通信网、下一代互联网、云计算、物联网、新型显示系统、智能网络终端、高性能计算等信息技术的研究发展，以数字图书馆建设为纽带，在国家智慧化建设的过程中不断促进文化和科技的融合。

8. 标准规范的研制与推广应用

继续开展图书馆领域相关标准规范的研制与推广应用，包括信息资源编目标准规范、信息组织标准规范、图书馆服务相关标准、古籍保护相关标准规范、数字图书馆标准规范、缩微技术相关标准规范等方面的研究，加强图书馆标准规范体系建设。

四、切实保障规划实施

（一）加强科研工作的组织领导。高度重视科研工作，努力把握科研工作规律，提高领导水平，为我馆科研发展创造良好环境。引导员工关注和深入研究重大现实问题，及时把优秀研究成果运用于各项决策中，充分调动员工积极性创造性。牢固树立科学发展理念，加强科研工作的统筹规划，充分发挥各级各类研究团队的作用。

（二）加强规划实施的衔接协调。注重与全馆业务工作、人才建设规划纲要的统筹落实，加强与贯彻实施《国家图书馆“十二五”规划纲要》的衔接部署，重视与各项国家级、省部级重点专项科研规划以及各地方图书馆科研规划的协调。强化规划对年度计划执行和重大项目安排的统筹指导。

（三）加强科研管理的科学性和规范性。完善科研激励机制，进一步激发员工的创造力和创新潜能。建立健全科研诚信机制、科研监督机制和学术道德规范建设。加快建设科研数据库，集中搜集各级各类科研相关信息，推动科研信息资源共建共享。充分发挥个人研究与集体攻关的优势，鼓励跨学科跨部门跨地域专题研究，积极推动科研组织管理创新。同时，建立和完善科研成果评价体系，明确科研业绩考核标准和要求，将科研工作纳入我馆考核体系中，适时评定科研先进集体和优秀科技工作者，并给予相应奖励。

（四）加强科研创新体系建设。适应新形势新任务新要求，着力改革科学研究体制机制，加快建设以图书馆重点领域、学术观点、科研方法和科研组织管理创新为主要内容的科研创新体系。努力争取国家级与部级科研项目的获准立项，积极参与国际合作科研项目，设立馆内重大科研项目，面向社会公开招标或聘请国内外图书情报研究机构承担。借助外力，采取合作研究的方式，形成为我所用的科研成果。同时，支持和鼓励馆员参与相关的各级合作项目，提倡、鼓励员工结合本职工作进行研究。

（五）加强研究队伍建设。坚持尊重劳动、尊重知识、尊重人才、尊重传统、尊重创造，创新科研人才培养模式，努力营造人才辈出、人尽其才的良好环境。依托重点学科、重点研究领域、重大研究项目，造就更多拔尖人才和各学科各专业领军人物。通过实施项目倾斜政策，扶持和培养一批理论功底扎实、勇于开拓创新的中青年学科带头人。

（六）逐步建立科研成果应用转化机制。以重点业务工作为研究重点，以科研促进业务工作创新，以科研服务业务工作发展，形成有影响的重点领域科研成果。从政策上扶持重点科研项目，积极创造条件促进省部级、国家级重点科研项目的形成，逐步创造科研品牌。大力提倡科研成果直接应用于馆内业务工作中，对于从业务工作实践出发，其研究成果确能指导我馆业务工作或直接促进业务工作的研究项目，给予成果转化奖励经费，用于其科研成果的进一步转化和利用。

（七）建立科学的经费保障机制。加大对科学研究的经费投入，统筹安排各类科研经费投入，各部门应结合自身实际加大本部门科研经费投入；同时，鼓励有条件的科研项目面向市场和企业需求，形成多元化的科研经费融资渠道。

实施国家图书馆“十二五”科研规划，对于未来五年图书馆事业的整体发展具有重要意义。新形势新任务下，我馆科研工作需要不断增强机遇意识和忧患意识，增强责任感和使命感，紧跟时代步伐，把握大局大势，将《规划》提出的各项任务落到实处，为推动我馆事业的发展作出新贡献。

媒体报道目录

媒体报道目录

1 月 1 日	凤凰周刊	中国部长们的历史文化课［胡元］［徐佳］
1 月 6 日	中国文化报	47 家公共图书馆共建平台 实现数字资源无缝连接［刘禅］
1 月 7 日	南阳日报	第六届“国家图书馆文津图书奖”揭晓
1 月 10 日	甘肃日报	第六届“国家图书馆文津图书奖”揭晓［牛庆国］
1 月 10 日	大江晚报	国家图书馆“文津图书奖”全国巡展在芜开展［季鲲］
1 月 12 日	光明日报	影印出版：保护利用古籍的最佳选择——从国家图书馆出版社经验看历史文献影印出版
1 月 14 日	新华书目报	“县级数字图书馆推广计划”已在海南实现全覆盖
1 月 14 日	新华书目报	“文津讲坛”2011 首讲，10 年举办 551 期
1 月 14 日	人民网	国图“文津讲坛”新年开讲 厉以宁把脉当前经济形势［黄维］
1 月 14 日	中国新闻网	国家数字图书馆推广工程黑龙江省全覆盖启动［应妮］
1 月 14 日	中国广播网	国家数字图书馆推广工程黑龙江省全覆盖启动［张庶卓］
1 月 15 日	黑龙江晨报	“国家数字图书馆 推广工程”将覆盖全省［高美珣］［徐燕］
1 月 15 日	黑龙江日报	“国家数字图书馆推广工程”覆盖全省［王欣然］［董云萍］
1 月 15 日	黑龙江新闻网	“国家数字图书馆推广工程”覆盖全省已启动
1 月 16 日	光明日报	足不出县上“国图”黑龙江省实现国家数字图书馆服务全覆盖［庄建］
1 月 16 日	光明日报	专家国图演讲关注京味儿文化　北京最老胡同期待呵护［计亚男］
1 月 16 日	解放军报	为大国崛起筑牢文化之魂——国家数字图书馆推广工程综述［杨祖荣］
1 月 16 日	中国广播网	国家数字图书馆落户北极军营活动今在漠河正式启动［张庶卓］
1 月 16 日	新华网	国家数字图书馆落户“中国北极”漠河县军营［辛林霞］［王建威］
1 月 16 日	中国新闻网	国家数字图书馆推广工程首次落户军营［应妮］

1月17日	光明日报	国家数字图书馆落户北极军营［吕衍海］
1月17日	中国文化报	国家数字图书馆落户“北极军营”［张建友］［马子雷］
1月17日	人民政协报	国家数字图书馆推广工程黑龙江省全覆盖启动［雷新］
1月17日	生活报	国家数字图书馆推广工程将覆盖全省［庄熙］［孙达］
1月17日	华西都市报	国家数字图书馆落户“中国北极”军营
1月17日	大兴安岭日报	国家数字图书馆落户“中国北极”军营［辛林霞］［王建威］
1月17日	人民网	“国家数字图书馆黑龙江分馆”揭牌
1月17日	中国经济网	“国家数字图书馆”落户北极军营活动正式启动［王婉莹］
1月17日	新华网	国家数字图书馆落户北极军营活动在漠河启动［韩玉平］［陈立涛］
1月18日	人民日报	好书温暖最“冷”军营　国图数字化覆盖“中国北极”［杨宁］
1月18日	中国新闻出版报	国家数字图书馆推广工程黑龙江省全覆盖启动［王坤宁］
1月18日	中华人民共和国文化部网站	国家数字图书馆落户“北极军营”
1月19日	科技日报	国家数字图书馆黑龙江分馆揭牌［游雪晴］
1月21日	新华书目报	国图与黑龙江达成数字图书馆建设合作协议
1月21日	人民日报海外版	国家数字图书馆落户北极军营［安若］
1月21日	新华书目报	国家数字图书馆落户北极军营［田园］
1月21日	新华书目报	国图出版社让清典籍重获新生［博野］
1月21日	中国艺术报	国家数字图书馆落户北极军营［金涛］
1月25日	科技日报	国家数字图书馆落户漠河军营［李祥辉］
1月25日	北京晚报	《四库全书》春节亮相［丁肇文］
1月25日	中国经济网	春节假期导航：西域珍贵文献亮相国图［王婉莹］
1月26日	人民政协报	新疆历史文献暨古籍保护成果展开展［雷新］
1月26日	中国新闻出版报	国家图书馆春节将办多项文化活动［王坤宁］
1月26日	新京报	孤本新疆古籍首次在京展出　春节期间免费对读者开放［王荟］
1月26日	中国广播网	国家图书馆将在春节期间举办丰富多彩的活动［张庶卓］
1月27日	解放军报	新疆历史文献暨古籍保护成果展在京开幕［杨祖荣］

1月27日	经济日报	新疆历史文献暨古籍保护成果展开幕［张济和］
1月27日	人民日报海外版	新疆古籍保护成果展开幕［潘衍习］
1月27日	中国文化报	国图邀请读者欢度“文化假期”［马子雷］
1月27日	中国教育报	第六届“文津图书奖”揭晓［却咏梅］
1月27日	科技日报	新疆历史文献暨古籍保护成果展与读者见面［游雪晴］
1月27日	科学时报	新疆珍贵历史文献首次全面在京展出［李芸］
1月27日	人民日报	国家图书馆推“文化春节”［李航］
1月27日	光明日报	西域遗珍等你来拾　新疆历史文献亮相国图［庄建］
1月27日	科学时报	春节到国图欢度“文化假期”［李芸］
1月27日	科技日报	国图春节为读者提供文化盛宴［游雪晴］
1月27日	中国社会科学报	“西域遗珍—新疆历史文献暨古籍保护成果展”在京开幕［王宙］
1月27日	深圳特区报	国图展出“西域遗珍”［陆云红］
1月27日	新疆都市报	“西域遗珍”北京开展［陈丰］
1月27日	大公报	新疆历史古籍在京首展［郭青昊］
1月27日	新华网	“西域遗珍——新疆历史文献暨古籍保护成果展”在京开幕［周玮］
1月27日	中国广播网	“西域遗珍——新疆历史文献暨古籍保护成果展”开幕［张庶卓］
1月28日	中国图书商报	新疆历史文献暨古籍保护成果展在京举办［方菲］
1月28日	中国文物报	“西域遗珍——新疆历史文献暨古籍保护成果展”在京开幕［周玮］
1月28日	检察日报	“西域遗珍——新疆历史文献暨古籍保护成果展”在京开幕［周玮］
1月28日	光明日报	国家图书馆：春节来赏四库全书［庄建］
1月28日	新华书目报	国家图书馆 2011 春节活动精彩纷呈［胡北］
1月28日	深圳特区报	春节可鉴赏《四库全书》［陆云红］
1月29日	人民政协报	“西域遗珍”揭开“西域”神秘面纱［雷新］
1月29日	人民政协报	国家图书馆邀读者欢度“文化假期”［雷新］
1月29日	潮州日报	新疆西域遗珍展在京开幕
1月30日	中华工商时报	新疆古币与公众见面［潘衍习］

2月1日	新华网	多彩春节文化活动温暖基层群众
2月2日	中华读书报	国图欢迎读者春节期间到馆享受“文化假期”［舒晋瑜］
2月2日	经济日报	在国图过个文化春节
2月2日	北京晚报	《四库全书》今天亮真容［阎彤］
2月3日	中国广播网	书香满溢迎春到　国家图书馆别具特色贺岁礼迎读者［张庶卓］
2月4日	青年时报	一个人的图书馆
2月4日	光明日报	爱书的老老少少初一到国图［庄建］
2月4日	新京报	读者凌晨排队获赠国图新书［薛珺］［王荟］
2月4日	中国网	大年初一国家图书馆照常开放　少年儿童馆最热闹［庄建］
2月4日	中国经济网	书香满溢迎春到　西域遗珍贺新年［张济和］
2月5日	汕头日报	春节假期西域珍贵文献亮相国图
2月6日	北京晚报	国家图书馆馆长拜年［阎彤］
2月7日	中国新闻网	“数字图书馆推广计划”覆盖全省　县城可共享资源［陈茁］［李饶］
2月9日	北京晚报	“西域遗珍——新疆历史文献暨古籍保护成果展”春节展出［阎彤］
2月10日	中国教育报	国家图书馆加大创新服务力度［顾雪林］
2月11日	中国青年报	公益文化活动引导“文化假期”［周玮］
2月11日	光明日报	西域遗珍开栏的话［篙吉］
2月12日	京华时报	西域遗珍——新疆历史文献暨古籍保护成果展
2月12日	国际在线网	国图推出少儿“新年阅读计划”　杨红樱与小读者分享“童年的意义”［陈甜甜］
2月12日	人民网	“西域遗珍——新疆历史文献暨古籍保护成果展”国图开幕
2月13日	新京报	国图新年首讲“文津少儿讲坛”［薛珺］［王荟］
2月14日	中国文化报	国图“文津少儿讲坛”打造“童心王国”［马子雷］
2月14日	人民日报	数字化，让我们共享海量信息　把国家图书馆搬回家［杨雪梅］
2月16日	光明日报	免费开放以前，图书馆在服务时要考虑创收，现在可以一心一意为读者服务——免费开放后，到馆读者增六成［庄建］
2月16日	光明日报	清乾隆绘本《大清万年一统地理全图》［辜吉］

2月17日	中国教育报	新疆历史文献暨古籍保护成果展开展　百余孤本惊艳北京［却咏梅］
2月17日	光明日报	保护新疆古籍　传承中华文化［周和平］
2月17日	中国教育报	国图少儿馆启动新年阅读计划［上官林白］
2月17日	光明日报	一场古籍展半部新疆史［黄润华］
2月17日	光明日报	文明流过心香一瓣［舒晋瑜］
2月17日	光明日报	唐写本《摩尼教经》［辜吉］
2月18日	新华书目报	国家图书馆新春活动少儿唱主角［江水］
2月18日	新华书目报	杨红樱作“文津少儿讲坛”新年首讲［胡北］
2月18日	新华书目报	国家图书馆：“四大专藏”风雨路［石海娥］
2月18日	中国民族报	新疆百余珍贵历史文献在京展出［牛锐］
2月18日	中国新闻网	司马义·铁力瓦尔地参观新疆历史文献古籍保护展［苏丹］
2月18日	中国新闻网	部分在京部级领导干部国图参观新疆古籍保护展［应妮］
2月18日	新华网	贾庆林参观新疆历史文献暨古籍保护成果展［吴晶晶］
2月18日	新华网	贾庆林参观“西域遗珍”展［谢环驰］
2月18日	新华网	周和平：想了解新疆文献的读者赶快到国图去看
2月18日	新华网	周和平：《西域遗珍——新疆文献展》很有冲击力
2月19日	经济日报	贾庆林参观新疆历史文献暨古籍保护成果展［吴晶晶］
2月19日	中国青年报	公共图书馆免费开放：不能限制任何阅读者
2月19日	人民政协报	贾庆林参观“西域遗珍——新疆历史文献暨古籍保护成果展”［汪俞佳］
2月19日	光明日报	贾庆林参观“西域遗珍——新疆历史文献暨古籍保护成果展”［吴晶晶］
2月19日	光明日报	司马义·铁力瓦尔地参观“西域遗珍——新疆历史文献暨古籍保护成果展”［吴晶晶］
2月19日	人民日报	贾庆林参观新疆历史文献暨古籍保护成果展［吴晶晶］
2月19日	中国文化报	为地方决策提供信息参考 新疆图书馆创新服务方式［辛雯］
2月19日	解放日报	贾庆林参观新疆历史文献展
2月19日	中国青年报	公共图书馆免费开放：不能限制任何阅读者

2月19日	云南日报	贾庆林参观新疆历史文献暨古籍保护成果展［吴晶晶］
2月19日	新疆都市报	西域遗珍在京首展
2月19日	新京报	“西域遗珍”国图布展［薛珺］［王荟］
2月19日	北京日报	贾庆林参观“西域遗珍——新疆历史文献暨古籍保护成果展”［吴晶晶］
2月19日	京华时报	国典国乐国艺系列公益讲座
2月19日	中国网	司马义·铁力瓦尔地参观新疆历史文献古籍展［苏向东］
2月19日	中国广播网	贾庆林在京参观新疆历史文献暨古籍成果保护展［谢环驰］
2月19日	中青在线	公共图书馆免费开放：不能限制任何阅读者［文静］
2月20日	中国文化报	免费时代考验“三馆”抗压能力［马子雷］
2月21日	光明日报	拾珍西域：爱祖国爱新疆［庄建］
2月21日	光明日报	十七世纪手抄本《纳瓦依诗集》［辜吉］
2月21日	光明网	司马义·铁力瓦尔地参观“新疆历史文献暨古籍保护成果展”［张振胜］
2月22日	光明日报	清徐松稿本《西域水道记》［辜吉］
2月23日	中国文物报	贾庆林参观“西域遗珍——新疆历史文献暨古籍保护成果展”［吴晶晶］
2月23日	中华读书报	“新疆历史文献暨古籍保护成果展”迎来万人参观［舒晋瑜］
2月23日	中国新闻出版报	司马义·铁力瓦尔地参观新疆古籍保护成果展［王坤宁］
2月23日	光明日报	麴氏高昌时期写本《千字文》［辜吉］
2月24日	中国文化报	西域黄沙下的汉文古籍［杜洁芳］
2月24日	中国新闻出版报	国家图书馆：启动少年儿童年度阅读推广活动［王坤宁］
2月24日	经济日报	国家图书馆副馆长陈力：要用新媒体拓展服务［吴晶晶］
2月24日	中国文化报	他们的经历是新疆历史的一部分［池玉玺］
2月24日	北京晚报	周末相约参观珍品文物
2月25日	中国艺术报	西域遗珍看个够［金涛］
2月25日	新华书目报	司马义·铁力瓦尔地参观国图“西域遗珍”展［胡北］
2月25日	人民日报	我们的如何成为世界的［杨雪梅］
2月25日	人民日报	保护中华古籍　守望传统文明［李航］

2月28日	中国新闻出版报	220种新疆历史文献亮相国家图书馆［王坤宁］
3月2日	中国文化报	拓展服务渠道，改进服务方式　国图优化两会信息决策服务平台［马子雷］
3月2日	人民政协报	国图两会服务全面启动［雷新］
3月2日	京华时报	国家图书馆启动两会智库服务［张然］
3月2日	信阳日报	国家图书馆进一步完善　两会文献信息保障服务
3月3日	光明日报	国图再减免服务收费［庄建］
3月3日	科技日报	国家图书馆“两会”服务全面启动［游雪晴］
3月3日	新民晚报	国图扩大公益服务［王亦君］
3月3日	新京报	国图上网今起免费　复制善本古籍取消底本费［王荟］
3月3日	北京晚报	国图今起免费上网［丁肇文］
3月3日	京华时报	国家图书馆再免上网费［张然］
3月3日	乌鲁木齐晚报	新疆85部珍贵古籍有望跻身“国宝”
3月3日	中国经济网	国家图书馆进一步减免服务收费［张济和］
3月3日	新华网	国家图书馆今进一步减免服务收费 扩大公益范围［廖翊］
3月3日	中国新闻网	国图上网今起免费　复制善本古籍取消底本费［王荟］
3月4日	中国文化报	国图进一步减免服务收费［马子雷］
3月4日	人民日报海外版	国家图书馆：两会服务全面启动［潘衍习］
3月4日	中国青年报	国家图书馆“两会”服务启动［张黎娇］
3月4日	解放日报	国图服务收费昨起再减免［廖翊］
3月4日	北京晨报	国家图书馆减免部分服务收费
3月4日	三峡晚报	国图上网昨起免费
3月4日	楚天都市报	国家图书馆上网免费
3月4日	淇河晨报	国家图书馆进一步减免服务收费
3月4日	青年时报	国图上网昨起费用全免
3月4日	郑州日报	再次减免服务收费［廖翊］
3月4日	黑龙江日报	国家图书馆3日起进一步减免服务收费［廖翊］

3月4日	中华人民共和国文化部网站	国图进一步减免服务收费
3月4日	中国经济网	国家图书馆进一步减免服务收费［张济和］
3月5日	科学时报	国家图书馆服务两会全面启动［李芸］
3月5日	中山日报	国图上网免费　复制善本古籍取消底本费［王荟］
3月5日	南宁日报	国家图书馆进一步减免服务收费［廖翊］
3月5日	中国新闻网	“中华寻根网”开通　服务全球华人［应妮］
3月5日	中国广播网	“中华寻根网”正式开通　记录家谱书目数据30000条［张庶卓］
3月5日	中国广播网	“中华寻根网”打造海内外华人亲缘纽带［徐志强］
3月5日	中国广播网	国家图书馆进一步减免服务收费［张庶卓］
3月6日	北京晚报	国图开通“中华寻根网”［丁肇文］
3月6日	新京报	国图开网站帮华人寻根［王佳琳］
3月6日	深圳特区报	“中华寻根网”　服务全球华人［宗鑫］
3月6日	大众报	国家图书馆与澳基会合作项目中华寻根网昨开通
3月6日	濠江日报	崔世安昨出席“中华寻根网”开通仪式
3月6日	华侨报	国家图书馆与澳基会首个文化合作项目“中华寻根网”开通
3月6日	市民日报	特首主持中华寻根网开通仪式
3月7日	中国文化报	文化民生的重大课题——代表委员热议“三馆”免费开放［屈涵］
3月7日	新华书目报	减免服务收费　文化公益牌越打越大［秦言］
3月7日	中国新闻出版报	国家图书馆进一步减免服务收费［王坤宁］
3月7日	北京日报	上网可查家谱“寻根问祖”［李洋］
3月7日	城市晚报	“国图”拓展新媒体服务带动全国公共图书馆提升［刘佳雪］
3月7日	北京商报	国家图书馆减免多项服务收费［陈杰］
3月7日	宜宾晚报	国家图书馆进一步减免服务收费［廖翊］
3月7日	新疆都市报	名人在新疆的印迹
3月8日	成都商报	上网可查家谱“寻根问祖”
3月8日	淇河晨报	500姓氏可网上问祖

3 月 8 日	洛阳晚报	500 个姓氏可网上问祖［杨玉梅］
3 月 8 日	文汇报	500 姓氏可网上寻根
3 月 9 日	滨州日报	国家图书馆进一步减免服务收费
3 月 10 日	法制晚报	国图 3 月 3 日起免费上网记者体验发现为防止蹭网影响网速——自带电脑上网需办读者卡［成怀喜］［张岩］
3 月 10 日	人民日报海外版	中华寻根网正式开通［潘衍习］
3 月 10 日	中国青年报	委员痛斥“文化面子”工程［王晶晶］
3 月 10 日	长江日报	国图网上晒 500 姓氏家谱［万旭明］
3 月 10 日	青岛晚报	投亿元建大剧院撑“文化面子”是浪费
3 月 10 日	人民网	周和平委员：中国还缺乏文化自信 急需培育民族精神［文松辉］
3 月 11 日	新华书目报	国家图书馆“两会”服务推出新形式［胡北］
3 月 11 日	新华书目报	国家图书馆上网实现免费［胡北］
3 月 11 日	新华书目报	“中华寻根网”正式开通［胡北］
3 月 11 日	新华书目报	两会提案关注公共文化建设［田园］
3 月 13 日	光明日报	国图服务两会进入第 14 个年头［庄建］
3 月 15 日	国际在线网	周和平：抢救与保护民国时期文献刻不容缓［刘志敏］
3 月 16 日	中国文化报	少数民族古籍要抢救保护与传承并举［马子雷］
3 月 17 日	新京报	文津楼内唯古籍善本独尊［孔悦］
3 月 18 日	中国图书商报	中国国家图书馆 紫竹院士
3 月 21 日	中国文化报	纸张酸化老化严重　保护利用困难多多　民国文献何以成最“脆弱”馆藏［焦雯］［陈曦］
3 月 21 日	光明日报	“中华寻根网”助海内外华人寻根［庄建］
3 月 22 日	光明日报	希伯来字波斯语书信［辜吉］
3 月 22 日	中国文化报	古籍展：办得好，不愁没观众——“西域遗珍”展引发的思考［马子雷］
3 月 23 日	中国文化报	文艺批评为何不讲真话［詹福瑞］
3 月 24 日	光明日报	《论语》写本［辜吉］

3月24日	中国教育报	新疆“西域遗珍”展览月底闭幕［却咏梅］
3月24日	中国教育报	国家图书馆推出“两会”专题文献信息专报［顾雪林］
3月24日	新京报	杜伟生：古籍修复教育可以研究生为主
3月25日	报刊文摘	民国文献成最“脆弱”馆藏
3月26日	人民日报海外版	中国国家图书馆——可享受哪些免费服务［张燕萍］
3月30日	中国文化报	国家图书馆召开第二次党代会［马子雷］
3月30日	北京日报	图书馆阅读器受读者追捧
3月31日	中国教育报	杨红樱在国家图书馆“文津少儿讲坛”与小读者交流——“坏孩子”如何笑对成长中的烦恼［却咏梅］
3月31日	新华网	周永康参观新疆历史文献暨古籍保护成果展［杨维汉］
4月1日	新华书目报·图书馆报	陈力解读设立《国家图书馆法》提案
4月1日	新华书目报·图书馆报	国图服务紧扣两会脉搏［安欣］
4月1日	法制日报	周永康参观新疆历史文献暨古籍保护成果展时强调充分发挥文化引导功能为实现新疆长治久安打下坚实思想基础［杨维汉］
4月1日	经济日报	周永康参观新疆历史文献暨古籍保护成果展［杨维汉］
4月1日	光明日报	周永康参观新疆历史文献暨古籍保护成果展［杨维汉］
4月1日	检察日报	周永康参观新疆历史文献暨古籍保护成果展［杨维汉］
4月1日	人民日报	周永康参观新疆历史文献暨古籍保护成果展［刘维涛］
4月1日	新华书目报·图书馆报	聚焦两会上的文化提案［王巍］
4月1日	中国文化报	周永康参观新疆历史文献暨古籍保护成果展［杨维汉］
4月1日	人民日报海外版	周永康参观“西域遗珍”展［杨维汉］
4月1日	解放日报	周永康参观新疆历史文献展
4月1日	乌鲁木齐晚报	周永康参观新疆历史文献暨古籍保护成果展［杨维汉］
4月1日	新疆都市报	发挥各自优势 积极参与援疆
4月1日	云南日报	周永康参观新疆历史文献暨古籍保护成果展［杨维汉］
4月1日	新疆都市报	周永康参观“西域遗珍”

4月2日	天山网	推动新疆文化遗产传承和保护正当时［林伟］
4月8日	新华书目报·图书馆报	国图少儿馆启动“阅读推广进校园”活动［胡北］
4月9日	中国新闻网	中国学者：儒学重放光彩要走“三新之路”［刘舒凌］
4月9日	光明网	“儒学知识系列讲座”开讲 学者牟钟鉴成首讲嘉宾［张振胜］
4月10日	中国文化报	国图开讲儒学系列讲座［马子雷］
4月10日	京华时报	儒学知识系列讲座国图开讲
4月10日	乐山日报	“儒学知识系列讲座”国图开讲［廖翊］
4月10日	沈阳日报	“儒学知识系列讲座”在国图开讲
4月11日	中国文化报	部级领导干部历史文化讲座走进国博［马子雷］
4月11日	宁波晚报	图书推荐邀您参加［张柯］
4月13日	中华读书报	儒学知识系列讲座在国图开讲［鲁大智］
4月14日	中国教育报	国图少儿馆启动“阅读推广进校园”活动［郭铭］
4月15日	人民政协报	公共文化资源：人人分得一杯羹［司晋丽］
4月15日	人民日报海外版	共同缅怀学界泰斗 国图召开《任继愈》座谈会
4月15日	新华书目报·图书馆报	“儒学知识系列讲座”国图开讲［胡北］
4月15日	中国文化报	国家图书馆推出专题片《任继愈》［马子雷］
4月15日	光明日报	努力工作是对任继愈先生最好的纪念［庄建］
4月15日	人民日报	学界研讨专题片《任继愈》［李舫］［赵聪］
4月15日	人民网	学界研讨专题片《任继愈》［李舫］［赵聪］
4月16日	佛山日报	“文津图书”集中亮相佛山［黎红玲］
4月17日	珠江商报	“国家图书馆文津图书奖”获奖作品佛山展出［王晓琦］
4月17日	佛山日报	我与“文津”有个约会
4月17日	佛山日报	享受阅读 给力创文［杨丽东］
4月20日	中国网	“‘山西古戏台’摄影作品展”在国家图书馆开展［董安妮］
4月21日	中国文化报	国家图书馆——阅读之旅，从山西古戏台出发［马子雷］
4月21日	光明日报	音乐界纪念谭小麟百年［谌强］

4 月 22 日	新华书目报·图书馆报	国图举办专题片《任继愈》座谈会
4 月 22 日	新华书目报·图书馆报	“世界读书日”图书馆活动大盘点
4 月 22 日	新京报	残疾人数字图书馆明开张［魏铭言］
4 月 22 日	北京娱乐信报	古戏台摄影展亮相国图［王萌］
4 月 22 日	新华书目报·图书馆报	人性化服务离我们的图书馆还有多远？［芸萱］
4 月 23 日	光明日报	图书馆促进信息资源公平获取［庄建］
4 月 23 日	人民政协报	国家图书馆推出“阅读之旅”迎接“世界读书日”［雷新］
4 月 23 日	北京晚报	残疾人数字图书馆上网［丁肇文］
4 月 23 日	北京青年报	读书日发行新邮票　国图内设临时邮局［李宁］
4 月 23 日	武汉晚报	在国家图书馆里［曹鸿骞］
4 月 23 日	中国广播网	“世界读书日”纪念邮票和临时邮局亮相国家图书馆［张庶卓］
4 月 24 日	新民晚报	残疾人数字图书馆昨天在京开通［王亦军］
4 月 24 日	中国文化报	4 月 23 日，“全国残疾人阅读指导委员会”成立大会暨“牵手残疾人走进图书馆”活动在国家图书馆举行［卢旭］
4 月 24 日	中国文化报	牵手残疾人　走进图书馆：全国残疾人阅读指导委员会成立，“世界读书日”纪念邮票同时发行［马子雷］
4 月 24 日	光明日报	读书日，让我们牵手残疾人［庄建］
4 月 24 日	京华时报	残疾人数字图书馆在国图成立［陈荞］
4 月 24 日	北京青年报	盲人进国图　电脑“听”书［于静］
4 月 24 日	桂林日报	牵手残疾人　走进图书馆［赵超］
4 月 24 日	深圳特区报	“世界读书日”纪念邮票亮相国图［陆云红］
4 月 24 日	深圳特区报	牵手残疾人走进图书馆［陆云红］
4 月 25 日	中国艺术报	国图展出镜头里的山西古戏台［金涛］
4 月 25 日	中国文化报	残疾人阅读服务，你关注了吗？［马子雷］
4 月 25 日	人民日报海外版	“世界读书日”邮票发行［潘衍习］
4 月 25 日	中国文化报	残疾人阅读服务，你关注了吗？［马子雷］

4 月 25 日	北京晚报	国画革新大家国图捐全集［孙维媛］
4 月 25 日	中国青年报	中国残疾人数字图书馆网站开通［李璐桐］
4 月 25 日	京华时报	周韶华新作展［赵楠楠］
4 月 25 日	中国新闻网	国家图书馆接受画家捐赠　拟成立艺术收藏中心［应妮］
4 月 27 日	光明日报	画家周韶华来京赠书并举办新作展［赵和平］
4 月 27 日	湖北日报	《周韶华全集》捐赠仪式在京举行［龚雪］
4 月 27 日	新华网	画家周韶华向国家图书馆等捐赠个人全集［白瀛］
4 月 28 日	新华书目报·图书馆报	国家图书馆“世界读书日”纪念邮票亮相
4 月 28 日	科学时报	“中国残疾人数字图书馆”网站 4 月 23 日正式开通［李芸］
4 月 28 日	中国文化报	《周韶华全集》捐赠国图等单位［李百灵］
4 月 28 日	中国教育报	全国残疾人阅读指导委员会在京成立［顾雪林］
4 月 28 日	北京日报	国图残疾人存包处为何不开放［王志博］
4 月 28 日	北京晚报	免费之后免掉了什么［张鹏］
4 月 29 日	新华书目报·图书馆报	牵手残疾人，走进图书馆［江水］
4 月 29 日	新华书目报·图书馆报	国图与上海音乐学院纪念谭小麟先生百年诞辰［顾犇］
4 月 29 日	新华书目报·图书馆报	国图推出“阅读之旅”服务新举措［胡北］
4 月 29 日	人民政协报	新编《中华帅氏宗谱》入藏国家图书馆［雷新］
4 月 29 日	科学时报	《周韶华全集》捐赠仪式举办［子思］
4 月 29 日	中国青年报	《周韶华全集》捐赠仪式举行［陈建永］
4 月 29 日	北京晚报	国图公开征集家谱［丁肇文］
4 月 30 日	中国新闻网	“光源自光”开幕　国图首次展出多媒体艺术［陶禹舟］
4 月 30 日	中国新闻网	国图入藏《中华帅氏宗谱》将捐台湾图书馆
5 月 1 日	文艺报	《周韶华全集》捐赠仪式暨周韶华新作展在京举行［饶翔］
5 月 3 日	北京日报	国家图书馆推出专题片《任继愈》
5 月 3 日	北京晚报	国图展示“澳大利亚文化年”［丁肇文］
5 月 3 日	京华时报	国家图书馆征集百姓家谱［张然］

5月4日	中国文化报	一诺千金　终生为民［常丕军］
5月4日	解放军报	《周韶华全集》捐赠仪式举行［曹慧民］
5月4日	中华读书报	“中国残疾人数字图书馆”网开通［鲁大智］
5月4日	中国广播网	国家图书馆总馆南区将维修改造　部分服务将调整［张庶卓］
5月5日	中国文化报	直辖市公共图书馆高峰论坛举行［刘婵］
5月5日	法制晚报	国图南区图书馆暂停外借三年［兰艺云］
5月5日	中国文化报	国图总馆南区将维修改造　5月10日起暂停部分外借服务［马子雷］
5月5日	北京日报	国图3年内停止外借图书［李洋］
5月5日	新京报	国图南馆服务10日起暂停　开始为期两年半的维修改造，部分服务将调至北区新馆［王佳琳］
5月5日	京华时报	国图南区维修闭馆至2013年［张然］
5月5日	北京娱乐信报	国图公开征集家谱［王萌］
5月5日	北京娱乐信报	国图南区改造暂停部分服务［王萌］
5月5日	北京晚报	国图老馆闭馆维修3年［丁肇文］
5月5日	巢湖日报	张少春、周和平来巢调研旅游和文化产业发展［昌伟］
5月5日	中国网	国图公司联手北大中文系 打造学术型人文数据库［胡俊峰］
5月6日	中国文化报	国家图书馆总馆南区维修改造期间部分服务调整公告
5月6日	光明日报	专家推荐小学生基础阅读书目［宋晓梦］
5月6日	北京晨报	国图外借图书停三年　南区维修改造2013年完毕　借阅押金随时可退［赵阳］
5月6日	东方早报	国家图书馆“年久失修”暂停外借［陈良飞］
5月6日	长江日报	国图10日起闭馆改造
5月6日	中国广播网	国家图书馆举行纪念汶川地震三周年文化援建活动［张庶卓］
5月7日	闽北日报	“国家数字图书馆”提升灾区公共文化服务［许茹］
5月7日	汕头日报	国图3年内停止外借图书希望读者多利用数字资源［李洋］
5月7日	新华网	汶川地震三周年：“国家数字图书馆”提升公共文化服务［许茹］
5月8日	北京晨报	地震灾区可办国图读者卡［赵阳］

5月8日	成都商报	都江堰市图书馆读者可向国家图书馆“借书”
5月8日	攀枝花日报	“国家数字图书馆”提升灾区公共文化服务[许茹]
5月8日	成都日报	国图举办帮扶灾区图书馆建设活动[赵斌]
5月8日	安庆晚报	“国家数字图书馆”提升灾区公共文化服务
5月9日	中国文化报	国图多种资源支持灾区文化重建[马子雷]
5月9日	人民日报	国家图书馆 文化援建汶川灾区[李舫]
5月9日	法制晚报	国图南区明天闭馆　借书量增两成[王贺健]
5月9日	新京报	给国家图书馆提几点建议[王志博]
5月9日	新华网北京频道	国家图书馆老馆闭馆改造3年[赵琬微]
5月9日	中国经济网	纪念汶川特大地震三周年　国图举行灾区文化援建活动[张济和]
5月9日	人民网	国家图书馆文化援建汶川灾区[李舫]
5月10日	法制晚报	国图南区今起闭馆三年进行维修改　造该区外借服务将暂停[王贺健][林晖]
5月10日	中国新闻出版报	国家图书馆文化援建汶川地震灾区[王坤宁]
5月10日	京华时报	国图老馆今起闭馆改造3年
5月10日	北京娱乐信报	国图首展多媒体艺术[王萌]
5月10日	汕头日报	国家图书馆老馆闭馆改造
5月10日	郑州日报	国图老馆维修改造闭馆3年
5月10日	洛阳晚报	国家图书馆老馆闭馆改造
5月10日	平原晚报	国家图书馆老馆闭馆改造3年
5月10日	洛阳日报	国家图书馆老馆闭馆改造3年
5月10日	贵阳日报	国图老馆闭馆改造三年
5月10日	新乡日报	国家图书馆老馆闭馆改造3年
5月10日	西藏日报	国家图书馆老馆闭馆改造
5月10日	青岛日报	国家图书馆老馆闭馆改造3年
5月11日	中华读书报	国图“立体阅读之旅”拉开帷幕
5月11日	中华读书报	国画大家周韶华向国图等9单位捐赠个人全集[夏琪]

5月11日	中国新闻出版报	国家图书馆老馆闭馆改造3年［赵琬微］
5月11日	中国艺术报	《周韶华全集》捐赠仪式举行［杨兴］
5月11日	江苏经济报	国图多种资源支持灾区文化重建［钟欣］
5月12日	科学时报	纪念汶川特大地震三周年国家图书馆举行灾区文化援建活动［李芸］
5月12日	光明日报	国家图书馆援助地震灾区文化建设
5月12日	新华书目报·图书馆报	海外古籍以“数字化”回归
5月12日	四川日报	灾区读者享受国家图书馆数字资源［余小林］
5月13日	中国文化报	国家图书馆震区服务“三部曲”［马子雷］
5月13日	新华书目报·图书馆报	《周韶华全集》捐赠仪式在国家图书馆举行［胡北］
5月16日	中国文化报	让图书馆阅读更智能［江继兰］
5月18日	中国广播网	“中华珍贵医药典籍展”在国家图书馆开幕［张庶卓］
5月18日	中国网	“中华珍贵医药典籍展”开幕 《中华医藏》编纂启动［苏向东］
5月18日	中国新闻网	中医古籍珍罕品在京展出 含全球最古老龋齿记载［沈嘉］
5月18日	中国网	释永信携少林武僧现身中华医药典籍展捐佛教医书［苏向东］
5月18日	中国网	《本草纲目》《黄帝内经》冲刺《世界记忆名录》［苏向东］
5月19日	中国文化报	存世数量巨大 保护难度超过古籍 国图报告献策民国时期文献保护［马子雷］
5月19日	法制晚报	医药典籍展少林方丈亮相［兰艺云］
5月19日	中国中医药报	中华珍贵医药典籍展开幕［张凌燕］
5月19日	科学时报	走近“中华珍贵医药典籍”的世界［李芸］
5月19日	光明日报	快！抢救保护民国时期文献专家呼吁加大再生性保护力度，建设高质量的民国时期文献全文资源库［庄建］［谢万幸］
5月19日	科学时报	抢救保护民国时期文献迫在眉睫［李芸］
5月19日	中国文化报	“中华珍贵医药典籍展”亮相北京［马子雷］
5月19日	京华时报	古籍亮相［胡雪柏］［张然㧐］
5月19日	北京晨报	少林方丈现身捐书
5月19日	温州日报	泡在国家图书馆［曹鸿骞］

5月20日	新华书目报·图书馆报	国图总馆南区计划维修改造两年［胡北］
5月20日	新华书目报·图书馆报	《中国大百科全书》数据库隆重出版［白玉静］
5月20日	中国文化报	《中国大百科全书》数据库问世［续鸿明］
5月20日	海南日报	《本草纲目》亮相中华珍贵医药典籍展［周玮］
5月21日	人民政协报	“中华珍贵医药典籍展”在国图举行［雷新］
5月22日	经济日报	《周韶华全集》捐赠仪式举行［陆敏］
5月23日	深圳特区报	《本草纲目》亮相中华珍贵医药典籍展［周玮］
5月23日	大公报	周韶华著作捐国家图书馆［吴昊辰］
5月25日	中华读书报	民国时期文献急需抢救保护［鲁大智］
5月26日	北京娱乐信报	国家图书馆展出“红色文献”［王萌］
5月26日	中国新闻网	中国大陆图书馆界吁实施“民国时期文献保护计划”［应妮］
5月27日	法制晚报	与《本草纲目》一同入选《世界记忆名录》，最完整《黄帝内经》国图可看［兰艺云］
5月27日	新华书目报·图书馆报	“中华珍贵医药典籍展”国图开幕［田园］
5月27日	人民日报海外版	“中华珍贵医药典籍展”表明中医药学对人类文明贡献巨大［潘衍习］
5月27日	北京晚报	《黄帝内经》《本草纲目》入选《世界记忆名录》［丁肇文］
5月27日	人民政协报	《黄帝内经》《本草纲目》成功入选《世界记忆名录》［雷新］
5月27日	人民网	周和平：殷商甲骨或将申报《世界记忆名录》［黄维］
5月27日	人民网	薛清禄谈《本草纲目》《黄帝内经》入选《名录》背后的故事［黄维］
5月27日	人民网	中华医药典籍展免费参观　周和平：欢迎广大网友光临［黄维］
5月27日	人民网	薛清禄：《本草纲目》《黄帝内经》入选《名录》实至名归［黄维］
5月27日	人民网	周和平：《本草纲目》等医学典籍首次入选《世界记忆名录》［黄维］
5月27日	中国经济网	“中华珍贵医药典籍展”在国图隆重开幕［张济和］
5月27日	人民网	周和平：殷商甲骨或将申报《世界记忆名录》［黄维］
5月28日	中国报（马来西亚）	黄帝内经和本草纲目入选世界记忆名录
5月28日	西安晚报	国图可看最完整《黄帝内经》［兰艺云］

5月28日	南充晚报	《黄帝内经》《本草纲目》入选《世界记忆名录》
5月28日	中国新闻网	《本草纲目》等医学典籍首次入选“世界记忆名录” [应妮]
5月29日	中国文化报	国图开展图书馆服务宣传周系列活动 [马子雷]
5月29日	中国文化报	我国两部医学古籍入选“世界记忆”[马子雷]
5月30日	北京日报	两部中医古籍入选《世界记忆名录》[李洋]
5月30日	北京商报	殷商甲骨继续申报《世界记忆名录》
5月30日	济南日报	《黄帝内经》《本草纲目》入选《世界记忆名录》[光明]
5月30日	光明网	国图将办革命文献展览　纪念中国共产党成立九十周年 [张振胜]
5月30日	中国新闻网	国家图书馆展出中共早期珍贵历史文献 [苏丹]
5月31日	中国新闻出版报	国图将办建馆以来最大规模革命历史文献展 [周玮]
5月31日	光明日报	纪念建党九十周年国图将举行馆藏珍贵历史文献展 [庄建]
5月31日	科技日报	国图将举办大规模革命历史文献展览 [游雪晴]
5月31日	人民政协报	国图 1921~1949 年珍贵历史文献展开展《共产党宣言》第一个中文全译本将亮相 [雷新]
5月31日	北京日报	大量珍稀党史文献明起国图展出 [李红艳]
5月31日	广州日报	国图办最大革命文献展 [赵琳琳]
5月31日	深圳特区报	国图展出一批珍贵“红色文献”[陆云红]
5月31日	深圳商报	国家图书馆亮珍贵藏品展出 430 余种历史文献
5月31日	东方早报	《黄帝内经》《本草纲目》成“世界记忆”[肖婷]
5月31日	中国经济网	建党 90 周年珍贵文献六一国图展出 [王婉莹]
5月31日	新华网	国图将举办建馆以来最大规模革命历史文献展 [周玮]
5月31日	中国经济网	周和平：数字图书馆将成中国图书馆业的发展趋势 [宁昊然]
5月31日	中国网	文化部再推惠民工程 全面部署数字图书馆工程建设 [苏向东]
5月31日	新华网	数字图书馆推广工程“十二五”将在全国实施 [周玮]
6月1日	中华读书报	国图迎来建馆以来最大规模的革命历史文献展览 [舒晋瑜]
6月1日	北京青年报	20 余种名家手稿露面

6月1日	法制晚报	建党90周年文献展开展市民可免费参观马克思书信手稿亮相国图［兰艺云］
6月1日	北京晚报	“白色文献”首次披露［丁肇文］
6月1日	贵阳日报	国图举办最大规模革命历史文献展［周玮］
6月1日	新民晚报	德文初版本《资本论》难得一见［王亦君］
6月1日	深圳晚报	国图今起举办最大规模革命历史文献展
6月1日	人民网	依法保护重在传承 四大活动喜迎第六个文化遗产日
6月1日	新华网	数字图书馆推广工程“十二五”将在全国实施［周玮］
6月2日	科学时报	过一个“红色”的儿童节［李芸］
6月2日	科技日报	专家热议少儿数字阅读新趋势
6月2日	人民政协报	国图少儿馆启动“数字阅读推广”项目［雷新］
6月2日	科学时报	少儿数字阅读该如何引导［李芸］
6月2日	中国文化报	历史真理的光辉必将照亮未来［李洪峰］
6月2日	人民日报	纪念建党90周年馆藏历史文献展举行［廖翊］
6月2日	中国文化报	纪念中国共产党成立90周年 国图举办馆藏珍贵历史文献展［马子雷］
6月2日	经济日报（台湾）	纪念建党90周年馆藏历史文献展举行［廖翊］
6月2日	解放军报	国图举办建馆以来最大规模革命历史文献展［杨祖荣］
6月2日	中华工商时报	中国共产党成立九十周年历史文献开展
6月2日	中国中医药报	中医古籍缘何成为“世界记忆”？
6月2日	中国中医药报	中医药典籍申忆成功［陈斐然］
6月2日	北京晨报	国图少儿馆提供电纸书［刘婷］
6月2日	北京日报	探访党史文献幕后故事：文献无声诉说革命传奇［李艳红］
6月2日	北京日报	国图展出400余种珍贵党史文献［李红艳］
6月2日	新京报	国图首次展出“白色文献”［尹亚飞］［王佳琳］
6月2日	齐鲁晚报	电纸书走进国家图书馆［师文静］
6月2日	深圳特区报	国图少儿馆举行年庆活动［陆云红］
6月2日	南国早报	20余种名家手稿“国图”露面为建党90周年献礼

6月2日	汕头特区晚报	珍稀党史文献国图展出［李红艳］
6月2日	临汾日报	国图少儿馆推广数字阅读
6月2日	营口日报	纪念建党90周年馆藏珍贵历史文献展开幕
6月2日	北方周末报	古籍《本草纲目》《黄帝内经》冲刺《世界记忆名录》［文松辉］
6月2日	民众日报（台湾）	国图最大规模革命历史文献展开展
6月2日	汕头特区晚报	《黄帝内经》《本草纲目》成“世界记忆”［肖婷］
6月2日	大公报	国图展“红色文献”重温中共成长历史［金华］
6月2日	文汇报	4000种党史文献国图展出［江鑫娴］
6月2日	澳门日报	纪念中共成立90周年 国图办珍贵历史文献展
6月2日	澳门日报	《本草纲目》《黄帝内经》入选名录　世界记忆工程研讨会华沙举行
6月2日	中国新闻网	《黄帝内经》《本草纲目》列入《世界记忆名录》
6月2日	赛迪网	书香立少年　汉王携国图少儿馆推广数字阅读
6月2日	新华网	国家图书馆少儿馆推广数字阅读［廖翊］
6月3日	新华书目报·图书馆报	《国家图书馆数字战略研究》出版
6月3日	中国文化报	国图少儿馆推广数字阅读［马子雷］
6月3日	新华书目报·图书馆报	全媒体时代，聚焦图书馆建设与服务创新［白玉静］
6月3日	中国新闻出版报	纪念建党90周年珍贵历史文献展开幕
6月3日	工人日报	国图举办革命历史文献展［计洋］
6月3日	科技日报	“革命历史文献联合目录”项目启动［游雪晴］
6月3日	新华书目报·图书馆报	国图精彩演绎2011年度服务宣传周［田园］
6月3日	北京娱乐信报	“艰难与辉煌”国图展珍贵文献
6月3日	大众日报	国图为孩子增添新“装备”少儿数字图书馆有望全国推广［孙晓娜］
6月3日	深圳商报	数字图书馆有望全国推广［刘悠扬］
6月3日	安庆日报	国图举办最大规模革命历史文献展
6月3日	广西日报	珍贵文献展现建党历程
6月3日	杭州日报	国图展出400余种珍贵党史文献

6月3日	六盘水日报	纪念建党90周年馆藏历史文献展举行
6月3日	上海青年报	国际社会盛赞中国共产党成立90年取得巨大成就
6月3日	南京日报	马克思恩格斯书信手稿首次亮相国图
6月3日	新快报	电纸书“进驻”国家图书馆［徐绍娜］
6月3日	中国广播网	文化部部署数字图书馆推广工程建设工作［张庶卓］
6月4日	汕头日报	国家图书馆少儿馆推广数字阅读［金涛］
6月4日	扬子晚报	数字图书馆为小学生减负［蔡震］
6月4日	光明网	国图非遗特展：两百种珍贵文献揭示非遗保护成果
6月5日	光明日报	国图文献展示“艰难与辉煌”［庄建］
6月6日	医药经济报	我国两中医典籍列入 联合国《世界记忆名录》
6月6日	中华人民共和国文化部网站	“册府琳琅·根脉相承——中华典籍与非物质文化遗产特展”国图古籍馆开幕
6月6日	中国网	“中华典籍与非物质文化遗产特展”6月8日开幕
6月7日	中国青年报	90%以上的民国文献亟待抢救
6月7日	贵阳日报	中华典籍与“非遗”特展将在国图展出［光明］
6月8日	中华读书报	国家图书馆少儿馆日均接待读者300人次［舒晋瑜］
6月8日	中华读书报	“中华珍贵医药典籍展”在国家图书馆开幕［舒晋瑜］
6月8日	光明网	“册府琳琅，根脉相承——中华典籍与非物质文化遗产特展”
6月9日	新华书目报·图书馆报	国图举办“少儿数字阅读服务研讨会”
6月9日	中国文化报	中华典籍与非物质文化遗产特展举办［马子雷］
6月9日	科技日报	中华典籍与非物质文化遗产特展开幕［游雪晴］
6月9日	科学时报	展示非物质文化遗产　弘扬传统文化，中华典籍与非物质文化遗产特展在国图举办［李芸］
6月9日	人民日报	“缝补”历史［赵冰］
6月9日	人民政协报	中华典籍与“非遗”特展举办［雷新］
6月9日	北京日报	琳琅古籍中寻找“非遗”根脉

6月9日	北京晨报	千年“舞”功　国图开展［李木易］
6月9日	文汇报	“中华典籍与非物质文化遗产特展”在北京国家图书馆古籍馆开幕
6月9日	深圳商报	中华典籍与非物质文化遗产特展在京开幕［赵冰］
6月9日	扬州晚报	扬州雕版亮相国图
6月9日	淮北日报	中华典籍与非物质文化遗产特展在京开幕［赵冰］
6月9日	半岛晨报	中华典籍与非遗特展在京开幕
6月9日	大公报	非遗文献技艺汇聚国图［金华］
6月9日	中国经济网	“中华典籍与非遗特展”国图开幕［张济和］
6月10日	新华书目报·图书馆报	少儿馆如何应对数字阅读?　［田园］
6月10日	新华书目报·图书馆报	“艰难与辉煌”大型革命历史文献展国图开幕［胡北］
6月10日	人民日报海外版	“册府琳琅·根脉相承——中华典籍与非物质文化遗产特展"展出［张鹏］
6月10日	中国民族报	赏珍贵古籍 看“非遗”特展
6月10日	新华书目报·图书馆报	国图又有重大科研成果面世
6月10日	人民日报海外版	王祯《农书》与木活字印刷术［陈红彦］
6月10日	检察日报	中华典籍与非物质文化遗产特展［赵冰］
6月10日	北京娱乐信报	稀珍文献亮相国图［王萌］
6月10日	成都商报	少儿数字图书馆有望推广到全国
6月10日	沧州日报	《袁氏文化》被国家图书馆收藏［祁凌霄］
6月10日	报刊文摘	文献无声诉说革命传奇——探访党史文献幕后故事［李红艳］
6月10日	镇江日报	90%以上的民国文献亟待抢救
6月10日	中国日报	国图举办中华典籍与非物质文化遗产特展［郭书含］
6月10日	千龙网	丝绢明信片亮相中华典籍与非物质文化遗产特展［王秀玲］［林似锦］
6月14日	中国青年报	在白色档案里触摸红色记忆
6月14日	扬州晚报	扬州雕版“定居”国图［王鑫］
6月15日	中华读书报	国图举办“中华典籍与非物质文化遗产特展”［舒晋瑜］
6月15日	中国新闻网	周和平：国图拟成立典籍博物馆展出珍贵古籍［应妮］

6 月 16 日	中国文化报	专家在京探讨文献典籍与非遗保护［马子雷］
6 月 16 日	经济日报	金漫奖特展国图艺术视听中心展出［徐谷桢］
6 月 16 日	法制晚报	国图北区调整部分阅览室原南区法律参考阅览室融入北区提前半个月重新开放［兰艺云］
6 月 16 日	中国网	国图筹建“典籍博物馆”让稀世古籍文献走出深闺［苏向东］
6 月 16 日	中国广播网	中华典籍与非物质文化遗产传承座谈会在京举行［张庶卓］
6 月 17 日	新华书目报・图书馆报	国图举办非物质文化遗产特展［田园］
6 月 17 日	北京晨报	国图部分服务重新开放
6 月 17 日	北京娱乐信报	国图改造完工提前开放［王萌］
6 月 17 日	中国文物网	“艰难与辉煌——纪念中国共产党成立九十周年馆藏珍贵历史文献展”社会反响强烈
6 月 18 日	人民政协报	“纪念建党九十周年馆藏珍贵文献展”社会反响强烈［雷新］
6 月 19 日	北京晚报	薄一波之女捐赠《赵城金藏》档案［张航］
6 月 19 日	国际在线网	国图获赠《赵城金藏》调拨档案及保护资金［王肖］
6 月 19 日	中国广播网	国家图书馆获赠《赵城金藏》档案文献［张庶卓］
6 月 20 日	光明日报	国家图书馆：革命文献原件珍贵！难得！［庄建］
6 月 20 日	人民政协报	留住文献　留住历史——访国家图书馆馆长周和平
6 月 20 日	中国文化报	《赵城金藏》档案文献和保护资金捐赠国图［马子雷］
6 月 20 日	人民政协报	《赵城金藏》档案文献捐赠国家图书馆［雷新］
6 月 20 日	北京晨报	薄一波女儿捐赠红色档案［赵阳］
6 月 20 日	深圳商报	薄一波女儿捐珍贵档案
6 月 20 日	洛阳晚报	薄一波女儿捐珍贵档案：《赵城金藏》［周玮］
6 月 20 日	文汇报	薄一波女儿捐珍贵档案［周玮］
6 月 20 日	深圳特区报	薄一波女儿向国图捐赠珍贵档案［陆云红］
6 月 20 日	台州晚报	薄一波女儿捐珍贵档案：见证战火中我党保护文化遗产一段传奇
6 月 21 日	中国文化报	溯文化根源　探百艺流脉——“中华典籍与非物质文化遗产特展”侧记［李静］

6月21日	中国文化报	入选“世界记忆”的金陵本《本草纲目》[李静]
6月21日	中国文化报	忘忧清乐在坪棋[陈红彦]
6月21日	山西青年报	薄一波之女捐献家藏珍贵档案
6月21日	宁波日报	见证我党保护文化遗产一段传奇[周玮]
6月22日	中华读书报	国图举行《赵城金藏》档案文献暨保护资金捐赠仪式[舒晋瑜]
6月22日	法制晚报	南区改造暂停文献外借　市民改为馆内阅读红色文献
6月22日	中国经济网	国家图书馆举办《赵城金藏》档案文献暨保护资金捐赠仪式[张济和]
6月23日	科学时报	薄小莹向国图捐赠调拨《赵城金藏》珍贵档案[李芸]
6月23日	深圳特区报	红色文献讲述辉煌历程[陆云红]
6月24日	人民政协报	王若飞家藏书札捐赠国家图书馆[雷新]
6月24日	新华书目报・图书馆报	调拨《赵城金藏》的珍贵档案捐赠国图[田园]
6月24日	人民日报海外版	艰难与辉煌　缅怀与感慨　珍贵历史文献展展现中国共产党光辉历程[潘衍习]
6月24日	新华书目报・图书馆报	国图“艰难与辉煌”历史文献展反响强烈[胡北]
6月24日	人民网	刘延东等参观国图纪念中共成立90周年历史文献展
6月24日	中国新闻网	刘延东等参观国图纪念中共成立90周年历史文献展[应妮]
6月24日	新华网	刘延东参观“艰难与辉煌——纪念中国共产党成立九十周年馆藏珍贵历史文献展”[周玮]
6月25日	经济日报	国图举办建党90周年珍贵历史文献展　刘延东参观[周玮]
6月25日	人民日报	国图举办建党90周年珍贵历史文献展[周玮]
6月25日	人民政协报	“建党90周年”主题珍贵历史文献展览集中开展[雷新]
6月25日	中国文化报	王若飞家藏书札捐赠国图[屈菡]
6月25日	中国文化报	刘延东参观“艰难与辉煌——纪念中国共产党成立90周年馆藏珍贵历史文献展”[周玮]
6月26日	光明日报	艰难与辉煌
6月28日	北京娱乐信报	中华古籍国图网免费看[王萌]
6月28日	长江日报	珍贵历史文献　再现“艰难与辉煌”

6 月 28 日	汕头特区晚报	王若飞家藏书札捐赠国家图书馆 [薛骁]
6 月 29 日	中国文化报	坚定理想信念　推动国图发展——学习杨善洲同志先进事迹心得体会 [孙一钢]
6 月 29 日	中国文化报	透过文献重温党史——“纪念中国共产党成立 90 周年馆藏珍贵历史文献展”综述 [马子雷]
6 月 30 日	新华网	纪念中国共产党成立 90 周年国图馆藏珍贵历史文献展巡礼 [周玮]
7 月 1 日	新华网	纪念建党 90 周年国图馆藏珍贵历史文献展巡礼 [周玮]
7 月 4 日	经济日报	“艰难与辉煌——纪念中国共产党成立 90 周年馆藏珍贵历史文献展”反响强烈 [张济和]
7 月 4 日	北京商报	国图举办建党 90 周年馆藏文献展
7 月 5 日	信阳日报	文化部将从六方面加强革命历史文献保护与利用 [周玮]
7 月 5 日	新华澳报	红色文献讲述辉煌历程　国图最大规模革命历史文献展吸引众多观众 [陆云红]
7 月 5 日	中国新闻网	李岚清篆刻书法艺术展在国家图书馆开幕 [应妮]
7 月 5 日	中国广播网	李岚清篆刻书法艺术展在国家图书馆开幕 [张庶卓]
7 月 7 日	中国教育报	国家图书馆少儿馆致力推动数字阅读 [却咏梅]
7 月 7 日	光明日报	历史的选择——就“艰难与辉煌”访文化部部长蔡武 [庄建]
7 月 7 日	中国文化报	李岚清篆刻书法艺术展举办 [马子雷]
7 月 7 日	中国教育新闻网	“全国少儿图书馆数字阅读推广先导项目”启动 [却咏梅]
7 月 8 日	新华书目报・图书馆报	感悟，感叹，感慨 [陈松喜]
7 月 8 日	人民日报海外版	《论持久战》的最早版本 [黄霞]
7 月 8 日	新华书目报・图书馆报	李岚清篆刻书法艺术展国图开幕 [胡北]
7 月 8 日	新华书目报・图书馆报	清史镜鉴，启迪官智 [戴逸]
7 月 8 日	北京娱乐信报	国图古籍馆展篆刻艺术 [王萌]
7 月 11 日	新华网	纪念建党 90 周年国图馆藏珍贵历史文献展巡礼
7 月 14 日	新华书目报・图书馆报	国图举办“中华典籍与非物质文化遗产特展”
7 月 14 日	中国教育报	古典文献承载的文化记忆 [却咏梅]
7 月 14 日	新华书目报・图书馆报	国图拟成立典籍博物馆

7月14日	中国教育报	薄一波之女向国图捐赠《赵城金藏》珍贵档案，见证战火中文化遗产保护传奇［却咏梅］
7月15日	大公报	虚拟图书馆亮相香江［田源］
7月20日	北京晚报	国图总馆北区阅览工作日延长4小时［丁肇文］
7月20日	法制晚报	文献阅览今恢复　开放时间延长［兰艺云］
7月21日	光明日报	国家图书馆藏《诺尔曼·白求恩纪念册》［黄霞］
7月22日	光明日报	国家图书馆藏《马克思恩格斯手稿》［彭福英］
7月23日	京华时报	国图首开晚馆方便上班族［张然］
7月24日	中国文化报	国图南区闭架服务调整开放［马子雷］
7月25日	中国新闻网	菲华侨庄万里“两塗轩”藏书捐赠中国国家图书馆［应妮］
7月25日	国际在线网	菲华侨庄万里“两塗轩”藏书捐赠中国国家图书馆［韩基韬］
7月26日	北京娱乐信报	古籍修复成新职业［王茗辉］
7月26日	京华时报	珍贵图书入藏国图
7月26日	北京日报	华侨毕生珍藏古籍赠国图［李洋］
7月26日	汕头特区晚报	国图改造三年书不外借引质疑［李环宇］
7月26日	海峡都市报	仙游民间文化刊物被国家图书馆收藏［黄凌燕］
7月26日	美术观察	《周韶华全集》捐赠仪式暨周韶华新作展在国家图书馆举行
7月26日	中国网	杨利伟揭秘魔鬼训练　对话儿童：心怀祖国　坚持梦想［苏向东］
7月27日	光明日报	少年儿童进国图听杨利伟讲航天［谌强］
7月27日	京华时报	夏令营开“航天课”　董世彪［张然］
7月27日	中国文物网	全国各族少年儿童走进国家图书馆
7月28日	光明日报	国家图书馆藏《左联烈士手稿》［孙俊］
7月28日	新浪网	杨利伟将军报告：飞天之路（一）
7月29日	中国文化报	7月26日，第二届“中华大家园”少年儿童夏令营首次走进国家图书馆［卢旭］
7月29日	新华书目报·图书馆报	国图总馆南区闭架服务提前恢复到位［胡北］
8月4日	科技日报	“文津少儿讲坛”开讲［游雪晴］

8月5日	新华书目报·图书馆报	菲律宾华侨庄万里藏书捐赠国图［胡北］
8月12日	解放日报	天一阁向国图捐赠珍藏典籍［樊江洪］
8月12日	新华书目报·图书馆报	《古籍保护条例》进入讨论和征求意见阶段［鲁直］
8月12日	宁波日报	国家图书馆收藏地域文化读本《上林秘色》［朱和风］
8月13日	新京报	方掬芬明日国图讲故事［天蓝］
8月14日	北京青年报	方掬芬奶奶国图讲故事
8月15日	光明日报	方掬芬在国图讲故事［苏丽萍］
8月15日	人民日报海外版	书藏古今　剧传吴越［侯雪琪］［钟蕾］
8月15日	京华时报	82岁方掬芬国图讲故事［侯艳］
8月15日	北京日报	82岁方掬芬坐着轮椅讲故事［牛春梅］［巩育华］
8月15日	北京娱乐信报	方掬芬老人 给孩子讲故事［王菲］
8月16日	中国文化报	小百花、天一阁捐书国图　书藏古今　剧传吴越［冯婕］
8月16日	中国宁波网	宁波天一阁向国家图书馆捐赠馆藏影印出版古籍［李洁莹］［饶国庆］
8月17日	光明日报	《赵城金藏》：五千长卷诉传奇［周和平］
8月17日	光明日报	天一阁古籍入藏国图［谌强］
8月17日	东南商报	天一阁向国家图书馆捐赠镇馆之宝影印本［李臻］［饶国庆］
8月17日	宁波日报	天一阁向国家图书馆捐赠馆藏影印出版古籍［王路］
8月17日	钱江晚报	天一阁镇馆之宝影印版入驻国家图书馆［饶国庆］［李洁莹］［邵巧宏］
8月18日	光明网	钱中文珍藏俄文古书赠国图［庄建］
8月19日	人民政协报	国家图书馆接受捐赠充实俄文善本馆藏［雷新］
8月19日	新华书目报·图书馆报	天一阁博物馆与小百花越剧团赠书国图［胡北］
8月19日	中国文化报	国图获赠珍稀俄文善本［屈菡］
8月19日	光明日报	钱中文珍藏俄文古书赠国图［庄建］
8月19日	辛亥革命网	章开沅教授在国家图书馆作辛亥革命主题演讲
8月19日	新华网	天一阁向国家图书馆捐赠馆藏影印出版古籍［郑黎］
8月21日	北京晨报	《红色记忆》展览开幕［杨现富］

8月21日	海南日报	“延安儿女书画摄影集邮作品联展”亮相国家图书馆
8月22日	北京日报	“延安儿女作品联展”亮相国图［陈涛］
8月24日	报刊文摘	国宝《赵城金藏》的传奇［周和平］
8月24日	濠江日报	纪念辛亥革命图片展周六开幕
8月24日	大众报	纪念辛亥革命图片展周六开幕
8月24日	澳门日报	东方觉醒展辛亥革命珍贵照　图片大部分来自英国　廿七日澳大揭幕
8月24日	华侨报	辛亥珍贵图展周六揭幕
8月27日	澳门日报	设五单元两专题看点有三　辛亥历史图展弥足珍贵
8月28日	华侨报	辛亥革命珍贵图展揭幕
8月28日	市民日报	辛亥革命百周年图片澳大展出
8月28日	澳门日报	逾二百珍贵历史照片部分以澳为背景　纪念辛亥百年图展开幕
8月29日	中国文化报	古籍修复科班生很抢手［王芳］［梅格］
9月1日	中国教育报	听杨利伟讲述不为人知的故事［却咏梅］
9月1日	北京日报	民国文献：使用与保护的博弈［饶强］
9月5日	澳门日报	澳大辛亥百年图片延展
9月7日	科技日报	《中国世界文化和自然遗产历史文献丛书》问世
9月8日	中国文物网	“东方的觉醒——纪念辛亥革命百周年馆藏珍贵历史文献展”将在国家图书馆隆重举行
9月8日	中国广播网	数字图书馆推广工程工作会议在京召开［张庶卓］
9月9日	中国文化报	数字图书馆推广工程稳步实施［屈菡］［李颖］
9月13日	北京青年报	国图“辛亥革命”雕塑吸引路人［满羿］
9月14日	中华读书报	数字图书馆推广工程全面启动　今年搭建硬件平台［舒晋瑜］
9月14日	中国文物网	纪念九一八事变八十周年馆藏东北抗日联军珍贵文献暨冯仲云手稿展［尉露］
9月14日	国际在线网	“纪念九·一八事变八十周年东北抗日联军珍贵文献展”即将开幕［陈豪］
9月15日	人民政协报	纪念辛亥百年珍贵历史文献展开展［雷新］
9月15日	京华时报	辛亥革命文献国图布展迎宾［王海欣］

9月15日	法制晚报	辛亥革命展今起免费参观邹容名著伪装本、章太炎手稿亮相展览将持续至10月31日［兰艺云］
9月15日	北京青年报	大型展览“东方的觉醒”今开展
9月15日	城市晚报	我省启动数字图书馆推广工程［王秋月］
9月15日	长春日报	我省启动数字图书馆推广工程
9月15日	新文化报	注册读者 即可坐拥电子“图书馆”
9月15日	吉林日报	我省数字图书馆推广工程启动［孟凌云］
9月15日	长春晚报	我省数字图书馆推广工程启动［蒋淑媛］
9月15日	新民晚报	国图举办大型历史文献展［王亦君］
9月15日	香港文汇报	国家图书馆展出辛亥革命文献［江鑫娴］
9月15日	光明网	吉林省数字图书馆推广工程启动［张鹏］
9月15日	中国新闻网	武昌起义战士雕塑亮相国家图书馆门口［张浩］
9月15日	中国广播网	纪念辛亥革命一百周年馆藏珍贵历史文献展在国图开幕［张庶卓］
9月15日	新华网	国图举办纪念辛亥革命100周年馆藏珍贵历史文献展［廖翊］
9月15日	中国新闻网	中国国家图书馆展陈珍贵史籍纪念辛亥革命［应妮］
9月15日	中国文物网	东方的觉醒——纪念辛亥革命一百周年馆藏珍贵历史文献展在国家图书馆隆重举行［尉露］
9月15日	国际在线网	国家图书馆馆藏辛亥革命文献将展览［陈豪］
9月16日	人民日报海外版	传统文化“输出”与“回归”——国家图书馆出版社的海外营销、合作之路［潘衍习］
9月16日	中国文化报	珍藏文献再现“东方的觉醒”［屈菡］
9月16日	中国文化报	挺起中国的脊梁［李洪峰］
9月16日	光明日报	梁启超手稿等辛亥革命文献国图开展［庄建］
9月16日	人民日报	国图展出辛亥革命历史文献［李舫］［张倩怡］
9月16日	中国新闻出版报	国图举办纪念辛亥百年馆藏珍贵历史文献展［王坤宁］
9月16日	光明日报	吉林省数字图书馆推广工程启动［张鹏］

9月16日	北京日报	300珍贵文献再现"东方的觉醒"[李洋]
9月16日	北京晨报	纪念辛亥革命[李木易]
9月16日	深圳特区报	国图举办纪念辛亥革命百周年珍贵文献展[陆云红]
9月16日	临汾日报	国图举办纪念辛亥革命100周年馆藏珍贵历史文献展
9月16日	中国经济网	吉林省数字图书馆推广工程启动仪式在长春举行[张济和]
9月16日	中国新闻网	国图办东北抗联珍贵文献展纪念九一八事变80周年[廖翊]
9月16日	中国广播网	纪念九一八事变80周年馆藏东北抗日联军珍贵文献暨冯仲云手稿展开幕[张庶卓]
9月17日	中国文化报	"纪念辛亥革命一百周年何香凝艺术精品展"开幕[林杉]
9月17日	中国文化报	东北抗联文献亮相国图[屈菡]
9月17日	科技日报	国图文献展　纪念辛亥百年[游雪晴]
9月17日	人民政协报	纪念九一八事变80周年馆藏东北抗日联军珍贵文献展举办[雷新]
9月17日	人民政协报	穿越世纪时空再现历史风貌　各地纷纷举办纪念辛亥百年展览[雷新]
9月17日	新民晚报	东北抗日联军文献展昨在国图揭幕[王亦君]
9月18日	光明日报	国图展出抗联珍贵文献
9月18日	中国文化报	国图与吉林省共同推广数字图书馆工程[屈菡]
9月18日	明报加西版	九一八事变80周年
9月18日	中国新闻图片网	国家图书馆开设辛亥革命文献阅读专区
9月19日	大众日报	东北三省撞钟鸣警纪念"九一八"事变80周年
9月19日	深圳商报	国图展1912年英国报纸
9月20日	科学时报	国图展出东北抗日联军珍贵文献[李芸]
9月20日	中国文化报	叶子钢琴独奏会亮相国图[蔡萌]
9月20日	深圳特区报	国图推出展览纪念抗战胜利66周年[陆云红]
9月20日	中国文物网	国家图书馆纪念辛亥革命一百周年展览展出五天观众近2万
9月21日	中华读书报	《上海图书馆藏孤本方志丛刊》由国图出版社影印出版[余传诗]
9月21日	中华读书报	国图举办辛亥革命文献展[鲁大智]

9月21日	人民政协报	“国家数字图书馆”亮相北京科学嘉年华［雷新］
9月22日	科学时报	从觉醒走向复兴［李芸］
9月22日	广州日报	中国图书馆学会未成年人服务学术研讨会召开研讨少儿图书馆发展［廖嘉明］
9月23日	中国文化报	实施数字图书馆推广工程　全面提升我国图书馆服务水平［周和平］
9月23日	中国文化报	用数字化技术实现“百姓阅读在身边”
9月23日	荆楚网	国家图书馆与武汉图书馆合作举办辛亥革命珍贵馆藏文献展［罗伟］
9月23日	中国新闻网	武汉展出60余种珍贵辛亥革命文献［徐金波］［肖捷］
9月23日	新华网湖北频道	辛亥革命珍贵馆藏文献展在武汉展出［俞俭］［肖捷］
9月24日	长江日报	辛亥革命第一手资料现身［管菁］
9月24日	当代生活报	辛亥革命珍贵馆藏文献展在武汉展出
9月24日	南国早报	辛亥革命珍贵馆藏文献展在武汉展出
9月24日	楚天金报	辛亥革命珍贵馆藏文献在汉展出
9月24日	楚天都市报	纪念辛亥革命一百周年馆藏珍贵历史文献展开展［李响］
9月24日	南宁日报	辛亥革命珍贵馆藏文献展在武汉展出［俞俭］
9月24日	香港文汇报	画册入藏中国国家图书馆［江鑫娴］
9月27日	人民政协报	国家图书馆纪念辛亥革命一百周年展览反响强烈［雷新］
9月28日	光明日报	新疆福建分别启动“数字图书馆推广工程”［李苑］
9月28日	中国文化报	新疆启动数字图书馆推广工程［刘修兵］
9月28日	人民政协报	新疆“数字图书馆推广工程”正式启动［雷新］
9月29日	中国教育报	国家图书馆纪念辛亥革命100周年馆藏珍贵历史文献展［却咏梅］
9月30日	中国文化报	来自全国56个民族的260名少年儿童参观国家图书馆［卢旭］
10月1日	中国文化报	福建启动数字图书馆推广工程［屈菡］［周典］
10月2日	大公报	东方的觉醒［汪金友］
10月5日	深圳特区报	披露孙中山秋瑾等伟人心路
10月5日	宁波日报	《辛亥革命名人墨迹》出版
10月9日	科技日报	福建省数字图书馆推广工程启动［游雪晴］

10月9日	经济日报	东北抗联文献展亮相国图［张济和］
10月9日	中山日报	“辛亥革命士兵”雕塑亮相国图
10月9日	中国新闻网	国图纪念辛亥百年珍贵历史文献展参观人次破9万［应妮］
10月10日	光明日报	国图展示辛亥文献［庄建］
10月10日	中国文化报	专家座谈辛亥革命百年文献展［屈菡］
10月10日	法制晚报	辛亥革命展每日延长一小时［兰艺云］
10月10日	三门峡日报	逾9万人次参观国图“纪念辛亥革命100周年珍贵历史文献展”［廖翊］
10月10日	新华网	与历史的对话——辛亥文物展现风云变化
10月11日	桂林晚报	逾9万人次参观国图纪念辛亥革命文献展
10月11日	安庆日报	逾9万人次参观辛亥革命历史文献展［廖翊］
10月12日	中国文化报	回望民族复兴路上的先行者［屈菡］
10月12日	法制晚报	今起辛亥革命展对儿童开放［兰艺云］
10月14日	人民日报海外版	“东方的觉醒”展览广受社会各界好评［潘衍习］
10月14日	深圳特区报	资助“中华寻根网”二期建设［宗欣］
10月14日	深圳特区报	2011年中国图书馆年会将在贵阳举办［周玮］
10月14日	中国新闻网	澳门基金会再捐400万澳门币资助“中华寻根网”［应妮］
10月15日	贵阳日报	2011年中国图书馆年会暨中国图书馆学会年会将在贵阳举办
10月16日	中国文化报	2011年中国图书馆年会将办［黄小驹］
10月18日	新快报	辛亥革命图片展开幕［任磊斌］［李小萌］［云宣］
10月18日	南方都市报	辛亥革命图片展白云区免费公展［叶志文］
10月19日	人民日报	古籍修复，与时间赛跑［任姗姗］
10月19日	人民政协网	“中华寻根网”二期建设喜获澳门基金会资助［雷新］
10月19日	南方日报	辛亥革命百年历史图片展免费开展［陈邦明］
10月21日	新华书目报·图书馆报	中国公共图书馆体系不发达［鲁楠］
10月21日	新浪网	2011年中国图书馆年会将开幕　数字图书馆是重点
10月22日	法制晚报	央行辛亥革命金银纪念币在北京国家图书馆首发［高岳］

10月25日	法制晚报	央行辛亥革命100周年金银币限量发行［高岳］
10月26日	新华网	2011年中国图书馆年会暨中国图书馆学会年会在贵阳开幕［石新荣］［王橙澄］
10月28日	人民日报海外版	中国图书馆年会将在贵阳举办［文文］
10月29日	贵州日报	贵州省数字图书馆推广工程启动仪式在贵阳举行［周静］
11月1日	中国广播网	"东方的觉醒——纪念辛亥革命一百周年馆藏珍贵历史文献展"圆满闭幕［张庶卓］
11月1日	新华网	国家图书馆全国政协机关分馆成立［廖翊］
11月1日	中国广播网	国家图书馆全国政协机关分馆揭牌［张庶卓］
11月2日	人民政协报	国家图书馆全国政协分馆揭牌［汪俞佳］
11月2日	中国文化报	国家图书馆全国政协机关分馆揭牌［屈菡］［郭人旗］
11月2日	人民日报	国家图书馆开设第十三家部委分馆［杨雪梅］［丁宏娟］
11月2日	光明日报	国家图书馆全国政协机关分馆揭牌［庄建］
11月2日	北京日报	18万人次参观国图辛亥文献展［洪欣宜］
11月4日	新华书目报·图书馆报	国家图书馆全国政协机关分馆揭牌
11月4日	新华书目报·图书馆报	"中国政府公开信息整合服务平台"正式上线
11月4日	人民政协报	国图民政部分馆内网平台开通［雷新］
11月4日	光明网	"东方的觉醒"成为国图观众最多的展览［庄建］
11月5日	北京晨报	国家图书馆成立全国政协机关分馆［王歧丰］
11月7日	光明日报	古籍数字化：海外古籍回归的新机遇［毛建军］
11月7日	光明日报	数字图书馆工程［李韵］
11月7日	光明网	古籍数字化：海外古籍回归的新机遇
11月8日	人民政协报	"中国古今经典小说研究"系列讲座开坛［雷新］
11月9日	中国广播网	国家图书馆"中国古今经典小说研究"系列讲座开坛［张庶卓］
11月9日	中华人民共和国文化部网站	国家图书馆召开学习十七届六中全会精神动员会
11月10日	新华书目报·图书馆报	古籍数字化　任重而道远［张寻］

11 月 11 日	人民日报海外版	国图馆藏最早的纸质写本文献：律藏初分卷第三［刘波］
11 月 11 日	中国经济网	国图纪念辛亥革命一百周年馆藏文献展圆满闭幕［张济和］
11 月 16 日	山西日报	全国公共图书馆讲座联盟首次会议在并召开［朱慧］
11 月 18 日	新华书目报・图书馆报	“中国古今经典小说研究”系列讲座在国图开坛［姜火明］
11 月 18 日	新华书目报・图书馆报	《中国图书馆事业发展报告 2010》面市
11 月 18 日	新华书目报・图书馆报	海峡两岸图书馆讲座研讨会在厦门举行［鲁直］
11 月 18 日	北京晨报	中学开放式教学进国图［罗德宏］［莫晓红］
11 月 19 日	新华网广西频道	国图馆长周和平：国家将开展保护民国时期文献工作［颜园园］
11 月 20 日	光明日报	詹福瑞诗歌创作研讨会召开［陈曼］
11 月 20 日	中国文化报	促进图书馆事业跨越式发展［郭人旗］
11 月 20 日	广西日报	全国图书馆馆长联席会议在邕召开［秦雯］
11 月 21 日	北京日报	国图将收集“中国记忆”［李洋］
11 月 21 日	张家界日报	国家图书馆：国家将开展保护濒危民国时期文献工作
11 月 21 日	新华网	中国将启动“民国时期文献保护计划”力避史料“断层”［颜园园］
11 月 21 日	中华人民共和国文化部网站	广西图书馆庆祝建馆 80 周年 蔡武发信祝贺
11 月 22 日	大公报	中国启动“民国文献保护计划”
11 月 23 日	中国经济网	第十三届全国图书馆馆长联席会议在广西南宁召开［张济和］
11 月 24 日	新华书目报・图书馆报	全方位为残疾读者服务［莫息］
11 月 24 日	新华书目报・图书馆报	数字阅读改善盲人文化生活［李晓明］
11 月 24 日	光明日报	周和平（国家图书馆馆长）：全国图书馆资源应共建共享［杜羽］
11 月 24 日	衡阳晚报	国家图书馆首席专家将来衡讲座［罗文鹏］
11 月 25 日	新华书目报・图书馆报	图书馆界要加强合作面对挑战［田原］
11 月 25 日	新华书目报・图书馆报	第 3 届全国馆际互借与文献传递研讨会举行［姜火明］
11 月 25 日	青岛财经日报	国家图书馆与市图联办辛亥革命专题展
11 月 28 日	北京晚报	同享阅读快乐［白继开］
11 月 28 日	青岛晚报	图书馆展珍贵文献“东方的觉醒”纪念辛亥百年［王衍芬］

11 月 29 日	人民政协报	国图文津读书沙龙走进地铁 4 号线［雷新］
11 月 29 日	中国文化报	“同享阅读快乐”活动在北京地铁 4 号线国家图书馆站举行
11 月 29 日	新华每日电讯	图书“漂流瓶”［刘长龙］
11 月 29 日	北京青年报	百本图书“漂流”进地铁［袁艺］
11 月 29 日	北京晨报	带一本旧书来换一本新书走　图书地铁里玩“漂流”［雷娟丽］［陈琳］
11 月 29 日	北京日报	“漂流瓶”活动［李继辉］
11 月 29 日	新京报	地铁站内分享图书［薛珺］［汤旸］
11 月 29 日	光明网	同享阅读快乐　国图“文津读书沙龙”走进地铁 4 号线
11 月 30 日	澳门日报	任继愈之忧［刘启恕］
11 月 30 日	中国新闻出版报	图书漂流瓶“漂”进北京地铁
11 月 30 日	中国广播网	国家图书馆文津读书沙龙走进北京地铁四号线［张庶卓］
12 月 2 日	新华书目报·图书馆报	“国家图书馆文津读书沙龙”走进地铁［胡北］
12 月 7 日	中华读书报	图书漂流：我们仍在探索上路［舒晋瑜］
12 月 8 日	光明日报	数字图书馆：如何走入百姓家［杜羽］
12 月 8 日	北京日报	口述史：让历史充满原生质感
12 月 8 日	中国新闻网	国家图书馆“四大镇馆之宝”首次在香港展出
12 月 8 日	中国新闻网	“国家图书馆善本特藏展”在香港举行［任海霞］
12 月 9 日	香港文汇报	国家图书馆善本香江亮相，展 42 项珍藏包括 12 原件，李刚、曾德成、周和平等剪彩
12 月 9 日	大公报	国图 42 件古籍在港展出　包括国家一级文物原件及复制品
12 月 9 日	成报	中央图书馆办善本特藏展
12 月 9 日	香港商报	港办国家图书馆善本特藏展
12 月 9 日	香港文汇报	“中国之最”图册典籍任赏［郑治祖］
12 月 9 日	新华网	香港举行“国家图书馆善本特藏展”［张雅诗］
12 月 10 日	人民政协报	42 件“镇馆纸宝”亮相香港“国家图书馆善本特藏展”在香港中央图书馆开幕［雷新］

12 月 11 日	中国文化报	国图在港展出善本特藏［屈菡］
12 月 11 日	桂林日报	数字图书馆如何走入百姓家
12 月 12 日	人民政协报	冯宝琳先生与国图藏名家手稿［李小文］
12 月 14 日	中国新闻出版报	国家图书馆文津读书沙龙走进北京地铁 4 号线［王坤宁］
12 月 15 日	中国文化报	“中国残疾人数字图书馆”项目通过验收［汪建根］
12 月 15 日	长江日报	在汉可向国家图书馆借书
12 月 16 日	新华书目报·图书馆报	“国家图书馆善本特藏展”在香港中央图书馆开幕［姜火明］
12 月 17 日	中国文化报	《子藏》工程首批成果发布［张晓楠］
12 月 17 日	光明日报	《子藏》工程首批成果精装 16 开本《庄子卷》出版［贾宇］
12 月 17 日	香港文汇报	国家图书馆善本特藏展 尽览文史大百科［徐全］
12 月 19 日	中国文化报	我国首个残疾人数字图书馆通过验收为残障人士提供无差别的文化服务［汪建根］
12 月 19 日	汕头日报	同享阅读快乐国家图书馆文津读书沙龙走进北京地铁 4 号线站
12 月 21 日	中国新闻出版报	“子藏”工程首批成果在京发布
12 月 22 日	山西经济日报	“全国图书馆馆长摄影作品巡回展”太原首展［王媛］
12 月 26 日	包头晚报	国图专家来包讲学［吴艾霞］
12 月 30 日	中国文化报	《明渤海孙氏积善堂题赞手卷》入藏国图［屈菡］
12 月 30 日	新华书目报·图书馆报	“知心姐姐”做客国图“文津少儿讲坛”［姜火明］
12 月 30 日	中国广播网	《明渤海孙氏积善堂题赞手卷》捐赠国家图书馆［张庶卓］

年度大事记

年度大事记

一 月

1日，国家图书馆“文津讲坛”新年第一讲在古籍馆举行，著名经济学家厉以宁作了题为“当前经济形势分析”的演讲。国家图书馆馆长周和平主持讲座并向厉以宁颁发“文津讲坛”特聘教授证书。

14日，“国家数字图书馆推广工程黑龙江省全覆盖”启动仪式在哈尔滨举行。国家图书馆馆长周和平，黑龙江省副省长程幼东，黑龙江省军区副政委王炳跃，黑龙江省委宣传部副部长、文化厅厅长白亚光出席仪式。国家图书馆与黑龙江省文化厅达成数字图书馆建设战略合作协议，共同建设“中国国家数字图书馆黑龙江分馆”，并实现国家数字图书馆资源在黑龙江省的共建共享和全覆盖服务。

16日，国家数字图书馆落户北极军营活动在黑龙江省漠河县实施。国家图书馆馆长周和平，黑龙江省军区司令员高潮，黑龙江省军区副政委王炳跃等有关领导出席了本次活动。这是“国家数字图书馆推广工程”在军营建立的第一个示范点，国家图书馆总量近3TB的数字资源为广大官兵提供了丰富的精神食粮。

26日，“西域遗珍——新疆历史文献暨古籍保护成果展”在国家图书馆展览中心隆重开幕。该展览由文化部等全国古籍保护工作部际联席会议成员单位和新疆维吾尔自治区人民政府共同主办，国家图书馆（国家古籍保护中心）和新疆维吾尔自治区文化厅共同承办。

二 月

3日，农历新年初一，国家图书馆照常开放，并举办了丰富多彩的文化活动：馆领导向读者拜年、“阅读伴我成长——2011·我的新年阅读计划”启动、“西域遗珍——新疆历史文献暨古籍保护成果展”等活动，为读者准备了别具特色的贺岁礼。

17日，全国人大常委会副委员长、民进中央主席严隽琪到国家图书馆参观考察。国家图书馆馆长周和平作了工作汇报，并陪同参观。严隽琪一行观看了“国家图书馆立法决策服务成就展”和国图珍贵馆藏。

18日，中共中央政治局常委、全国政协主席贾庆林来到国家图书馆，参观正在这里举办的“西域遗珍——新疆历史文献暨古籍保护成果展”。全国政协副主席、中央统战部部长杜青林，全国政协副主席阿不来提·阿不都热西提一同参观。展览全面展示了新中国成立后，特别是2007年“中华古籍保护计划”实施以来新疆古籍保护工作成绩。

18日，全国人大常委会副委员长司马义·铁力瓦尔地，以及来自中央国家机关等单位的60余位部级领导干部参观了正在国家图书馆举办的“西域遗珍——新疆历史文献暨古籍保护成果展”。文化部党组成员、副部长杨志今，国家图书馆馆长周和平出席了活动。本次专场参观活动也是“部级领导干部历史文化讲座”举办的一场特殊讲座。

28日，2011年国家图书馆员工大会隆重召开。会上，表彰了先进集体和个人，总结了2010年工作，部署了2011年任务。文化部党组成员、副部长杨志今，文化部社会文化司司长于群出席大会。国家图书馆领导班子成员，除在岗值班外的全体员工、离退休老同志的代表参加了大会。

三　月

1日，国家图书馆2011年“两会”服务全面启动，以馆藏和专业人员为依托，为“两会”代表、委员提供高效优质的信息服务。紧扣“民生”主题，推出“两会”专题文献信息专报；为全国政协委员开通了国家图书馆立法决策服务平台的两会服务平台；进一步扩大电子触摸屏服务。

3日，为贯彻落实文化部、财政部《关于推进全国美术馆公共图书馆文化馆（站）免费开放工作的意见》的精神，国家图书馆继2008年初推出基本服务项目免费举措之后，对部分现行服务收费项目再次进行调整：取消上网费；取消复制缩微、影印、重印等善本古籍复制品底本费；降低彩色复印费、打印费等非基本服务收费，进一步扩大公益服务范围。

5日，由国家图书馆和澳门基金会合作建设的“中华寻根网”正式开通，向海内外华人提供服务。澳门特别行政区行政长官崔世安，中央人民政府驻澳门特别行政区联络办公室副主任、全国政协常委徐泽，全国政协常委廖泽云，国家图书馆馆长周和平等出席开通仪式。“中华寻根网”以传扬中华谱牒文化为重要目的，利用现代科技手段，在网络上建造全球华人寻根中心、家谱资料中心、家谱服务中心和家谱研究中心。

25日，国务委员、公安部部长孟建柱来国家图书馆视察工作。国家图书馆馆长周和平，党委书记、常务副馆长詹福瑞，副馆长张志清，馆长助理孙一钢接待并陪同领导视察。孟建柱参观了国图承办的“西域遗珍——新疆历史文献暨古籍保护成果展”。

29 日，中国共产党国家图书馆第二次代表大会隆重召开。文化部党组成员、中纪委驻文化部纪检组组长、文化部直属机关党委书记李洪峰出席大会并讲话。国家图书馆馆长周和平致开幕词。国家图书馆党委书记、常务副馆长詹福瑞代表本届党委向大会作报告。会议全面回顾总结国家图书馆第一次党代会召开以来的各项工作，选举产生新一届中国共产党国家图书馆委员会和中国共产党国家图书馆纪律检查委员会；明确今后一个时期馆党委、纪委的任期目标和工作任务。

31 日，中共中央政治局常委、中央政法委书记周永康来到国家图书馆，参观正在这里举办的“西域遗珍——新疆历史文献暨古籍保护成果展”。中宣部、中央政法委、国家民委、文化部和新疆维吾尔自治区负责同志一同参观展览。周永康充分肯定了国家图书馆开展文化援疆系列行动取得的成绩，希望各地各部门各单位都行动起来，充分发挥各自优势，积极参与支援新疆工作，造福新疆各族人民，共同建设全面小康社会。

本月，国家图书馆开始在全馆举行“解放思想、开拓创新”讨论活动。全馆上下经过近三个月的分层讨论、专题研讨，从工作实际出发逐步发现问题、研究解决方案、提出创新思路，并专门面向副省级以上公共图书馆及广大读者征求建议，最终形成了 22 个推动事业发展的创新项目。项目的确立和实施成为推动国家图书馆各项事业稳步发展的有力保障。

四 月

9 日，由国家图书馆与国际儒学联合会联合主办的“儒学知识系列讲座”在国家图书馆开讲。全国政协常委、中共中央文献研究室原主任、国际儒学联合会常务副会长滕文生，原轻工业部部长、国际儒联副会长杨波出席了活动。讲座旨在传播儒学知识，弘扬中华民族传统文化精神。

20 日，“阅读之旅 · 山西古戏台摄影展”在国家图书馆拉开帷幕。该活动由国家图书馆与山西省图书馆共同主办，展出 80 幅摄影作品，以独到的视角，再现了山西戏剧、建筑和文化历史。

23 日，在第 16 个世界读书日，“全国残疾人阅读指导委员会”成立大会暨“牵手残疾人，走进图书馆”活动在国家图书馆隆重举行。中国残疾人联合会主席张海迪，国家图书馆馆长周和平，中国残疾人联合会党组副书记、常务副理事长王乃坤出席了仪式。当日，由国家图书馆、中国残联信息中心共同建设的“中国残疾人数字图书馆”网站正式开通。

26 日，由国家图书馆、中国美术家协会、中共湖北省委宣传部、湖北省文学艺术界联合会共同主办的《周韶华全集》捐赠仪式暨周韶华新作展在国家图书馆举行。全国人大内务司法委员会副主任、宁夏回族自治区原党委书记陈建国，国家图书馆馆长周和平，故宫博物院院长郑欣淼，中国文联副主席冯远，中国文联副主席、中国美术家协会主席刘大为等出席了活动。周韶华向国家图书馆等单位捐赠了8卷本《周韶华全集》。

28日，帅氏宗亲联谊会在国家图书馆举行《中华帅氏宗谱》捐赠仪式，将全套《中华帅氏宗谱》捐赠给国家图书馆收藏。《中华帅氏宗谱》全套38卷，约1100万字，由来自6省25个分会58个县（市）的帅氏族人合修而成。

29日，由中国国家图书馆、澳大利亚驻华大使馆和亚太多媒体艺术中心联合主办的“光源自光”当代媒体艺术作品展在国家图书馆总馆北区开幕。中国国家图书馆副馆长、党委副书记常丕军，澳大利亚大使馆代办梅耕瑞出席了仪式。展览展出了十位中外艺术家创作的以“光”为主题的11件现代艺术作品。

五　月

7日，纪念汶川特大地震三周年国家图书馆灾区文化援建活动在四川省都江堰市图书馆举行。国家图书馆通过推送精品数字资源、捐赠20万册图书、举办文化讲座和展览、组织专家对灾区图书馆工作者提供培训等多种方式，开展灾区文化援建工作。

10日，国家图书馆总馆南区暂停服务，维修改造期间服务及文献调整搬迁工作正式启动。国家图书馆总馆南区自1987年落成开馆，已运行了24年，设施陈旧、设备老化、功能存在严重缺陷，已影响到文献安全和读者服务。为改善读者服务和馆藏保存条件，国家图书馆从2011年开始至2013年对总馆南区进行维修改造。

16日，由国家图书馆主办、陕西省图书馆协办的“民国时期文献保护工作座谈会”在陕西西安隆重召开。会议旨在研究加强民国时期文献保护工作，重点研究如何进一步加强革命历史文献的保护和利用。国家图书馆馆长周和平，文化部社会文化司巡视员刘小琴，文化部财务司副司长马秦临出席会议并讲话。来自全国部分省、自治区、直辖市和副省级城市公共图书馆负责人及文献保护专家参加会议。

18日，“中华珍贵医药典籍展”在国家图书馆隆重开幕。卫生部副部长、国家中医药管理局局长王国强，文化部党组成员、部长助理高树勋，国家图书馆馆长、国家古籍保护中心主任周和平，中国中医科学院常务副院长刘保延等领导出席开幕仪式。仪式上，少林寺方丈释永信向国家图书馆捐赠了《中国佛教医药全书》。

25日，在英国曼彻斯特召开的联合国教科文组织会议上，我国医学古籍《黄帝内经》、《本草纲目》经过专家投票推荐，成功入选《世界记忆名录》。本次入选的《黄帝内经》，是国家图书馆藏胡氏古林书堂刻本（1339 年），该书是目前存世版本中保存最完整的早期版本。

31 日，文化部在青岛召开数字图书馆推广工程工作会议，全面部署工程建设工作。国家图书馆馆长周和平，山东省人民政府副省长黄胜出席会议。会议对数字图书馆推广工程的实施工作作了全面部署。

六 月

1 日，国家图书馆少年儿童馆开馆一周年的日子，少儿馆举行了主题为“阅读启童智、书香立少年”的系列馆庆活动，并联合全国部分少儿图书馆和汉王科技公司共同启动了“全国少儿图书馆数字阅读推广先导项目”。国家图书馆馆长周和平、副馆长陈力、馆长助理汪东波出席活动。

1 日，国家图书馆主办的大型历史文献展览“艰难与辉煌——纪念中国共产党成立九十周年馆藏珍贵历史文献展（1921—1949）”在国家图书馆展览厅隆重开幕。国家图书馆联合各省、市图书馆推出的“革命历史文献联合目录”系统也于展览开幕时正式启动。全国人大常委会副委员长周铁农，文化部党组成员、中纪委驻文化部纪检组组长、部直属机关党委书记李洪峰，国家广播电影电视总局副局长李伟，国家图书馆馆长周和平等领导出席开幕式。

8 日，由文化部主办、国家图书馆承办的“册府琳琅，根脉相承——中华典籍与非物质文化遗产特展”在国家图书馆古籍馆隆重开幕。文化部副部长王文章、国家图书馆馆长周和平出席开幕式并致辞。展览主要展示近二百种记载着有关非物质文化遗产内容的珍贵历史文献，以珍贵历史文献、非物质文化遗产有关的实物和“活态”展示相结合的方式，介绍了入选《国家级非物质文化遗产名录》十大类中的 33 个项目。

13 日，国家图书馆南区维修改造期间部分服务调整到位并面向读者开放。国图总馆北区中文图书阅览区、外文文献阅览区、中文报刊阅览区、工具书阅览区等经过格局调整，比规划提前半个月对读者重新开放。本次恢复的服务项目，除北区原有服务之外，还包含原总馆南区外文文献阅览服务、法律专题阅览服务、海外中国学文献阅览服务、工具书阅览服务等服务项目。

19 日，在国家图书馆展览厅“艰难与辉煌——纪念中国共产党成立九十周年馆藏珍贵历史文献展”展场举行了“《赵城金藏》档案文献暨保护资金捐赠仪式”。仪式上薄一波的女儿薄小莹将家中珍藏的调拨《赵城金藏》的珍贵档案捐赠给国家图书馆永久收藏；香港钟健国基金会向国家图书馆捐款 200 万元人民币，专门用于《赵城金藏》的保护和研究。

23 日，“王若飞家藏书札捐赠仪式”在国家图书馆“艰难与辉煌——纪念中国共产党成立九十周年馆藏珍贵历史文献展”现场举行。王若飞之子王兴、儿媳张延忠将家藏多年的书信、照片、书籍等资料捐赠给国家图书馆永久保存。

29 日，原中共中央政治局常委、国家副主席曾庆红来到国家图书馆参观了正在举行的“艰难与辉煌——纪念中国共产党成立九十周年馆藏珍贵历史文献展（1921—1949）”。国家图书馆馆长周和平接待并陪同参观。

七 月

5 日，由国家图书馆主办，中国美术馆和高等教育出版社协办的“大众篆刻——李岚清篆刻书法艺术展”在国家图书馆古籍馆隆重开幕。李岚清作题为“李岚清篆刻书法艺术”的专题讲座，并为来宾讲解展览。教育部党组成员、副部长杜占元，科技部党组成员、中央纪委驻科技部纪检组组长郭向远，文化部党组成员、副部长王文章，商务部原副部长廖晓淇，国家图书馆馆长周和平出席仪式。

18 日，2011 年全国古籍评审工作会议在北京召开，第四批《国家珍贵古籍名录》和“全国古籍重点保护单位”评审工作正式启动。国家古籍保护中心主任、国家图书馆馆长周和平出席会议并作重要讲话。

18 日，国家图书馆总馆南区维修改造期间读者服务项目调整到位，总馆北区、古籍馆各项服务全面恢复。国家图书馆因总馆南区维修改造，自 2011 年 5 月 10 日起对服务格局进行调整，将原总馆南区主要读者服务项目迁移至总馆北区和西城区文津街古籍馆。

25 日，菲律宾华侨庄万里“两塗轩”藏书捐赠国家图书馆仪式在京举行。国家图书馆馆长周和平、国侨办国外司亚洲处处长朱柳、原中国驻菲律宾使馆文化参赞袁维学、部分庄氏家族成员出席仪式。庄氏家族的代表庄长江将其父亲庄万里“两塗轩”藏书，共计 25 部 4148 册捐赠给国家图书馆永久保存，本次捐赠的文献大部分是民国时期出版物。

26 日，第二届“中华大家园”关爱行动夏令营走进国家图书馆少年儿童馆，来自全国 56 个民族的 260 名少年儿童参加了此次活动。作为夏令营活动的一个重要内容——“文津少儿讲坛”同日开讲，中国载人航天工程办公室副主任、航天英雄杨利伟作为本期主讲嘉宾作了主题为“飞天之路”的励志报告。

八　月

10—19 日，中国国家图书馆副馆长陈力等一行 10 人赴美国参加中美图书馆服务研讨会及赴波多黎各参加第 77 届国际图联大会。本次国际图联大会主题是“图书馆的自我超越——整合、创新与信息服务”。

11 日，由国家图书馆、国家大剧院、浙江省文化厅、宁波市人民政府联合主办，浙江小百花越剧团、宁波天一阁博物馆共同承办的“书藏古今 剧传吴越”宁波天一阁博物馆、浙江小百花越剧团向国家图书馆、国家大剧院赠书仪式在国家图书馆古籍馆临琼楼隆重举行。仪式上，宁波天一阁博物馆向国家图书馆赠送了《天一阁藏明代科举录选刊·登科录》影印本共计 8 函 56 种，同时赠送的还有《天一阁藏明抄本〈天圣令〉校正》（上、下）两册。

27 日，中国国家图书馆联合澳赣台青年交流协会共同主办的“东方的觉醒——纪念辛亥革命一百周年珍贵历史图片展”在澳门大学图书馆隆重开幕。中国国家图书馆副馆长王军出席开幕式并致辞。澳门中联办台务部部长李维一、澳门大学校长赵伟、澳门特区政府社会文化司代表周信余等出席开幕式。

九　月

8 日，文化部在京召开数字图书馆推广工程工作会议，传达中央领导同志和蔡武部长关于数字图书馆推广工程的重要批示精神，研究部署下一阶段数字图书馆推广工程实施工作。文化部副部长杨志今、国家图书馆馆长周和平出席会议并讲话，文化部社会文化司司长于群主持会议。文化部财务司、国家图书馆、文化部全国文化信息资源建设管理中心有关负责同志，全国各省（区、市）文化厅（局）、新疆生产建设兵团文化局分管厅（局）长、社文处处长，省级图书馆和副省级城市图书馆馆长参加会议。

14 日，吉林省数字图书馆推广工程启动仪式在长春市举行。国家图书馆馆长周和平，吉林省委常委、宣传部部长荀凤栖出席启动仪式。国家图书馆与吉林省文化厅签订了关于数字图书馆战略合作的框架协议。国家图书馆向吉林省图书馆提供超过 10 万册图书、4 万张老照片等图片、超过 1000 多个小时的视频资源用于共享服务。与此同时，国家图书馆与吉林省图书馆合作建设的“掌上吉图”手机门户网站也正式上线。

16 日，国家图书馆举办的“白山黑水铸忠魂——纪念九一八事变八十周年馆藏东北抗日联军珍贵文献暨冯仲云手稿展”在国家图书馆古籍馆隆重开幕。全国政协原副主席钱正英，文化部党组成员、副部长杨志今，国家图书馆馆长周和平，抗联老战士、全国人大常委会管理局原副局长李在德，抗联老战士、黑龙江省政协原副主席李敏出席开幕仪式。

26日，福建省数字图书馆推广工程启动仪式在福州市举行。国家图书馆馆长周和平出席仪式。国家图书馆精心组织了总量达4TB的数字资源，通过福建数字图书馆推广工程专题网站，为读者提供浏览和检索服务。

26日，新疆维吾尔自治区数字图书馆推广工程在乌鲁木齐正式启动。文化部党组副书记、副部长欧阳坚和新疆维吾尔自治区党委常委、宣传部长胡伟出席了仪式。国家图书馆副馆长魏大威与新疆维吾尔自治区文化厅负责人共同签署实施“数字图书馆推广工程”的战略框架协议。

十　月

10—21日，中国国家图书馆馆长、国家古籍保护中心主任周和平率古籍考察代表团一行6人先后对英国、波兰、法国进行工作访问，深入了解海外古籍中文存藏情况和古籍保护、修复技术。代表团此行还为计划中的战略储备库建设全方位收集信息和资料。

18日，台湾音乐中心主任苏桂芝女士一行4人来访国家图书馆。国家图书馆党委书记、常务副馆长詹福瑞，副馆长张志清会见了客人。

21日，国家图书馆总馆南区文献外迁工作圆满结束。为改善读者服务和馆藏保存条件，国家图书馆从2011年开始至2013年对总馆南区进行维修改造，涉及约700余万册文献资料外迁暂存，经过40天的艰苦努力，完成外迁工作。

21日，中日韩数字图书馆项目业务交流会在中国国家图书馆举行，中国国家图书馆副馆长魏大威、馆长助理孙一钢出席会议。此次业务交流是《中日韩数字图书馆计划协议草案》签署以来举办的第一次三方工作会议。

26—27日，由文化部主办，国家图书馆、中国图书馆学会等单位共同承办的2011年中国图书馆年会暨中国图书馆学会年会在贵阳隆重召开。国家图书馆馆长、中国图书馆学会名誉理事长周和平，文化部社会文化司司长于群等出席大会，来自全国各省（区、市）文化行政主管部门的负责人，全国各级各类图书馆馆长，图书馆界和公共文化服务领域的专家、学者，以及国内外图书馆界代表近1500人参加本次大会。

26日，贵州省数字图书馆推广工程在2011年中国图书馆年会暨中国图书馆学会年会上正式启动。国家图书馆与贵州省文化厅签署开展“数字图书馆推广工程”战略框架合作协议，并与贵州省图书馆签署合作共建数字图书馆战略框架协议。

27 日，由国家图书馆联合省市图书馆共建的“中国政府公开信息整合服务平台”上线仪式在中国图书馆年会数字图书馆推广工程分会场举行。平台收录了中央政府机构，部分省、自治区、直辖市政府网站上“政府信息公开栏目”中的信息，并按内容提供分类浏览。

本月，澳门基金会决定资助国家图书馆澳门币四百万元（约合人民币三百一十七万元），用于“中华寻根网”二期建设，既对完成该项目建设具有重要意义，也为社会资金资助图书馆事业、资助民族文化保存保护工作作出表率。

十一月

1 日，全国政协办公厅、国家图书馆合作协议签署暨国家图书馆分馆揭牌仪式在全国政协礼堂金厅举行。全国政协机关党组书记、副秘书长孙怀山，全国政协文史和学习委员会驻会副主任卞晋平，全国政协教科文卫体委员会驻会副主任张秋俭，文化部党组成员、副部长王文章，国家图书馆馆长周和平出席仪式。全国政协机关党组副书记、副秘书长仝广成主持仪式。国家图书馆全国政协机关分馆是国家图书馆第 13 家部委分馆。

1 日，国家图书馆民政部分馆内网平台开通仪式在民政部三号楼会议室举行。民政部副部长窦玉沛、国家图书馆馆长周和平出席仪式并致辞。这是国家图书馆在中央国家领导机关推出的首个嵌入用户办公环境的服务平台，使国家图书馆的资源嵌入到民政部分馆各级领导每日必需的工作网络当中。

3 日，“中文文献资源共建共享合作会议”理事会第五次会议在台北召开。理事会成员、国家图书馆副馆长张志清出席会议并致辞。会议听取了国家图书馆关于拟开展《民国时期（1911—1949）文献的保护、开发整理与利用项目》所做的工作汇报，各方理事会成员表示强烈支持并希望能够积极参与该项目。

5 日，由国家图书馆策划主办的“中国古今经典小说研究”系列讲座在国家图书馆总馆北区学津堂正式开坛。南开大学文学院院长陈洪教授担任首讲嘉宾，发表题为“《西游记》中的佛与道”的演讲。

8—15 日，应日本国立国会图书馆馆长长尾真的邀请，中国国家图书馆副馆长张志清率团出访日本，进行两馆间第 30 次业务交流。中日双方就图书馆防灾减灾、海外古籍保护、古籍数字化、基于中韩日自动翻译功能的图书检索系统平台、图书馆立法决策服务等方面问题进行深入交流。

13—15 日，由国家图书馆和山西省图书馆共同主办的“2011 年全国公共图书馆讲座联盟省级成员馆工作会议”在山西省图书馆顺利召开，国家图书馆副馆长王军出席会议。本次会议是全国公共图书馆讲座联盟正式成立后举行的第一次工作会议，主题为“讲座联盟的工作机制及经验交流”。

14—15 日，世界数字图书馆执委会会议和合作伙伴会议在德国慕尼黑召开。中国国家图书馆馆长助理孙一钢参加了会议。此次会议确定了世界数字图书馆 2012 年的发展规划，进一步明确了今后的发展前景。

16 —18 日，由国家图书馆主办，云南省图书馆协办的“第三届全国馆际互借与文献传递研讨会”在云南昆明召开，国家图书馆副馆长、党委副书记常丕军出席会议。本次会议的主题是“馆际互借与文献传递的创新与发展”。

18—19 日，由国家图书馆主办、广西壮族自治区图书馆承办的“第十三届全国省、自治区、直辖市、较大城市图书馆馆长联席会议”在广西南宁召开。本次会议主题是“学习贯彻十七届六中全会精神，创新工作思路，推动图书馆事业大发展”。国家图书馆馆长周和平、文化部社会文化司巡视员刘小琴、国家图书馆馆长助理孙一钢出席会议，来自全国的图书馆馆长和业界专家 70 余人参加了会议。国家图书馆副馆长陈力主持会议。

16—19 日，中国国家图书馆馆长助理汪东波一行 2 人赴蒙古参加蒙古国家图书馆建馆 90 周年庆典活动。汪东波一行还参观了蒙古国家图书馆，了解该馆馆藏情况，尤其是对古籍善本的保存情况进行了详细考察。

25—26 日，国家图书馆在馆区分别举行了地震、火灾应急演练，以增强员工防灾减灾意识，确保在突发事件发生时，快速、高效、有序开展应急处置工作，尽最大限度减少灾害造成的损失。

十二月

5—10 日，应新加坡国家图书馆管理局邀请，中国国家图书馆馆长助理孙一钢率团赴新加坡国家图书馆进行业务交流。新加坡国家图书馆就参考咨询服务、数字化服务与创新、图书采编与物流服务、到馆读者服务、图书馆资产管理等方面举办五场专题交流会，双方就相关问题进行了深入探讨。

8日，“国家图书馆善本特藏展”在香港中央图书馆开幕，展出了国家图书馆的善本古籍、碑帖拓本、古旧舆图、少数民族文字古籍42件。国家图书馆馆长周和平、中央人民政府驻香港特别行政区联络办公室副主任李刚、香港民政事务局局长曾德成、香港公共图书馆咨询委员会主席梁智仁、香港康乐及文化事务署署长冯程淑仪出席开幕式并剪彩。

13日，中国国家图书馆馆长周和平会见来访的韩国国会图书馆馆长刘载一。双方互相介绍了各馆工作开展情况，刘载一介绍了韩国国会图书馆的文献数字化工作，并表示愿意为中国国家图书馆提供韩国学的学术论文数据库。

22日，“2011年国家图书馆读书周”活动启动，本年度读书周以公益讲座、新媒体服务推广为主，宣传图书馆社会教育服务职能，倡导新媒体阅读。

27日，由国务院新闻办公室主办、国家图书馆承办的“中国之窗”年度工作会议召开。国务院新闻办公室三局局长张雁彬，国家图书馆副馆长、党委副书记常丕军出席会议并致辞。国家图书馆、上海图书馆、中国社会科学院图书馆、北京大学图书馆和上海长宁区图书馆等项目单位派员出席会议，并汇报了各单位2011年项目开展情况。

29日，《明渤海孙氏积善堂题赞手卷》捐赠仪式在国家图书馆红厅举行。文化部原部长、著名作家王蒙，国家图书馆馆长周和平，渤海孙氏家族代表出席仪式。曾在国家图书馆工作过的前辈学者孙楷第先生哲嗣孙泰来先生代表沧州南皮孙氏家族将《明渤海孙氏积善堂题赞手卷》捐赠给国家图书馆永久收藏。

29日，“沈阳军区政工网新网站开通暨国家图书馆数字图书进军营启动仪式”在沈阳军区政治部会议室内举行。沈阳军区司令员张又侠、政治委员褚益民、副政治委员马丙泰，国家图书馆馆长周和平出席仪式。周和平代表国家图书馆与沈阳军区共同签订“数字图书进军营文化拥军合作协议”，沈阳军区网上数字图书馆服务器正式启动运行。

31日，文化部党组成员、副部长励小捷来国家图书馆视察。首先听取了国家图书馆汇报，随后，在周和平等馆领导陪同下，参观了总馆北区。励小捷还代表文化部党组赴国家图书馆后勤服务部内退员工王根有家中看望慰问。

索 引

D

E

F

G

H

J

K

L

M

N

P

Q

R

S

X

Y

Z

（侯汉清、衡中青、汪昒等编）